MANUEL
DE PÉDAGOGIE

N. 344.

MANUEL
DE PÉDAGOGIE

A L'USAGE
DES ÉCOLES CATHOLIQUES

PAR

EDMOND GABRIEL

DEUXIÈME ÉDITION

TOURS | PARIS

MAISON A. MAME & FILS | **J. DE GIGORD**

IMPRIMEURS-ÉDITEURS | RUE CASSETTE, 15

PARIS-VIe — LIBRAIRIE GÉNÉRALE, RUE DE VAUGIRARD, 77

ET CHEZ LES PRINCIPAUX LIBRAIRES

Tous droits réservés.

PRÉFACE

Le maitre chrétien exerce un art excellent, le plus excellent
de tous. Former aux vertus humaines et divines le cœur de
ses élèves, éclairer leur intelligence, développer leur initiative, les préparer à une vie sérieuse et utile : voilà son œuvre,
son chef-d'œuvre.

Cet art repose sur un ensemble de principes fondamentaux,
sans la connaissance desquels la pratique de l'enseignement
ne serait guère qu'une application de procédés empiriques.
Faut-il laisser au bon sens individuel, à l'expérience progressive des éducateurs, le soin de découvrir et de coordonner
ces principes? — Ce serait faire subir aux écoliers le contre-
coup déplorable des tâtonnements et des fausses manœuvres
qui en résulteraient. Aussi regarde-t-on l'étude des traités
de pédagogie comme l'indispensable préparation à la carrière
professorale, et un moyen de s'y perfectionner.

Les ouvrages de pédagogie sont nombreux : pourquoi
publier le présent *Manuel?* Nous le savons : tout est dit, ou
à peu près, sur l'âme de l'enfant, sur ses facultés et leurs
lois ; peu s'en faut que tout ne soit dit sur la méthodologie
des études élémentaires et sur les moyens de les faciliter aux
débutants. Mais il est bon de le redire, pour étudier au point
de vue catholique le grave problème de l'éducation. On
conviendra que, dans l'ordre primaire, de tels ouvrages
n'abondent pas.

Notre *Manuel* fait assez large la part de la psychologie
appliquée à l'éducation. C'est justice. Comment former

l'homme et le chrétien, dans l'enfant, sans connaître les lois de son développement naturel et surnaturel? Il est vrai que tous les éducateurs sont aujourd'hui familiarisés avec les notions élémentaires de la psychologie : aussi avons-nous seulement rappelé les principes en des formules brèves dont, plus à loisir, sont exposées les conséquences pédagogiques. Afin de rester dans le domaine pratique, nous nous sommes abstenu de discuter les théories d'éducation que réprouve la foi catholique. L'affirmation des principes vrais nous semble préférable à la réfutation des erreurs ; puis notre *Manuel* n'est en rien un livre de combat. De même, les considérations d'ordre spéculatif sont écartées de la méthodologie ; on n'y trouvera guère que l'indication succincte des procédés reconnus excellents, pour avoir fait leurs preuves.

Aux maîtres et aux maîtresses qui enseignent dans les écoles primaires catholiques, nous souhaitons offrir des directions, surtout un encouragement. Leur mission est laborieuse, parfois pénible. Le bon grain qu'à pleines mains ils sèment dans les âmes, c'est la vérité humaine, c'est la vérité divine : malgré les obstacles, que leur vaillance ne cesse pas d'être constante et joyeuse ! Un tel apostolat mérite tous les efforts.

Voici, en résumé, le plan de ce *Manuel* :

Ire PARTIE L'ÉDUCATION	{ Ire Section : *L'Enfant.* { II° Section : *L'Éducateur.*
IIe PARTIE L'ENSEIGNEMENT	{ Ire Section : *L'Organisation pédagogique.* { IIe Section : *La Méthodologie générale.* { III° Section : *La Méthodologie spéciale.*

Paris, 8 décembre 1909,

MANUEL DE PÉDAGOGIE

A L'USAGE

DES ÉCOLES PRIMAIRES CATHOLIQUES

Iʳᵉ PARTIE

L'ÉDUCATION

PRINCIPES ET CONSIDÉRATIONS
PRÉLIMINAIRES

Pédagogie, Éducation. — La pédagogie, ou science de l'éducation, est l'ensemble des principes, des méthodes et des procédés dont un sage éducateur s'inspire pour élever les enfants.

D'ordinaire, les traités de pédagogie présentent une surabondance de directions et de conseils entre lesquels le choix s'impose. Selon la nature de l'école où il enseigne, selon ses aptitudes personnelles et son expérience, l'instituteur applique les principes qui le guident, *les méthodes qu'il suit et les procédés qu'il emploie.*

Pour définir l'éducation, on a proposé des formules bien diverses, dont la plupart sont comme des transpositions de la pensée de Platon : « La bonne éducation est celle qui donne à l'âme et au corps toute la perfection possible. » C'est la *même* idée que nous traduisons ainsi : l'éducation est l'action continue par laquelle l'éducateur dirige le développement normal de la vie, c'est-à-dire de l'activité personnelle, en ses disciples. Ce serait méconnaître la nature même de l'éducation que d'en ramener les enseignements et les exercices à une sorte de discipline extérieure et violente, à une manière de dressage qui se substituerait aux énergies propres de l'enfant. Le rôle du maître est celui d'un excitateur, d'un guide, d'un instructeur.

La vie qui doit s'épanouir chez l'enfant est à la fois physique ou physiologique, intellectuelle et morale. Pour le chrétien, Dieu a couronné la triple manifestation de cette vie naturelle par les mystérieuses splendeurs de la vie surnaturelle. Sous peine d'être morcelée, amoindrie, l'éducation doit à la fois perfectionner l'activité physique, intellectuelle, morale et surnaturelle.

Quant au milieu où elle s'accomplit, l'éducation est familiale, scolaire et sociale.

Psychologie, Éducation. — La psychologie, science de l'âme, est pour le maitre une étude théorique et fondamentale dont il applique les données à l'éducation de chaque enfant. Aussi lui consacrons-nous d'assez longs développements dans les chapitres qui vont suivre.

. Mais à un instituteur qui groupe autour de lui quarante ou cinquante élèves, peut-on demander de faire de l'éducation individuelle? N'est-ce pas se payer de mots? — Il ne s'agit pas d'éducation individuelle, mais d'applications particulières tirées de principes généraux.

Éducation, Enseignement. — On a parfois, — et non sans inexactitude ni injustice, — opposé l'enseignement à l'éducation. L'enseignement est un moyen d'éducation, parce qu'il contribue au développement des facultés. Sa plus haute portée lui vient de son rôle éducatif, de la coordination qu'il donne aux notions exposées, et des applications morales que parfois le maître en dégage. Indispensable pour meubler un esprit, l'instruction à elle seule est inhabile à forger un beau caractère; séparée des croyances religieuses, elle reste inefficace pour la conduite morale de la vie.

But de l'éducation. — L'éducation étant une initiation à la vie, son but est de former peu à peu, dans une âme d'enfant, les qualités de l'homme instruit et vertueux. Pour cela, elle oriente d'abord les écoliers vers l'accomplissement du devoir, qui seul peut les conduire à la fin assignée par Dieu à toute créature raisonnable. En même temps, elle les initie à mettre en valeur les ressources dont ils disposent : énergies organiques, facultés intellectuelles et morales, puissances et secours d'ordre surnaturel.

Nécessité, possibilité de l'éducation. — La nécessité absolue d'une éducation, pour l'enfant, se déduit de l'incapacité où il est de subvenir par lui-même à ses multiples besoins, de parvenir à la connaissance de la vérité, à l'amour pratique de la vertu. Avec des qualités natives qui sont un charme, coexistent en lui des tendances malheureuses dont le germe ne saurait être uniquement attribué à des influences extérieures ni héréditaires, et dans lesquelles le dogme catholique reconnaît les suites d'une déchéance originelle. Pour la restauration morale de cette âme, malade dès avant de prendre conscience d'elle-même, il faut qu'une action directrice, constante, l'aide à régler ses inclinations, et l'exerce aux actes volontaires dont se fortifient les bonnes habitudes.

Ce qui rend possible cette direction éducative, c'est que, d'une part, l'enfant est une activité réfléchie, perfectible et dirigeable, et que, de l'autre, il est secouru dans la tendance au bien par une force mystérieuse et constante : la grâce divine.

Qualités d'une bonne éducation. — Une bonne éducation est active, complète, virile et religieuse.

Parce que l'enfant est une activité intelligente et libre, l'éducation doit être active de la part du maître et de la part de l'élève. L'action du maître sera une excitation à vouloir ce qui est selon l'ordre, une direction dans le choix des moyens de l'accomplir, une protection contre les influences nuisibles. En un certain sens, il est vrai de dire que l'enfant s'élève lui-même, puisque, par des efforts personnels, il développe ses forces natives d'expansion. Le meilleur système d'éducation est celui qui réalise le mieux l'éveil normal de toutes les énergies de l'âme ; le meilleur éducateur est celui qui fait produire à l'enfant le plus de travail intellectuel, moral et surnaturel.

L'éducation est complète, intégrale, si elle s'applique à exercer simultanément, — non toutefois avec une même intensité, — l'intelligence et le cœur, la conscience et la volonté. Rien, dans l'âme enfantine, ne doit rester en friche, fût-ce sous prétexte d'attendre que vienne un moment plus propice de mettre en valeur telle ou telle puissance. Pourquoi d'ailleurs ferait-on cette dissociation dans la culture humaine? L'âme agit tout entière en chacun de ses actes conscients, et les facultés ont des réactions réciproques qui permettent, exigent l'exercice simultané de toutes.

Est-ce une recommandation superflue de rappeler combien nécessaire est la virilité dans l'éducation? Partout s'étalent les ravages de l'éducation molle, qui affaiblit le caractère, égare la conscience, livre le cœur et la volonté sans défense efficace aux attaques des passions. Au contraire, l'éducation virile inspire aux enfants l'obéissance à la règle, le respect de l'autorité, l'habitude de sacrifier leurs caprices et leur égoïsme au devoir. Elle les exerce à se dominer, réprime leurs manquements, et peu à peu les établit maîtres d'eux-mêmes dans le plein usage de leur liberté.

Mais ce résultat ne peut être sûrement atteint si l'éducation n'est pas religieuse, chrétienne, comme l'entend l'Église catholique.

Caractère religieux de l'éducation. — L'éducation est religieuse dans la mesure où la vertu de foi devient chez les enfants un principe de pensée et d'action; dans la mesure aussi où la charité, l'état de grâce, les fait vivre d'une vie surnaturelle. Cela suppose l'enseignement religieux, la piété et la pratique des devoirs du chrétien.

Sans la religion, sans l'Évangile à la base et au sommet, l'éducation n'est qu'une mutilation du plan divin; elle n'aboutit pas même au développement complet de la nature humaine.

Le silence systématique sur les matières religieuses équivaut au moins à l'indifférence, presque toujours au dédain. Il constitue une injustice à l'égard de l'enfant, qui a besoin des vérités divines et des vérités naturelles, et qui ne peut, sans Dieu, atteindre le progrès moral, loi de son être. Aucune science d'ailleurs n'est par elle-même totalement éducative; et la moralisation par la science, chimère pour l'homme cultivé, devient une lamentable duperie pour l'enfant.

Droits et devoirs en matière d'éducation. — L'éducation est une œuvre complexe où interviennent, à des titres divers, l'enfant, ses parents, ses maîtres, l'Église catholique et l'État.

L'enfant est incapable d'assurer par lui-même la conservation et le perfectionnement de son être; de se défendre contre les causes de maladies, d'erreur ou de perversion morale. Il a le droit d'être élevé, et il y contribue par sa propre activité.

Aux parents d'abord incombe le soin de pourvoir à l'éducation de l'enfant, car l'enfant appartient à la famille, cellule sociale où il est né. De droit naturel et de droit divin, les pères et les mères sont éducateurs de ceux qui leur doivent la vie. Ils ont la mission de donner ou de faire donner à leurs enfants une bonne éducation. Avant tous autres, ils ont intérêt à ce que ces enfants acquièrent une instruction suffisante et des habitudes qui sauvegardent en eux l'intégrité morale.

Par le baptême, l'Église catholique communique à l'enfant une vie surnaturelle et divine. Cette maternité lui assure le droit de présider à l'éducation morale et religieuse des jeunes chrétiens, de contrôler en ce point l'action des parents et des maîtres.

Les maîtres n'ont en éducation qu'une autorité déléguée, car l'action de l'école n'est que le supplément de la direction familiale. Ils sont les mandataires des familles qui leur confient les enfants; parfois aussi les mandataires de l'Église qui, par une attribution spéciale, les fait participer à l'instruction religieuse de la jeunesse.

En même temps que pour lui-même et la famille, l'enfant s'élève pour la société. L'Etat a le droit de s'assurer que les générations nouvelles reçoivent le minimum d'instruction nécessaire, et que les doctrines morales professées par les maîtres sont assez fortes, assez pures, pour que les volontés adolescentes grandissent dans l'amour du bien.

Mission de l'École catholique. — En notre siècle comme toujours, l'école catholique a pour mission de tourner l'âme des enfants vers Dieu, source de toute vérité, de toute vertu. C'est la seule manière de les *élever* au-dessus de l'erreur et du mal. Mais en raison de difficultés sur lesquelles nous n'avons pas à revenir, l'école catholique doit aujourd'hui former chez les adolescents des convictions très fortes, jointes à un esprit d'initiative courageux et entreprenant. Alors ils voudront défendre leur foi contre les doctrines contraires, faire rayonner leur foi par les œuvres qui la manifestent, faire partager leur foi par ceux qu'atteindra leur apostolat.

L'école peut remplir ce programme si le titre de *catholique* correspond à une réalité; — si les maîtres donnent avec conviction l'enseignement religieux et pratiquent ostensiblement leur foi; — si les enfants sont initiés à une piété sincère, exhortés à la fuite du mal et à la fréquentation des sacrements, avertis de répondre avec une docilité affectueuse aux directions données par le prêtre qui les instruit et forme leur conscience. Alors l'école devient un foyer de vie surnaturelle, un parterre où s'épanouissent les vertus, une sorte de sanctuaire où, par l'état de grâce, les âmes sont les tabernacles de Dieu même.

Dans l'école, le sujet de l'éducation est l'enfant; le maître est le formateur. L'*enfant*, le *maître*, c'est autour de ces deux idées que, naturellement, viennent se grouper la théorie et les conseils relatifs à l'éducation.

Iʳᵉ SECTION

L'ENFANT

En chacun des écoliers qu'il élève, le maître retrouve, avec les variétés individuelles qui les différencient, les éléments constitutifs de la nature humaine. Un manuel théorique ne peut guère s'étendre sur ces variétés multiples, que découvre l'observation quotidienne ; plus utilement il étudie les caractères généraux de l'âme enfantine. Aussi bien ces caractères étant connus, l'adaptation particulière, l'individualisation des méthodes et procédés pédagogiques devient facile, et cesse d'être un tâtonnement empirique.

———

CHAPITRE Iᵉʳ

LA NATURE HUMAINE CHEZ L'ENFANT

Nous n'avons pas à établir que l'homme est autre chose qu'un composé d'atomes. En lui s'opèrent des phénomènes irréductibles à la matière, ou à des transformations d'énergie mécanique. L'homme a un *âme*, c'est-à-dire une cause spirituelle d'activité qui est en lui le principe de tous les phénomènes de la vie végétative, sensitive, et de la vie raisonnable.

L'âme de l'enfant est identique à celle de l'adulte : « l'enfant, a-t-on dit, est un homme en fleur. » Son âme est un principe d'activité spirituelle qui s'exerce par des puissances ou facultés.

I. — L'ACTIVITÉ HUMAINE

L'activité est la manifestation de la vie. Tout être vivant tend vers l'action ; cette tendance est son inclination générale. Suivant que l'activité humaine est normale ou dévoyée, l'âme se perfectionne ou se dégrade.

Ordres d'activité. — L'enfant chrétien a reçu de Dieu la *vie naturelle* et la *vie surnaturelle :* son activité tend à s'exercer dans ces deux ordres simultanément.

La vie et l'activité naturelles sont *physiologiques, intellectuelles* et *morales.* Elles ont pour principe unique l'âme. Dans la vie physiologique (physique ou cellulaire), l'âme agit sur les *organes*, qu'elle vivifie ; dans la vie intellectuelle et morale, l'âme agit par des *facultés*.

La vie et l'activité surnaturelles ont pour principe la *grâce divine*, et pour facultés les *vertus* théologales et morales infuses ou déposées dans l'âme par le baptême.

Chez l'homme, l'activité intellectuelle s'exerce sur les images et les idées. Elle a un double objet : la connaissance sensible et la connaissance rationnelle.

L'activité volontaire et libre se manifeste par des déterminations, c'est-à-dire par des choix d'actes dont l'idée a été fournie par l'intelligence.

Des inclinations spontanées portent l'intelligence et la volonté vers leur objet : le vrai et le bien. La possession de cet objet nous fait éprouver une jouissance, un plaisir. A l'ensemble des inclinations morales d'où naissent les phénomènes affectifs, la philosophie moderne donne le nom d'*activité affective, sensibilité morale* ou *cœur*.

Modes de l'activité. — Quant aux modes selon lesquels se manifeste notre activité, elle est consciente ou inconsciente, volontaire ou instinctive, spontanée ou réfléchie. Ainsi les actes volontaires, tels que les déterminations, sont conscients et réfléchis ; les mouvements réflexes et les mouvements instinctifs, — comme parer un coup, lâcher un objet très chaud, — sont spontanés et peuvent aussi être conscients.

La spontanéité d'un acte est native ou acquise. C'est par une spontanéité native que chaque faculté se porte vers son

objet : l'intelligence vers le vrai pour le connaître, le cœur
et la volonté vers le bien, pour l'aimer et s'y attacher. La
spontanéité s'acquiert par la répétition des mêmes actes ; de
cette répétition dérive l'habitude, et l'habitude tend, par l'irréflexion, vers une sorte d'inconscience.

Il y a des habitudes qui doivent devenir presque inconscientes, par exemple le doigté correct du pianiste ou la lecture rapide de la musique ; — mais lorsque d'autres habitudes
se transforment en routine, il en résulte une déperdition de
vie intellectuelle ou morale : par exemple, lire machinalement,
s'acquitter sans réflexion des besognes ou des prières quotidiennes.

Effort moral et activité. — L'effort moral est un déploiement conscient d'activité pour accomplir le devoir. En tout
acte, même le plus indifférent, il y a place pour un effort
moral, qui peut être rendu chrétien et méritoire en le rapportant à Dieu.

En éducation, rien n'est plus nécessaire que de faire produire par l'enfant des efforts constants, courageux et chrétiens.
Sans l'effort deviennent nuls l'attention, la réflexion, l'étude
et les progrès moraux. L'éducateur a donc beaucoup gagné
lorsqu'il décide son disciple à entreprendre une série d'efforts
dans un but déterminé : l'effort accompli répand en l'âme une
joie intime, et il rend moins pénibles les efforts ultérieurs.

Certains enfants paraissent toujours disposés à l'effort intellectuel et moral ; au maître de les guider, parfois aussi de les
retenir pour qu'ils demeurent dans les limites de la modération.
D'autres, apathiques ou rebelles, ont besoin d'excitations ou
d'avertissements fréquemment renouvelés. A leur égard, le
grand secret est de faire jouer le ressort qui met en jeu l'activité normale : leur éducation l'exige. Y renoncer serait, du
même coup, renoncer à leur éducation.

L'activité chez l'enfant. — Chez l'enfant, l'activité physique est intense, continue ; le mouvement est un besoin de
sa nature. Trop le contraindre par une longue immobilité lui
serait une souffrance, même un danger.

Son activité intellectuelle est vive, primesautière, souvent
capricieuse ; de préférence elle s'attache aux connaissances
d'ordre sensible. Une patiente initiation développera, en son
temps, l'activité rationnelle.

A cet âge heureux, les sophismes de l'esprit et les passions du cœur offrent peu d'obstacles à l'activité morale et surnaturelle. Aussi l'éducateur animé d'un zèle véritable fait-il produire aux enfants des actes de vertu qui les préparent à une adolescence laborieuse, chaste et vaillante.

II. — LES FACULTÉS DE L'AME

Distinction des facultés. — Dans l'âme humaine, une faculté est le pouvoir permanent d'accomplir certains actes ou de subir certaines modifications. On peut distinguer autant de facultés qu'il y a de catégories diverses dans les phénomènes psychologiques. Or ils se rapportent à trois chefs : connaître, sentir, vouloir ; aussi la philosophie moderne reconnaît-elle trois facultés principales : l'intelligence, la sensibilité, la volonté.

Connaître, sentir et vouloir sont des états de conscience d'une même âme ; dès lors, l'éducation de la mémoire et de la raison, du cœur et de la volonté, c'est l'éducation de l'âme dans ses pouvoirs de se rappeler et de juger, d'aimer et de se déterminer. L'éducateur cultive à la fois toute l'âme de l'enfant ; mais un manuel de pédagogie présente analytiquement les divers exercices qui développent les facultés.

L'*intelligence* est le pouvoir de connaître et de comprendre. Dans son acte propre, elle n'est autre que la *raison* ou entendement ; elle connaît l'universel, l'absolu. Directement, elle perçoit les phénomènes de la vie psychologique et prend alors le nom de *conscience psychologique* ou *sens intime*. Par l'intermédiaire des *sens*, elle connaît le sensible et, par l'*imagination*, elle retient et reproduit les images. Par la *mémoire*, elle conserve, évoque et reconnaît les connaissances antérieurement acquises. Enfin, c'est à la *raison* que se rapportént les phases diverses du travail d'élaboration auxquelles sont soumises les idées dans l'abstraction, la comparaison, le raisonnement et le jugement.

La *sensibilité* est la faculté de jouir et de souffrir.

A la *sensibilité physique* appartiennent les sensations agréables ou désagréables, perçues à l'occasion d'impressions corporelles ; — à la *sensibilité intellectuelle* et morale se réfèrent les sentiments, c'est-à-dire les émotions diverses,

éprouvées suivant que nos inclinations intellectuelles ou
morales sont satisfaites ou contrariées. Ainsi définie par les
auteurs modernes, la sensibilité est donc une faculté complexe à laquelle on rattache les plaisirs, les douleurs, les sentiments, les affections spontanées, en un mot tout ce qui n'est
pas acte de connaissance ou fait volontaire.

La *volonté* est la faculté de vouloir, c'est-à-dire de se
déterminer librement.

Développement des facultés de l'enfant. — Au début
de l'âge scolaire, vers six ou sept ans, l'enfant semble ne vivre
que par les sens. La perception intellectuelle, l'attention,
l'observation, l'instinct et la volonté, vont à la fois se développer en lui. Toutes les impressions venues du dehors ont
dans son âme une très forte répercussion ; il vibre par
l'émotion, le désir, l'affection. A ce moment, c'est surtout
par le moyen des sens et du cœur qu'il convient de l'instruire et de le moraliser.

Cette première phase, — où les notions acquises viennent
beaucoup par l'expérience sensible, par l'enseignement intuitif, — est une préparation nécessaire à une éducation intellectuelle plus avancée. Les matériaux emmagasinés par la
mémoire et l'imagination enfantines, étonnamment actives,
sont les éléments d'un travail postérieur. Quant à la volonté,
c'est de fort bonne heure qu'il faut la diriger vers le devoir,
car de fort bonne heure elle peut dévier et s'asservir à des
habitudes funestes.

Avec l'âge de raison se manifestent, dans une netteté relative, le sentiment de la liberté et de l'obéissance, la notion
du bien et du mal, de la justice et de l'arbitraire. Très efficacement on peut exercer la raison, fixer l'attention, faire
appel au jugement. Heureux l'enfant qui, pour le guider,
rencontre la sollicitude d'une mère chrétienne et le zèle d'un
apôtre !

L'enfant se développe ; voici qu'il atteint l'âge de douze ou
treize ans : ce n'est pas encore l'adolescence, mais déjà va
s'atténuer en lui cette grâce ingénue, charme de la vie à sa
toute première aurore. Capable d'effort et de réflexion plus
soutenus, il sait entrevoir dans l'étude une préparation à toute
carrière sociale, dans l'obéissance une discipline nécessaire

et raisonnable, dans la religion une matière de conviction, une source de perfectionnement moral. S'il est bien dirigé, peu à peu se formera en lui le caractère chrétien.

CHAPITRE II

ÉDUCATION DE L'ACTIVITÉ PHYSIQUE

Jadis les théoriciens de l'éducation n'ont peut-être pas dit toute l'importance de l'activité physique chez l'enfant. Aujourd'hui, par une erreur opposée, on a semblé en faire le fondement même de l'éducation : on a osé dire qu'avant tout les enfants doivent être de *bons animaux*, que cela importe essentiellement à l'individu et à la société. — La pédagogie catholique apporte à la nécessité de l'éducation physique des motifs plus élevés, plus décisifs; elle les expose en termes plus exacts.

L'éducation physique est nécessaire, car elle assure à l'âme le concours efficace d'organes corporels appropriés à ses actes; — elle contribue à préparer de bons travailleurs à la famille, des citoyens actifs à la société, d'utiles défenseurs à la patrie. Un maître éclairé ne la néglige pas; mais ses meilleures sollicitudes vont à la culture intellectuelle et morale des enfants.

Relativement à l'éducation physique de ses élèves l'instituteur porte son attention sur l'hygiène de l'école, l'hygiène de l'enfant à l'école, l'exercice de l'activité corporelle, l'éducation des manières et l'enseignement de l'hygiène (cette dernière question est renvoyée à la deuxième partie du Manuel : *Enseignement élémentaire des sciences* et *Leçons de choses*).

I. — HYGIÈNE DE L'ÉCOLE

L'hygiène de l'école règle les conditions de situation, d'aération, de température, d'éclairage et de propreté générale des locaux scolaires. Souvent les écoles n'ont pas été construites selon les règles d'une hygiène rationnelle : raison de plus pour parer avec grand soin aux inconvénients qui en résultent.

Situation. — L'école a dû être ouverte dans un endroit sain et tranquille. Il est à désirer qu'elle soit aménagée de façon que les élèves s'y plaisent : n'y passent-ils pas toute leur première jeunesse ? C'est une heureuse ordonnance quand les salles de classes sont alignées sur un corridor latéral de dégagement, surtout si les locaux donnent immédiatement sur la rue. Il est aussi fort à désirer que soit établi dans la cour un préau bitumé ou asphalté.

Aération. — N'y eût-il dans une classe ni foyer allumé, ni éclairage, le « miasme humain » suffit à en corrompre l'air ; or l'hygiène de la respiration exige que l'air introduit dans les poumons soit abondant et pur. Trop sec, trop humide, trop chargé de gaz carbonique ou vicié par d'autres émanations délétères, il amène la débilité des enfants et provoque des maladies. L'air pur produit une excellente oxygénation sanguine et entretient la santé.

Durant les leçons, on combat l'altération de l'air par un système efficace de ventilation, sans toutefois établir de courants d'air, en quelque saison que ce soit. Même en hiver, les élèves déposeront leurs manteaux et coiffures au vestibule de l'école. Lorsqu'il pleut ou neige, on pourra leur permettre, — si les salles de classes sont planchéiées, — de laisser au vestibule leurs sabots ou galoches, et de ne conserver que des chaussons.

Éclairage. — Les classes exposées au soleil sont saines, gaies, préférables à toutes autres. Dans l'intérêt de leur vue, les enfants seront garantis contre un jour trop éclatant et contre une réflexion trop vive de la lumière sur des murs peints en blanc. S'il est besoin de lumière artificielle, on choisit des appareils qui la distribuent suffisante et fixe.

Température. — En hiver, les classes sont chauffées par des calorifères ou poêles qui favorisent le mieux possible la ventilation. On veille à ce que la température se maintienne entre 15° et 17°, et que l'atmosphère conserve une humidité suffisante.

1*

En été, on modère la chaleur par des storés placés aux fenêtres ; mais on ne cherche pas à la combattre par l'arrosage des parquets, lorsque les élèves sont en classe.

Propreté générale. — La propreté générale des locaux scolaires est entretenue : sur le sol, par des balayages avec de la sciure mouillée, par des lavages et l'emploi de désinfectants ; — sur les murs et lambris, par des époussetages fréquents, des lavages et, si possible, des badigeonnages annuels à l'eau de chaux ; — aux abords de l'école, par l'éloignement de tous foyers d'infection. Les cabinets d'aisances sont maintenus dans un état de constante propreté.

II. — HYGIENE DE L'ENFANT A L'ÉCOLE

Ne voulant pas présenter ici un chapitre entier sur l'hygiène de l'enfant à l'école, nous rappellerons simplement quelques prescriptions relatives à l'hygiène des sens, à l'hygiène du cerveau, à la tenue et à l'activité physique pendant la classe, aux précautions à prendre contre les maladies scolaires.

Hygiène des sens. — L'hygiène du *toucher*, ou mieux l'hygiène de la peau, réclame une grande propreté du corps et des vêtements. La propreté du corps est assurée par toutes les précautions (lavages, lotions, bains) qui débarrassent la peau de l'excès des sécrétions et de toute impureté. C'est aussi une prescription hygiénique de changer régulièrement de linge, de brosser les vêtements que l'on porte et de les préserver de taches ; en cela, l'instituteur ne peut guère autre chose que faire des recommandations. Du moins il exige que les mains et le visage soient propres et, selon l'utilité, il envoie les enfants aux lavabos de l'école ; mais dans ses observations, il se garde de tout commentaire blessant pour les familles.

L'*œil* a besoin d'une lumière suffisante et fixe ; il s'offusque lorsqu'elle est trop vive ou tremblante ; il se fatigue à considérer longtemps les mêmes objets ou des objets trop petits. Pour éviter aux élèves la fatigue des yeux : 1° on varie les exercices scolaires ; — 2° on donne la préférence à des livres imprimés en caractères suffisamment forts, lisibles, noirs,

sur papier teinté plutôt que très blanc; — 3º on fait usage
de tableaux bien noirs et mats, de cartes géographiques dont
les détails sont très accusés; — 4º on dispose les tables de
manière que la lumière arrive aux enfants surtout de gauche
à droite, et qu'ainsi ils ne soient pas contraints d'écrire dans
l'ombre de leur plume; — 5º on recommande aux écoliers
de tenir leurs livres à une distance visuelle d'environ vingt-
cinq centimètres, et l'on engage les myopes à éloigner graduellement des yeux leurs cahiers et leurs manuels, par
exemple d'un centimètre en plus par mois jusqu'à la normale,
au lieu de les en rapprocher sans cesse.

L'hygiène de *l'ouïe* recommande la propreté des oreilles,
qu'il faut laver avec soin chaque jour. Elle défend d'introduire dans le conduit auditif des corps durs; elle prescrit
d'éviter les bruits trop perçants, trop intenses et trop brusques.

Enfin le maître conseillera aux élèves de se laver la *bouche*
chaque jour, et de ne pas casser avec les dents des fruits tels
que noisettes, noix ou amandes.

Hygiène du cerveau. — Quoi qu'il en soit des exagérations
de plusieurs hygiénistes relativement au *surmenage scolaire*,
on doit convenir que la durée des leçons, la longueur des
devoirs à faire et des textes à étudier après les classes, et surtout les méthodes défectueuses de travail, occasionnent parfois chez les enfants, — d'ordinaire chez les plus studieux,
— une fatigue cérébrale trop grande. Elle s'accuse d'autant
plus violente que la croissance physique est en eux plus
rapide.

Pour écarter ce danger, l'éducateur avisé prend soin:
1º d'adapter la nature et la quantité du travail intellectuel
à l'âge et au développement des élèves; — 2º de varier les
sujets d'études, faisant suivre par exemple une leçon absorbante
d'une autre qui ne réclame pas un effort d'attention aussi
intense; — 3º de se servir, pour ses leçons, d'une exposition
interrompue par des questions assez nombreuses qui entretiennent l'attention et l'intérêt; — 4º de placer les leçons difficiles au début des classes du matin et du soir, alors que le
pouvoir d'attention est renouvelé par le repos; — 5º de cou-
per par quelques moments de récréation la matinée et l'après-
midi; — 6º de ménager, surtout aux plus jeunes élèves, l'occasion assez fréquente de changer d'attitude, de prendre du

mouvement; — 7° d'être très modéré pour le travail à exiger des enfants hors le temps de classe; — 8° de supprimer le plus possible les pensums.

Il y a parfois un véritable abus dans la longueur des devoirs imposés aux enfants dans la famille. Le profit réel est rarement en proportion de l'effort exigé. « A toujours travailler, comme à toujours s'amuser, dit un proverbe anglais, un enfant devient sot. »

Tenue des élèves en classe. — Plus qu'à tout autre, l'immobilité prolongée devient préjudiciable à l'enfant. Si l'on n'y veille, la posture qu'il prend pour lire, et surtout pour écrire, nuit à la profondeur et à l'amplitude des respirations. Aussi le maître aura-t-il soin : 1° de placer les enfants à des pupitres dont la hauteur soit proportionnée à leur taille; — 2° de ne pas laisser les élèves longtemps dans une même posture, mais de s'ingénier pour faire varier les attitudes; — 3° de ne pas imposer de croiser les bras sur la poitrine pendant les leçons; — 4° de recommander, et au besoin d'imposer une posture hygiénique aux élèves qui écrivent.

Précautions contre les maladies scolaires. — Sous le nom de *maladies scolaires*, on comprend toutes les maladies contagieuses auxquelles sont particulièrement exposées les agglomérations d'enfants.

Trois moyens en limitent les effets : conserver l'organisme dans un bon état de santé, pour qu'il résiste mieux au développement des microbes pathogènes; — éloigner le plus tôt possible de ses condisciples l'enfant atteint d'une maladie transmissible; — en cas d'épidémie, désinfecter les locaux scolaires. L'éloignement des élèves est une mesure qui s'impose dès que la maladie est reconnue. Cette éviction dure aussi longtemps qu'il y a probabilité de contagion.

Les maladies contagieuses se propagent par *infection* ou par *imitation*. En voici quelques-unes, avec la durée probable de la contagion, dont le médecin d'ailleurs est seul juge.

Fièvres éruptives : rougeole (vingt jours); scarlatine, variole (quarante jours après le commencement de la maladie); varicelle et oreillons (vingt jours); érésipèle (cinq jours après la guérison).

Affections parasitaires : conjonctivite purulente, dartre contagieuse, gale, teigne tonsurante (jusqu'à complète guérison).

Maladies de l'appareil respiratoire : grippe infectieuse, tuberculose des poumons (jusqu'à la guérison); croup, diphtérie (quarante jours après le commencement de la maladie); toux convulsive ou coqueluche (vingt jours après les derniers accès caractéristiques).

Les maladies contagieuses par imitation, pour lesquelles l'éviction est de rigueur, sont des accidents nerveux, tels que les crises d'épilepsie et la danse de Saint-Guy.

Il est utile que, de temps en temps, le maître rappelle aux élèves les précautions hygiéniques capables d'éloigner les maladies : précautions relatives à la nourriture et à la boisson, aux courants d'air, au froid des pieds, aux bains froids et aux boissons froides durant les chaleurs. Avec une prudente insistance, il dira que la pratique de la vertu de pureté est un élément de santé, tandis que l'habitude du vice est à la fois un désordre moral et une violation des lois de l'organisme humain, violation fatale à la constitution physique ainsi qu'au développement normal des facultés.

III. — EXERCICE DE L'ACTIVITÉ PHYSIQUE

Entourer de précautions hygiéniques les enfants d'une école, c'est leur donner une éducation physique indirecte, qui ne suffit pas. L'éducation directe consiste en exercices, en mouvements, qui doivent fortifier l'organisme.

L'enfant a besoin de jeux ardents et de gymnastique rationnelle, qui développent les muscles en longueur et en diamètre, accroissent les dimensions de la poitrine, assouplissent les articulations, maintiennent très actives la respiration, la circulation et la digestion. Tandis que des exercices trop violents excitent d'une manière anormale le système nerveux, pour le débiliter ensuite et rendre plus pénible le travail intellectuel, la gymnastique et les jeux surveillés stimulent toute l'activité corporelle. Ils sont d'autant plus nécessaires dans les écoles urbaines, que les conditions hygiéniques auxquelles sont soumis les enfants des villes sont défectueuses et en font souvent des candidats à la névrose ou à la phtisie.

Non moins. qu'à la santé et à la détente intellectuelle, l'exercice sagement réglé est utile à l'éducation morale. En particulier, les jeux captivent l'esprit et l'imagination des partenaires, entretiennent la bonne humeur, chassent la rêverie, stimulent la décision hardie, encouragent l'initiative. personnelle. Le maître saura les rendre attrayants et, par la surveillance, prévenir les accidents qui pourraient engager sa responsabilité à l'égard des familles.

IV. — LES BONNES MANIÈRES

On peut rattacher à l'éducation physique la formation des enfants aux bonnes manières. Ce n'est pas l'un des moindres résultats auxquels puisse prétendre un instituteur, ni le moins apprécié des parents.

Les leçons de politesse, de savoir-vivre, sont bien utiles à l'école primaire. Ne s'y rencontre-t-il pas des enfants en qui cette formation à la dignité extérieure est menacée par l'égoïsme et le sans-gêne, ou négligée par la famille?

L'urbanité rend l'existence en commun plus agréable; elle est le reflet de la bonté morale d'une âme; elle répand sur les relations entre condisciples un charme fait de simplicité vraie, de réserve, de charité : autant de motifs pour la cultiver chez les enfants. Par des conseils généraux et des remarques particulières, toujours avec bienveillance et délicatesse, l'éducateur combat autour de lui la vulgarité du langage, de la tenue, des manières. En se modelant sur ses propres exemples, les enfants savent n'être ni égoïstes, ni gênants, ni grossiers. La paix, une concorde presque fraternelle règne dans la classe. Tous s'y plaisent[1].

------

[1] Quelques détails complémentaires sont donnés à propos de l'*Éducation du Cœur* (V. *Formation des élèves à la politesse*).

CHAPITRE III

ÉDUCATION DE L'ACTIVITÉ INTELLECTUELLE

I. — Généralités, Perception extérieure, Raison.

L'éducation intellectuelle initie l'enfant à bien penser et progressivement à penser par lui-même. Elle le rend instruit, mais surtout capable et désireux de s'instruire; elle fortifie, étend ses facultés, et lui communique l'ensemble des connaissances qui constituent le programme primaire.

Après quelques principes d'éducation intellectuelle, nous rappelons ici des conseils sur la culture de l'attention, de la perception extérieure ou connaissance sensible, de la raison, de la mémoire et de l'association des idées, de l'imagination et du langage.

I. — PRINCIPES GÉNÉRAUX D'ÉDUCATION INTELLECTUELLE

Voici, ramenés à de brèves formules, quelques principes d'éducation intellectuelle :

1º Ne présenter aux élèves que des idées claires pour eux : ils conserveront ainsi le besoin de la clarté dans l'étude, dans l'expression de leur pensée, et une salutaire répulsion pour l'à peu près. Afin d'y mieux réussir, il importe d'aller à l'abstrait par le concret, au rationnel par l'empirique, du moins avec les tout jeunes enfants.

2º Exciter l'intérêt de l'enfant pour éveiller son esprit et le rendre actif.

3º Suivre le développement des facultés, sans prétendre le hâter par des études qui, dépassant la portée des élèves, demeurent d'ordinaire superficielles, incomprises, et parfois même sont une sorte de trompe-l'œil au moyen duquel on veut surprendre la confiance des familles.

4° Diviser autant que de besoin les questions à étudier; puis, commençant par les notions fondamentales les plus simples, étudier successivement toutes les parties du sujet à exposer : c'est l'analyse.

5° Par des revisions, des récapitulations, grouper entre elles les idées relatives à un même sujet ; aller ainsi du plus particulier au plus général, des notions fragmentaires aux vues d'ensemble et aux synthèses, toujours proportionnées à l'intelligence enfantine.

6° Réserver aux diverses spécialités de l'enseignement une importance en rapport avec leur valeur éducative et leur rendement utilitaire.

7° Convaincre les enfants qu'il y a une foule de choses naturelles dont la connaissance a demandé aux savants de longues années d'études, et qu'ainsi la défiance de soi-même, avec la confiance en leur maitre, est l'attitude qui s'impose aux écoliers. A plus forte raison la docilité est-elle un devoir à l'égard de l'Église catholique qui, de la part de Dieu, enseigne aux chrétiens des vérités surnaturelles dépassant la portée de la raison humaine.

8° En même temps qu'une sage défiance d'eux-mêmes, il importe d'inspirer aux enfants une grande confiance dans les résultats d'un travail attentif, réfléchi, persévérant. Ainsi l'on accroît leur initiative personnelle, source de tout progrès.

II. — LA CURIOSITÉ INTELLECTUELLE

L'éducation intellectuelle est possible parce que l'esprit humain est non seulement capable, mais curieux de connaître. Cette curiosité révèle l'appétit de l'esprit pour la vérité, dans laquelle il trouve son aliment et sa force, sa croissance et sa satisfaction.

Chez les enfants, l'inclination à se rendre compte est très vive; mais souvent c'est la recherche de sensations inconnues plutôt que d'idées nouvelles. Au maitre incombe le soin de ne pas laisser s'affaiblir ni s'égarer la curiosité normale des élèves. Dans ce but, il les questionne, les fait collaborer à l'enseignement, et combat la passivité par toutes les industries que suggère l'expérience.

Un maître avisé ne rebute donc pas les élèves qui l'interrogent pendant les leçons, pourvu que l'ordre n'en soit pas troublé. Il les encourage à demander une explication complémentaire, quand l'exposé de la leçon n'en a pas, pour eux, rendu clairs tous les points. Sans doute, et sous prétexte de satisfaire la curiosité des écoliers, il ne faut pas transformer la leçon méthodique en une causerie à bâtons rompus ; mais contrarier, restreindre en eux ce besoin de lumière, n'est nullement éducatif.

III. — L'ATTENTION

Nature de l'attention. — L'attention est un effort intellectuel et volontaire pour prendre connaissance d'un objet. Cet objet est-il notre âme, l'attention devient un acte de *conscience psychologique.* De tels actes doivent, par l'exercice, devenir fréquents chez l'écolier à mesure qu'il se développe. Le sérieux, autant que la moralité de la vie humaine, ne dépend-il pas de l'habitude de se replier sur soi-même pour se rendre compte des pensées, des désirs, des mouvements passionnels, normaux ou déréglés, qui surgissent dans l'âme ?

Si l'objet qui rend l'esprit attentif est connu par l'intermédiaire des sens, l'attention est un acte d'*observation.* Prolongée sur un même objet, surtout intellectuel, l'attention est dite *réflexion, méditation.*

L'attention spontanée se trouve instinctivement provoquée par un état affectif (intérêt, désir de connaître, curiosité) ; elle prépare les enfants à l'attention volontaire. Celle-ci est un effort conscient pour fixer l'esprit à un objet, et combattre les distractions qui l'attirent ailleurs. Pour l'enfant, les distractions viennent surtout du dehors ; il importe donc de supprimer pour lui tout sujet de dissipation et de le maintenir dans le calme et le silence. L'adolescent et l'adulte trouvent en eux-mêmes le sujet de leurs distractions les plus persistantes ; ils y font trêve par l'attention volontaire.

Peu à peu, et par un entraînement normal, l'écolier doit être exercé à toutes les formes d'attention volontaire, auxquelles on a donné les noms d'attention *sensorielle,* ou

attention aux perceptions visuelles, auditives et tactiles ; —
d'attention *intellectuelle*, ou attention aux idées et aux raisonnements ; — d'attention *émotionnelle*, c'est-à-dire aux sentiments dont beaucoup semblent à peine effleurer l' me. Ainsi
seront rendus conscients quelques-uns des phénomènes
inconscients, si nombreux en toute vie humaine, chez les
enfants surtout, qui voient sans regarder ni penser, entendent
une leçon sans l'écouter, agissent sans intention précise,
vivent comme étrangers aux conceptions, images et émotions
qui se succèdent. Sans efforts d'attention, il n'y a de possible
ni études ni formation morale.

Attention, conscience, inconscience. — On a dit, — et
la formule a un certain succès, — que l'éducation a pour but
de faire passer le plus possible les phénomènes conscients
dans l'inconscient. Il faut s'entendre ici sur l'étendue des
termes. L'éducation et l'habitude suppriment l'effort d'attention en certains actes qui se font mécaniquement, — comme
lire, compter, écrire, déchiffrer de la musique, — et qui passent,
ou à peu près, dans le quasi inconscient ou subconscient.
L'éducation et l'habitude diminuent l'effort d'attention en certaines opérations intellectuelles, comme associer des idées,
juger, abstraire, généraliser, raisonner : mais cela ne saurait
aller jusqu'à les rendre inconscientes. Quant à l'inattention
complète, à l'inconscience dans la vie morale, elles produiraient la suppression de la valeur méritoire des actes.

Conseils pour la culture du pouvoir d'attention. —
Pour exciter, soutenir l'attention d'ordinaire fugitive des
enfants, on a proposé des moyens très nombreux. Voici
quelques remarques à ce sujet.

1. L'excitant général de l'attention est l'émulation jointe à
la curiosité intellectuelle. Des leçons intéressantes, toujours
adaptées à l'auditoire auquel on les destine, données avec
entrain, contrôlées par des interrogations et des compositions,
trouvent d'ordinaire les enfants attentifs.

2. L'attention est encore excitée par la variété des sujets
d'étude, et par l'utilité pratique que le maître y fait découvrir.

3. Le pouvoir d'attention est affaibli par la gêne physique,
les malaises, le bruit, la chaleur ou le froid excessifs, en un
mot par les conditions matérielles défavorables ; par l'intensité
ou la continuité trop grandes de l'effort intellectuel ; par

l'indiscipline des écoliers, une hilarité intempestive ou une trop grande loquacité de la part du maître. Il ne faut ni exiger trop intense l'attention des élèves, ni la laisser tomber complétement par des distractions, car d'une part, la fatigue rend le travail impossible, et de l'autre, les mises en train successives de l'esprit font perdre beaucoup de temps.

4. L'attention volontaire est pénible aux enfants légers, dissipés. Il convient de beaucoup les encourager, d'aller progressivement dans les exigences à leur égard, de se montrer industrieux pour obtenir une application intellectuelle qui semble être contraire à leur tempérament.

5. L'esprit d'observation veut être développé avec méthode chez les enfants. Par de nombreux exercices, on les accoutume à considérer dans les réalités concrètes d'abord un ensemble, puis les détails, la distribution des parties, enfin leurs rapports entre elles. Des exercices de langage et des devoirs écrits tendent au même but.

6. Faire observer conduit à faire réfléchir. Pour cultiver l'esprit de réflexion et la pensée sérieuse chez les enfants, on y fait concourir les interrogations socratiques et les interrogations de contrôle, les devoirs et les compositions. Des remarques précises les mettent en garde contre les erreurs dues, soit à la hâte de répondre avant d'avoir écouté ce qui était demandé, soit à la précipitation qui fait agir avant d'examiner le but, les obstacles et les moyens.

7. Un des meilleurs exercices du pouvoir d'attention est d'apprendre aux enfants à écouter et à s'écouter parler euxmêmes, à refréner leur babil, à modérer la curiosité papillonnante qui les attire vers tout objet, sans leur laisser le loisir d'en examiner aucun.

IV. — LA PERCEPTION EXTÉRIEURE OU CONNAISSANCE SENSIBLE

Stades de la perception extérieure. — La perception extérieure, ou connaissance sensible, se forme en nous comme à travers cinq stades ou phénomènes distincts qui se suivent avec une extrême rapidité : l'impression organique, c'est-à-dire le contact médiat ou immédiat de l'objet avec l'organe des sens et l'ébranlement nerveux qui en résulte ; — la trans-

mission au centre nerveux par les nerfs qui servent chaque
sens ; — l'excitation cérébrale ; — la sensation, avec son
double élément, l'un affectif (émotion agréable ou désagréable),
l'autre significatif de la présence d'un objet extérieur ; — enfin
la perception, ou jugement de l'intelligence qui affirme l'existence et les qualités de l'objet qui a produit l'impression et la
sensation.

Je fais regarder, toucher, soulever par les enfants un morceau de fer : cette vue et ce contact produisent sur leurs
organes des impressions dues à la couleur, à la température,
à la rugosité, au poids de l'objet. Ces impressions extérieures
ont un contre-coup intérieur dans les sens diversement affectés : c'est la sensation. Enfin l'intelligence juge que cette
modification subjective est due à un objet qui est du fer, qu'il
est gris ou noir, poli ou rugueux, chaud ou froid. Plus vives
seront les sensations, plus nettes aussi, chez les enfants, les
perceptions consécutives.

Éducation des sens ; son but. — *L'éducation des sens*
est une éducation de l'intelligence s'exerçant sur des données
sensibles ; c'est un enseignement à la fois expérimental et
rationnel qui perfectionne, chez l'enfant, l'usage spontané des
sens et de leurs organes. Sa nécessité est évidente, puisque
nous atteignons les réalités matérielles par les données sensibles d'où, par l'abstraction, nous passons aux concepts de
l'immatériel. Plus la culture des sens est étendue, méthodiquement conduite, mieux l'enfant sait voir, apprécier, décrire
le monde matériel où tant d'hommes passent en perpétuels
distraits ; mieux aussi son intelligence est fournie d'éléments
sur lesquels elle peut travailler.

Le but général de l'éducation des sens est : 1º d'augmenter,
par un exercice attentif, la portée de chacun des sens dans
l'ordre de ses aptitudes propres ou perceptions naturelles (la
netteté dans la vision des couleurs et des formes ; la sûreté dans
la distinction du timbre) ; — 2º d'associer à ces perceptions
primitives un certain nombre de perceptions acquises, qui
sont des jugements inductifs très rapides dont les éléments,
fournis par plusieurs sens, deviennent connexes aux perceptions propres de l'un d'eux (faire juger de la hauteur, de
l'éloignement d'un objet par la vue ; de sa nature, par le
toucher) ; — 3º de rendre les enfants attentifs aux sensations,

dont beaucoup trop demeureraient inconscientes ; — 4º de faire éviter les *erreurs des sens*, ou !fausses inductions tirées de leurs données vraies ; — 5º de créer, par la répétition des mêmes actes, les habitudes mécaniques des sens, telles que la rapidité dans la lecture, une bonne prononciation, une calligraphie élégante ; — 6º d'apprendre aux enfants à ne se laisser dominer, ni par les sensations, ni par les émotions agréables ou désagréables qui les accompagnent, mais de s'en rendre compte et d'agir par raison et esprit chrétien.

La vue. — Le résultat le plus important à obtenir est d'initier les élèves à la vision très sûre des formes, des détails, à la distinction des couleurs, des nuances et des mouvements ; puis de leur apprendre à porter une attention studieuse sur les objets extérieurs pour les observer méthodiquement. Aux perceptions naturelles de la vue, le maître fera joindre des perceptions acquises ou jugements sur la distance et les dimensions des objets, leur relief, leur nature, leur poids.

Dans l'école, la vue est exercée surtout par les leçons de choses, les rédactions d'après images, l'écriture, le dessin, le tracé cartographique, la lecture des cartes, et même par certains jeux qui exigent de la précision et du coup d'œil.

L'ouïe. — Bien exercée, l'ouïe perçoit des bruits même lointains, des sons nombreux et simultanés ; elle les distingue entre eux suivant leur force ou intensité, leur hauteur ou degré de gravité et d'acuité ; leur timbre ou résonance particulière. Dans l'orgue de l'église, dans une fanfare, un chœur à plusieurs parties, le musicien distingue les divers sons qui composent la polyphonie et il en précise la nature.

Les principaux exercices dont profite à l'école l'éducation de l'ouïe sont la lecture expressive et la correction des défauts de prononciation ; les interrogations relatives à des bruits, des sons, pour en demander le timbre, la hauteur, etc. ; l'enseignement de la musique vocale ou instrumentale.

Le toucher. — L'éducation du toucher est presque tout entière dans l'éducation de la main, sous le contrôle des yeux, de la mémoire et de la réflexion. Le *toucher passif* perçoit la température et le poli ; le *toucher actif*, ou sens musculaire, perçoit le poids. L'habileté manuelle se perfectionne, chez les tout jeunes enfants, par les exercices divers de pliage, découpage, assemblage et tressage. Pour l'ensemble des élèves, cette habileté s'acquiert par le contact d'objets dont il faut ensuite apprécier le poids, la résistance, la rugosité, la température, et même, sans le secours des yeux, la forme et les contours ; — par des comparaisons entre objets divers, relativement à leur température, leur poids respectif ; — par les exercices de calligraphie, de dessin de cartographie et les travaux élémentaires d'atelier.

V. — LA RAISON

Nature, objet. — La raison, — appelée aussi *entendement*, — est la faculté par laquelle nous atteignons toute connaissance distincte de celles que donnent les sens. C'est l'intelligence s'appliquant à penser, à comprendre, à connaître les choses par leurs principes et leurs causes.

Selon l'objet auquel elle s'applique, on la nomme *raison théorique* ou *spéculative* quand elle connaît le vrai ; — *raison pratique* ou *conscience morale* quand elle connaît le bien. Jointe à la sensibilité morale, la raison spéculative saisit et admire le beau : c'est alors le *goût*, la *raison esthétique*. Enfin, appliquée à la distinction du vrai et du faux, du bien et du mal, du laid et du beau dans la vie courante, la raison reçoit encore le nom de *jugement* ou *bon sens*.

Nécessité de la culture de la raison. — La nécessité de la culture de la raison découle de l'obligation où nous sommes constamment de faire acte de raison, de bon sens, dans la vie personnelle et sociale. Voici quelques autres motifs encore :

1. L'homme a besoin de convictions, c'est-à-dire de croyances certaines dont il déduit des applications pratiques ; or les convictions sont surtout d'ordre rationnel (certitude mathématique, historique, expérimentale, principes directeurs de la conscience morale).

2. Dans une âme, l'édifice des vertus chrétiennes réclame, comme premier support, le perfectionnement de la nature humaine, de la raison en particulier.

3. La raison doit guider toute l'activité humaine : le cœur, pour que notre conduite ne subisse pas les fluctuations inces-

santes du sentiment ; la volonté, qui reçoit de la raison les motifs des déterminations à prendre. La raison a son rôle dans les questions religieuses : ainsi elle constate l'évidence de l'action divine dans le monde, la divinité de Jésus-Christ dans ses œuvres, et l'influence civilisatrice de l'Église dans le monde.

Principes directeurs de la raison. — Avant d'être initié au *raisonnement* et à ses règles, l'enfant use d'une logique à lui. De certains principes évidents que lui suggère la droite nature, il tire des conséquences spontanées souvent fort justes. Cette logique instinctive ne suffit pas ; il faut habituer l'élève à raisonner plus sûrement et dans un cercle moins restreint. Sans doute on ne disserte pas, à l'école primaire, sur les principes ou axiomes directeurs de la raison, mais les occasions sont très fréquentes de les faire appliquer, sans qu'il soit besoin de les énoncer sous leur forme scientifique. Lorsqu'un maître habitue les enfants à trouver la cause d'un effet ou les effets d'une cause ; lorsqu'il fait attribuer à une Cause infiniment puissante et sage l'existence, l'ordre de l'univers ; lorsque, dans les leçons de sciences, il montre que telle cause, agissant en des conditions semblables, produit des effets identiques, il exerce son jeune auditoire à se servir des premiers principes de la raison. — Quels sont ces principes, qu'on pourrait nommer les fils conducteurs des opérations intellectuelles ?

Dans le domaine spéculatif, c'est 1° le principe d'identité : *une chose est tout ce qu'elle est*, et sa formule négative : *une chose ne peut, à la fois, être et n'être pas dans le même sujet et sous le même rapport ;* — 2° le principe de raison suffisante : *tout être, tout phénomène à une raison d'être ce qu'il est ;* avec ses corrélatifs qui sont : le principe de causalité : *tout effet suppose une cause proportionnée ;* le principe de finalité : *dans la nature, tout être a un but, une fin ;* le principe de substance : *toute qualité suppose une substance à laquelle elle est attachée ;* le principe d'uniformité des lois : *dans les mêmes circonstances, les mêmes causes produisent les mêmes effets, et réciproquement.*

Dans l'ordre moral pratique, les principes premiers ou données premières de la conscience sont : *la distinction du bien et du mal,* — *l'obligation d'accomplir le devoir,* — *la liberté morale et la responsabilité.*

Il n'y a ni vie intelligente, ni vie morale, sans l'application de ces principes rationnels.

Moyens de faire l'éducation de la raison. — Le moyen général de développer la raison, chez les enfants, est une initiation progressive aux divers actes dont l'ensemble constitue l'art de penser : *percevoir des idées, juger, raisonner*. De tous les résultats éducatifs, au point de vue intellectuel, le plus indispensable est de prémunir les écoliers contre le verbalisme, de les former à concevoir clairement un grand nombre d'idées justes, à juger sainement avec une maturité relative, à raisonner avec une judicieuse logique.

Les idées. — On s'instruit par les idées; aussi l'enseignement a-t-il pour but de multiplier, dans l'esprit des élèves, le nombre des idées claires et celui des mots qui les expriment avec exactitude.

L'enfant acquiert des idées concrètes par l'observation de ce qu'il voit. C'est par l'objet vu qu'il va à l'idée de l'objet et à son expression verbale. Avec lui, on recourt beaucoup à *l'enseignement par l'aspect*, mais on ne s'y arrête pas comme à un terme définitif : les choses sont observées, non pour elles-mêmes, mais pour les idées qu'elles suggèrent.

Les exercices d'observation sont excellents, parce qu'ils peuvent conduire à de continuels exercices d'*abstraction*. Sans doute il ne saurait être question, avec les enfants, d'une abstraction entièrement dégagée du sensible[1] ; mais ils sont capables d'une sorte d'abstraction moyenne, comme séparer un objet de ce qui l'entoure (une fleur, de la plante qui la porte) ; — considérer en cet objet une qualité sensible et séparée des autres (la forme, la couleur de la corolle); — de la qualité, du défaut intellectuel ou moral d'un être, passer à cette qualité, à ce défaut pris en général (d'un acte de colère auquel s'est laissé aller un enfant, passer à des remarques sur la colère).

Les enfants peuvent, de plusieurs exemples de noms, de verbes, de mots pluriels, aller à l'idée abstraite de nom, de

---

[1] La véritable abstraction, ou *abstraction logique*, dégage mentalement, dans la notion d'un objet, une propriété qui, en réalité, forme avec d'autres un tout inséparable. Considérer isolément la longueur, le poids, la couleur d'un objet, la durée d'un phénomène, c'est obtenir des *idées abstraites*.

verbe, de nombre; — concevoir enfin l'idée abstraite de mouvement, de rapports, de cause et de loi.

De l'abstraction, — qui est une sorte de dissociation ou d'analyse, — on fait passer l'élève à la *généralisation*.

L'idée abstraite l'aide à s'élever à l'*idée générale*, applicable à toute une série d'êtres dont elle représente un caractère commun. L'enfant généralise beaucoup, instinctivement et à l'étourdie. Il compose des groupes fantaisistes dans lesquels les êtres rapprochés n'ont rien de commun qu'une ressemblance purement extérieure. On le guide dans la recherche des vraies différences qui classent les êtres, et on lui fait connaître quelques-uns des cadres admis par la science (genres, espèces) où se rangent les choses idéales et les êtres naturels.

Les jugements. — Le *jugement* est un acte intérieur par lequel la raison affirme ou nie qu'une qualité convient à un sujet, qu'une action est ou peut être faite par lui. Juger, c'est *qualifier* quand on prononce qu'un sujet a telle qualité (*l'homme est mortel*); c'est *expliquer*, quand on attribue une cause à un effet, ou un effet à une cause (*les nuages condensés donnent la pluie ou la neige*); c'est *classer*, quand on range le sujet dans la catégorie des êtres que représente l'attribut (*l'homme est un vertébré*).

L'expression d'un jugement est une *proposition*; d'où il suit que la proposition est de même nature que le jugement intérieur : une ou multiple, catégorique ou hypothétique, affirmative ou négative, individuelle ou universelle. Par des questions très simples, on fera d'abord ressortir ce que les jugements émis par les enfants ont d'exact; et de là on partira pour rectifier ce qu'ils renferment de faux ou d'incomplet. Un moyen de cultiver la raison, — qui est en même temps une préparation logique à l'exercice de lecture expliquée, — consiste à faire reconnaître par les élèves les diverses formes de propositions que renferment des phrases données. Il va sans dire que la dissection des phrases est plus ou moins précise, selon le développement intellectuel des enfants.

Les raisonnements. — Le raisonnement est l'acte de la raison qui, d'une vérité connue, passe à une vérité encore inconnue, au moyen de jugements intermédiaires. C'est encore la démonstration d'une proposition particulière dont l'évidence n'apparait pas, au moyen d'une proposition plus générale dont l'évidence a déjà saisi l'esprit. Dans le syllogisme, par exemple, la vérité particulière et d'abord inconnue, c'est la *conséquence* ; on la met en évidence par une proposition plus générale, connue (la *majeure*), et par un jugement intermédiaire (la *mineure*).

Le but à atteindre, par les exercices de raisonnement, est de rendre les enfants raisonnables, non raisonneurs ; de les former à discuter, non à ergoter ; de les convaincre qu'il est à la fois sage de se donner à soi-même la raison de ce qu'on admet, et insensé de rejeter obstinément les raisons d'autrui.

Causes des principales erreurs de l'écolier. — Chez les jeunes enfants, les erreurs de raisonnement sont nombreuses. Elles tiennent à la candeur, à la naïveté, à l'ignorance, à l'étourderie. Patiemment et avec bonté, l'éducateur guide leur raison encore chancelante ; il l'exerce à tirer de principes justes des conséquences acceptables.

Plus âgés, les écoliers ont plus besoin encore de cette formation. Les erreurs contre lesquelles ils seront mis en garde sont intellectuelles ou morales. Voici trois causes intellectuelles d'erreur : 1° partir de principes faux et que l'on croit vrais ; 2° partir de principes justes et raisonner faux ; 3° partir de principes justes, mais les appliquer quand il n'y a pas lieu. — La principale cause morale d'erreur réside dans les inclinations du cœur : alors on raisonne obstinément selon ce qu'on veut, selon ce qu'on aime, et non selon le devoir.

Induction, déduction. — Pour atteindre la vérité, l'esprit humain a trois voies : la *méthode déductive* des sciences exactes, la *méthode expérimentale et inductive* des sciences physiques et naturelles, la *méthode de réflexion intime* des sciences morales[1]. L'école primaire peut et doit, par des exercices sagement progressifs, faire usage des formes de

---

[1] Une même science emploie, dans ses recherches ou ses démonstrations, plusieurs méthodes : la philosophie fait grand usage des raisonnements déductifs : pour l'étude des phénomènes psychologiques, elle procède aussi par expérimentation et induction, sans jamais abandonner la méthode de réflexion intime.

raisonnement propres à ces sciences : *raisonnement inductif*, qui remonte du particulier au général, des exemples à la règle, d'un fait à la cause qui l'explique; — *raisonnement déductif*, qui descend du général au particulier, applique des règles, des principes avec leurs conséquences logiques.

Parce que l'induction a pour base l'observation, elle est la forme de raisonnement la plus naturelle aux enfants et la plus facile pour eux. Aussi est-elle d'un fréquent usage dans l'enseignement de la grammaire, de l'histoire, de la géographie, des leçons de choses et des éléments des sciences.

C'est surtout dans les leçons théoriques d'arithmétique et la résolution des problèmes que les enfants se servent du raisonnement déductif. Patiemment on les forme à tirer, d'un principe général, les conséquences ou vérités particulières qu'il renferme; on les met en garde contre l'irréflexion, la hâte de conclure sans examiner si la conclusion proposée découle des prémisses.

Aux plus avancés des élèves, dans un cours supérieur par exemple, on propose quelques exercices sur le syllogisme, mais on prend garde que cela ne devienne un travail routinier, sans grand profit intellectuel. Pour éviter la routine, le maître attire toujours l'attention sur la vérité des prémisses au moyen desquelles on raisonne.

Voici quelques-unes des questions à poser : étant données deux prémisses, tirer la conclusion; — étant données une prémisse et la conclusion, formuler l'autre prémisse; — étant donnée une conclusion, établir le syllogisme d'où elle sort; — réduire à un syllogisme une phrase, un alinéa oratoire peu compliqués; — en des cas très faciles, faire découvrir l'erreur de syllogismes défectueux.

Culture du bon sens. — Dans ce qu'on nomme le bon sens, il y a une lumière naturelle qui est la raison, et une sûreté de jugement cultivée par l'éducation. A propos de cette sûreté acquise, certaines remarques s'imposent :

1. Le bon sens, si net soit-il, ne rend impossibles ni le doute, ni l'erreur : douter, errer, n'est-ce pas humain? De là, deux sentiments à inspirer aux élèves : une confiance modeste en leur propre jugement, afin que, se voyant capables de penser juste, ils s'y exercent; — une sage défiance d'eux-

mêmes, une docilité raisonnée qui les porte à consulter, et les incline à se laisser instruire.

2. Un défaut commun, presque naturel à la jeunesse, est l'inexactitude, l'à peu près, l'exagération, la sévérité extrême dans les jugements, avec une précipitation étourdie à les formuler. Les occasions ne manquent donc pas de faire remarquer combien l'homme de bon sens est lent à parler, prompt à écouter; combien aussi les enfants, qui ignorent tant de choses, doivent ne pas juger sur les apparences, mais attendre, pour se prononcer, qu'ils connaissent les motifs et les circonstances qui ont fait agir.

3. La déviation précoce du jugement, en certains écoliers, apparaît comme l'obstacle le plus sérieux à leur formation intellectuelle. Comment le tourner? — Le maître gagnera leur affection, pour obtenir leur docilité : peut-être se laisseront-ils alors convaincre et corriger.

4. Les exercices de langue maternelle qui développent le bon sens sont des plus variés : dire les qualités qui conviennent à un être donné, et inversement quels êtres peuvent avoir une qualité donnée; — faire indiquer les ressemblances et les différences entre des objets connus; — faire expliquer oralement des proverbes, des maximes d'usage courant, et citer quelques circonstances qui en permettent la judicieuse application; — faire indiquer les causes d'effets donnés et les effets possibles de causes proposées; — exiger dans les rédactions le mot juste et la phrase sensée.

5. L'enseignement de l'arithmétique et l'initiation à la géométrie forment les élèves à exposer avec exactitude les raisonnements; de même, l'instruction religieuse, l'histoire et la géographie fournissent de multiples occasions d'appliquer des principes, de juger des actes, d'expliquer des phénomènes.

6. Aux plus avancés des élèves surtout, le maître fera remarquer que leur assentiment au témoignage et au jugement d'autrui ne doit pas dégénérer en crédulité irréfléchie et passive. C'est parce que nous croyons renseignées certaines personnes que, sagement, nous admettons leurs dires.

Éducation chrétienne de la raison. — L'éducation chrétienne de la raison a pour but la formation des convictions religieuses. Ce qui la rend possible c'est, dans l'âme du baptisé, la vertu de foi, la disposition surnaturelle à croire les vérités révélées.

Le moyen direct, pour cette formation, est l'enseignement des vérités chrétiennes par le catéchisme ; le moyen indirect est de pénétrer de notions religieuses les diverses spécialités du programme, autant que la sagesse et la prudence y autorisent. En particulier le maître a recours aux industries d'un zèle éclairé :

1. Dans les principes de la foi, les maximes de l'Évangile et les enseignements de l'Église, il montre la règle divine de notre conduite.

2. Il établit que si le bon sens suffit pour affirmer qu'il doit y avoir des mystères surnaturels, l'acte de foi divine à ces mystères relève, non du bon sens, mais de la vertu de foi.

3. Il combat dans les élèves l'orgueil, qui est le pire obstacle à l'éducation chrétienne de l'intelligence ; il rappelle qu'une forme nécessaire de l'humilité est la soumission à l'autorité infaillible de l'Église, qui est celle de Dieu même.

4. Il fait craindre aux enfants les idées irréligieuses qui fausseraient en eux le bon sens chrétien, diminueraient leur foi ; il les met donc en garde contre les lectures, les conversations où la foi se trouve attaquée.

5. Dans ses instructions catéchistiques, il insiste beaucoup sur le dogme, selon l'âge des enfants toutefois : les croyances, plus que les sentiments, soutiennent les vertus ; elles sont la pierre ferme que l'ouragan des passions et des opinions ne renverse que difficilement.

CHAPITRE IV

ÉDUCATION DE L'ACTIVITÉ INTELLECTUELLE

II. — Mémoire, Imagination, Langage.

Si l'homme n'avait d'autres facultés que la perception extérieure et la raison, ses idées ne laisseraient en lui aucune trace après l'instant fugitif qui les a vues naître. Nos ressources intellectuelles sont tout autres. La mémoire et l'imagination prolongent la durée de nos états de conscience; le langage leur donne à notre gré une expression extérieure et, en quelque manière, une nouvelle existence chez ceux à qui nous les communiquons.

I. — LA MÉMOIRE

La mémoire est une faculté psycho-sensible[1] qui conserve d'une manière latente les états de conscience, pour les restaurer ensuite, les reconnaître, et les localiser dans le passé par comparaison avec d'autres souvenirs qui servent de points de repère.

Si les idées conservées sont unies à des phénomènes sensibles, à des états affectifs (sensations, images visuelles, auditives ou motrices), c'est la *mémoire sensible* ou *imaginative* qui entre en jeu; — s'il s'agit d'idées non associées à des images, c'est la *mémoire intellectuelle* qui évoque les souvenirs, puis, en vertu d'un jugement conscient, les reconnaît, les classe en les localisant dans une portion déterminée du passé.

Qualités, conditions de la mémoire. — On cultive méthodiquement la mémoire des enfants pour lui donner la facilité à retenir beaucoup d'idées et de séries d'idées; — la ténacité pour les conserver longtemps; — la sûreté pour les rappeler sans les confondre entre elles; — l'ampleur pour les accueillir nombreuses, groupées en associations logiques et très .diverses. Grâce à la plasticité de leur cerveau et à la vivacité de leurs émotions, les enfants ont d'ordinaire la mémoire prompte; il s'en faut qu'elle soit aussi fidèle. La rendre tenace, sûre, est un résultat important à obtenir, d'où dépend en grande partie le succès des études.

Les conditions psychologiques de la mémoire (les seules que nous rappelons ici) peuvent être ramenées à la loi de mémorisation : « La conservation des souvenirs est d'autant plus facile et plus durable que : 1º l'impression, l'émotion première a été plus vive et plus nette; — 2º que les actes

---

[1] Une faculté est dite *organique*, ou *psycho-sensible*, lorsqu'elle a son siège dans le corps vivant. L'imagination et la mémoire ont pour siège le cerveau animé.

de mémoire relatifs aux mêmes idées ont été plus répétés ; — 3° que les idées ont été plus étroitement, plus logiquement associées à d'autres au moment de leur fixation dans la mémoire. »

Culture rationnelle de la mémoire. — La culture rationnelle de la mémoire suppose, exige qu'on ne lui confie rien que la raison n'ait d'abord compris. Cette condition fondamentale étant remplie, on aura égard à deux conséquences de la loi de mémorisation :

1. Pour que l'impression d'où dépend le souvenir soit très vive chez les enfants, il faut d'ordinaire que les idées soient clairement perçues, l'attention volontaire et intense, la compréhension un peu laborieuse, la vue frappée par une représentation sensible, et que le sentiment se joigne à la perception intellectuelle. Les leçons intéressantes et le recours aux procédés intuitifs assurent ces conditions diverses.

Toutefois cette première impression, même vive, demeure superficielle chez beaucoup d'écoliers, tant leur mobilité d'esprit est grande; d'où la nécessité d'opposer, par la *répétition*, une barrière à l'oubli. La répétition est semblable à un burin repassant sur les traces qu'une première étude, une première audition, aurait laissées dans la mémoire. Ce n'est pas à des répétitions mécaniques qu'on aura recours, mais on provoquera un travail personnel qui mette en jeu l'intelligence et fasse en quelque sorte revivre l'impression première d'où le souvenir est né.

2. La conservation des souvenirs est un fait d'habitude intellectuelle : aussi la mémoire demande-t-elle à être constamment exercée.

Remarques pratiques. — Dans la pratique scolaire, la culture de la mémoire est un travail quotidien, au sujet duquel on peut faire de multiples remarques.

1. Il importe de mettre à profit la réceptivité étonnante de la mémoire chez les enfants, pour la cultiver sous ses diverses formes : la *mémoire sensible* (avec ses variétés : mémoire *réelle* ou des objets, *verbale* ou des mots, *auditive* ou des sons), et la *mémoire intellectuelle* ou des idées. Aux détracteurs systématiques de la mémoire, on répond qu'elle n'est pas cultivée pour elle-même, mais pour les matériaux qu'elle fournit à l'activité intellectuelle, surtout au jugement.

2. Sous le rapport de la mémoire sensible, les enfants diffèrent entre eux, suivant leur aptitude à percevoir et conserver un ordre donné de sensations. Les *visuels* retiennent vivement les images graphiques; par l'imagination ils voient en quelque sorte la leçon qu'ils récitent, les lignes d'un dessin, le tracé d'une carte; — chez les *auditifs*, l'image phonétique est surtout intense; ils enregistrent les bruits, les sons, les souffles; la parole intérieure a même chez eux comme une sonorité perceptible; — les *moteurs* retiennent spécialement les attitudes, les gestes; — enfin chez le type qu'on peut appeler *moyen*, les souvenirs sont à la fois visuels, auditifs et moteurs, sans prédominance marquée de l'un d'eux sur les autres.

3. Il s'en faut que les enfants aient tous une mémoire facile; chez certains elle est paresseuse, chez d'autres elle se montre faible. Dans le premier cas, on imposera des tâches médiocrement longues, et, pour éloigner le dégoût, on variera beaucoup le sujet d'étude; dans le second cas, les tâches seront très courtes et les répétitions fréquentes.

4. On peut proposer aux jeunes enfants des exercices de mémorisation visuelle et auditive : tracer au tableau noir des croquis très élémentaires, les expliquer avant de les effacer, et les faire reproduire de mémoire sur l'ardoise; — faire répéter des phrases lues ou entendues, et de longueur croissante; des groupes de notes, des phrases musicales.

5. Pour ne pas développer la mémoire verbale aux dépens de la mémoire intellectuelle, on ne fait rien apprendre qu'après explication des idées et des mots qui les expriment. Ainsi on évite le psittacisme ou verbalisme, défaut des enfants qui, à tort, croient comprendre des mots lus ou entendus, et qui se servent d'expressions dont ils ne connaissent guère le sens.

6. La vivacité des impressions et la solidité des souvenirs s'accroissent, si l'on a soin de renouveler l'attention des élèves par l'attrait des leçons et l'émulation à les étudier ensuite.

7. On aide beaucoup au travail de la mémoire en multipliant les souvenirs relatifs à une même notion : on joint l'écriture d'un texte (souvenir visuel et moteur) à sa lecture (souvenir auditif); on montre un objet et on le fait toucher pour en distinguer la forme, les contours, les détails, le poids, le poli; on se sert de cartes et de gravures murales que l'on explique.

8. Afin de ne pas encombrer la mémoire des élèves en

cherchant à l'enrichir, on procède avec choix, ordre et mesure dans les leçons à donner et les études qui les suivent; puis on dégage des faits multiples les idées générales qui les coordonnent et les expliquent.

9. L'un des procédés les plus nécessaires, en éducation intellectuelle, est de faire ressortir les associations ou rapports logiques qu'ont entre elles les notions relatives à un même sujet. Veut-on étudier une guerre ? on met bien en relief ses causes et les prétentions des belligérants, l'issue de la lutte et les clauses du traité qui la termine. — Avant de les confier à la mémoire des enfants, ces notions seront groupées en tableaux synoptiques, en sommaires bien rédigés. Par de telles associations rationnelles, la puissance conservatrice et évocatrice de la mémoire se trouve beaucoup accrue.

10. Loin que les revisions et récapitulations apportent du retard dans les études, elles sont un exercice nécessaire à la formation des souvenirs durables.

11. La mémorisation exige un certain calme organique pour s'accomplir dans les meilleures conditions : on ne proposera donc pas, du moins à l'ordinaire, des études textuelles immédiatement après une récréation un peu longue, ni après une leçon de gymnastique.

Association des idées. — L'association des idées, ou des états de conscience, est une loi de la mémoire en vertu de laquelle les idées, images, sensations, sentiments, qui ont en nous déjà fait partie d'un même groupe, tendent à réapparaître ensemble. Ainsi, dans une note musicale il y a une *image graphique* et un *son* associés en couple; la photographie d'une personne évoque en groupe le souvenir de ses traits, de sa voix, de sa démarche, de telles de ses paroles; le début d'un vers rappelle la série des vers de la même strophe.

Les associations sont dites *passives* quand elles se forment toutes seules; *actives*, si on les crée volontairement. Plus nombreux et plus unis sont les groupes d'idées connexes ou d'images agglutinées entre elles, plus facilement aussi le rappel de l'un des états de conscience suggère tous ceux de la même série. Telle fable étudiée, répétée, il y a dix, vingt ans, et lue aujourd'hui, rappelle le souvenir de maîtres, de condisciples, de tout un monde d'idées, de sentiments et d'émotions.

Les relations principales qui créent ces sortes d'associations dans la mémoire sont les rapports de contiguïté rationnelle (rapports de principe à conséquence, de cause à effet, de moyen à fin, de signe à chose signifiée, et leurs contraires); — les rapports d'ordre et de succession (comme ceux des mots d'un texte); — les rapports d'unité d'origine (comme les idées diverses qui sont relatives à une même personne); — les rapports de similitude, et ceux d'opposition ou de contraste.

Éducation et association des idées. — Il est d'une extrême importance que soient créées, fortifiées, multipliées chez les enfants des associations logiques et morales d'idées. Est-il d'ailleurs un acte de la raison où n'entre pas une telle association? Juger, comparer, raisonner, c'est associer logiquement des idées et des propositions. Que sont les préjugés, les erreurs, les sophismes, sinon des associations illogiques?

L'éducateur fait naître en son élève des associations d'idées s'il évoque souvent, unies entre elles, les idées qui doivent rester en groupes dans la mémoire; — il fortifie des associations s'il attire l'attention sur le lien logique qui les réunit; — il en modifie s'il prépare, fait naître des associations contraires. Le groupe à modifier repousse d'abord les états de conscience nouveaux qu'on veut lui associer; mais à la longue et par la répétition, la chaîne primitive se brise et reçoit un nouvel anneau : l'association précédente s'affaiblit ou disparaît.

Bien des enfants associent, par exemple, l'idée de liberté à celle d'indépendance : l'association est fausse, dangereuse. Comment la modifier ? Par les instructions répétées du maître sur le lien logique qui existe entre la vraie liberté et la soumission au devoir; — par la réflexion des enfants sur cette relation nécessaire, et par leurs efforts pour soumettre en eux l'indépendance à la règle. Peu à peu le couple nouveau d'idées se grave dans l'esprit, et si l'autre ne disparaît pas, du moins il perd de sa force d'impulsion.

Éducation chrétienne de la mémoire. — Elle est directe ou indirecte. Directe, elle consiste à confier à la mémoire les idées, images, associations d'idées et d'images qui fortifient la vie morale et chrétienne; — à unir étroitement les convictions

spéculatives aux conséquences pratiques qui en découlent.
On insistera donc beaucoup pour que, dans l'esprit des enfants,
demeurent associées en séries les idées de *volonté divine,
devoir, obligation morale, mérite et sanction ;* celles aussi de
vie humaine, destinée future et obligation d'y tendre ; ou
encore de *nature visible* et d'un *Dieu créateur.*

L'éducation chrétienne indirecte de la mémoire se fait en
rappelant aux élèves la nécessité où ils sont de s'abstenir
des actes, des lectures, qui déposeraient en leur esprit des
souvenirs dangereux ; — en réfutant les associations fausses
qui naissent des passions (*passions* et *fatalité de leurs exi-
g nces ; passion satisfaite* et *bonheur*).

II. — L'IMAGINATION

L'imagination est la faculté qui conserve, évoque et combine les images, c'est-à-dire ce qui subsiste en nous quand a
cessé l'action des objets sensibles.

Représentative, reproductrice ou organisatrice, elle fait
réapparaître les objets par leurs images, tels qu'ils furent
d'abord perçus ; — créatrice ou constructive, elle combine en
groupements nouveaux les images antérieurement reçues, dont
elle crée des images fantaisistes. Chez les enfants, l'imagination se montre d'abord reproductrice ; ses évocations ont
presque la vivacité des sensations primitives. Puis l'imagination créatrice, — à laquelle manque d'ordinaire le contrôle
de la raison, — se plaît aux amplifications dans les récits, aux
inventions dans les jeux, aux allégories, aux rêves d'avenir.
L'éveil puissant de cette faculté réclame sans retard une discipline et une culture.

On a parfois, mais à tort, opposé la culture de l'imagination à celle du jugement. Bien que d'importance inégale, toutes
les facultés sont solidaires et doivent être développées simultanément.

Importance de la culture de l'imagination. — Est-il
besoin de démontrer cette importance ? L'imagination est le
complément de la perception sensible qui, seule, resterait
limitée aux sensations présentes ; elle fournit à l'abstraction,
et par conséquent à toute science, nombre de données d'où
s'élaborent les idées générales ; elle est essentielle dans les

arts, surtout les arts plastiques. Sans une imagination un peu vive, l'écrivain ne sait ni peindre, ni raconter, et le savant lui-même crée plus difficilement certaines hypothèses ingénieuses qui le conduiraient à d'utiles découvertes.

En vertu de leur action dynamique, les images inclinent la volonté à reproduire les actes dont elles suggèrent l'idée. Il faut donc éloigner celles dont l'influence serait nuisible. Trop promptes, trop vives, obsédantes, déformées ou associées en groupements fantaisistes à l'excès, les images troublent, puis altèrent le bon sens, affaiblissent l'empire de la raison, substituent la rêverie au raisonnement, affolent la sensibilité ou l'aigrissent par des douleurs sans réalité ; elles déréglent même l'organisme physique et peuvent conduire à l'aliénation mentale. Dangereuses ou mauvaises, elles contribuent à jeter la vie morale hors du droit sentier.

Moyens de cultiver l'imagination des enfants. — Le divers moyens de cultiver l'imagination des enfants ont pour but, les uns de l'enrichir ou de l'épurer, les autres de parer à ses écarts possibles.

1. L'imagination est incapable de se représenter au naturel ce qui n'a jamais été vu, ou du moins décrit. Avec les enfants surtout, il est indispensable d'avoir parfois recours aux gravures, photographies, qui montrent les sites, les scènes, beaucoup mieux qu'une description si minutieuse soit-elle. Un maître ingénieux prépare, pour cet usage, des collections de gravures, de dessins, et au besoin même des cartes postales les plus belles qu'il peut se procurer.

2. L'imagination ayant pour objet le beau physique, intellectuel et moral, l'un des moyens de la former est d'offrir aux enfants la vue ou la représentation d'êtres, de scènes où la beauté se montre caractéristique.

3. Faire voir de belles choses aux enfants ne suffit pas ; ils ont besoin d'apprendre à les admirer consciemment. La culture du goût se fera donc en même temps que celle de l'imagination. Par des questions, des remarques simples et précises, on fait analyser l'impression esthétique et remonter à sa cause, qui est la vue du beau.

4. Les lectures bien choisies, — prose et poésie, — les narrations et descriptions faites par le maître, sont évocatrices d'images, et d'autant mieux qu'on s'efforce de faire agir les personnages, de dramatiser les scènes. Mais encore faut-

il expliquer le tout, pour préciser l'impression qui, sans cela, resterait un peu confuse chez les enfants.

5. Sous peine de déformer l'imagination de ses élèves, l'éducateur écarte les récits grotesques, romanesques, les gravures par trop médiocres, et tout ce qui pourrait donner le goût du difforme ou du faux. A plus forte raison éloigne-t-il ce qui, à des âmes neuves et délicates, suggérerait des représentations dangereuses.

6. Les descriptions et récits que font les élèves, de vive voix et par écrit, sont un excellent exercice pour l'excitation et la direction de la faculté imaginative. La trouve-t-on, chez certains enfants, exubérante ou peu pondérée, il faut sans rudesse la modérer et l'assagir ; montrer à l'esprit en quoi il y a excès, fausses associations ou manque de goût.

7. Il n'est guère d'enseignement qui ne puisse servir à la culture de l'imagination. En particulier l'histoire et la géographie, la lecture et les exercices de rédaction, le dessin et la musique, ont une influence heureuse, pourvu que les précautions utiles soient prises contre les obstacles au résultat cherché.

Éducation chrétienne de l'imagination. — 1. Il est d'expérience que la vertu de pureté tend à conserver l'imagination vive, fraîche, délicate ; au contraire, le vice la dessèche et la déprave. La lutte pour l'intégrité morale est, par voie indirecte, une discipline éducatrice de l'imagination.

2. Rien ne souille l'imagination et n'y dépose des germes de corruption comme les lectures et les conversations déshonnêtes Telle image, gravée dans l'esprit, revit longtemps pour exciter des troubles dont le cœur et la volonté restent comme désemparés. C'est donc un devoir de surveiller les relations entre condisciples, et de proscrire sévèrement l'introduction en classe de toute production capable de répandre l'immoralité.

3. L'imagination se perfectionne par un haut idéal de beauté ; or quoi de plus attachant, de plus sublime, que la personne et la vie de Jésus-Christ ? Quel idéal humain est plus noble que la grandeur morale des saints ? Faire connaître, admirer les perfections divines du Rédempteur, les vertus des héros de la sainteté, c'est, avec bien d'autres résultats, fournir aux imaginations adolescentes un aliment purifiant au premier chef. C'est aussi préparer l'intelligence à goûter la beauté incomparable des œuvres d'art inspirées par la foi chrétienne.

III. — LE LANGAGE

Le langage est une des sources de nos connaissances ; parlé ou écrit, il est un moyen d'exprimer nos pensées. L'éducation du langage fait donc partie intégrante de l'éducation intellectuelle.

L'enfant n'acquiert une connaissance suffisante de sa langue maternelle qu'au prix d'un long et pénible travail. Cette formation est à la fois familiale et scolaire. Suivant que l'éducation par la famille est plus ou moins négligée, l'école éprouve, à la compléter, des difficultés variables.

But de l'éducation du langage. — La sollicitude d'un maître, dans l'éducation du langage, porte sur les points suivants : justesse des idées émises, propriété du vocabulaire qui les traduit, correction et naturel de la phrase, pureté de la diction, dignité générale et délicatesse de l'expression d'où seront bannis l'argot et la trivialité. Selon l'âge des enfants et la région où sont établies les écoles primaires, les résultats atteints sont fort divers.

Avant tout et progressivement, il faut obtenir que l'enfant exprime des idées justes, enchaînées avec bon sens. Dans les exercices oraux, on l'habitue à parler sans précipitation, à suivre sa pensée, au lieu de la précéder ; dans les rédactions, il devra parler intérieurement ses idées et se rendre compte de leur valeur, avant de les traduire par écrit.

N'en déplaise à Boileau, les mots justes ne se présentent pas toujours à notre appel, même pour exprimer des idées claires : l'enfant, beaucoup plus que l'adulte, peine pour traduire ce qu'il conçoit bien. Son vocabulaire est indigent quant aux mots qui représentent les idées abstraites ; et de bien des mots concrets, il n'a qu'une connaissance imprécise. On doit habituer, en quelque sorte contraindre l'écolier à n'employer aucun terme dont il ne sache le sens. Des interrogations fréquentes sur la valeur des mots, des exercices de définition et, pour les adolescents, l'emploi habituel du dictionnaire, font acquérir une propriété, une richesse suffisantes de vocabulaire.

La correction des phrases est un acquis grammatical,

résultat d'un long travail de rédaction. Sans avoir, et pour bien des motifs, aucune prétention à l'élégance, les meilleurs élèves des classes primaires arrivent toutefois à parler avec un parfait naturel. Ce n'est d'ailleurs pas le moindre charme du langage.

L'étude de la *diction* proprement dite est-elle du programme primaire? Oui. — Sans doute, le maître ne cherche pas à faire de ses élèves de véritables artistes en déclamation ; du moins s'efforce-t-il de leur faire contracter l'habitude d'émettre purement les sons et d'articuler les consonnes avec netteté. Il les corrige des défauts qu'on peut appeler scolaires: le bredouillement ou le bégaiement, la précipitation qui empêche de prononcer tous les mots en leur intégrité vocale, le grasseyement ou le zézaiement, et l'accent défectueux portant sur certaines voyelles.

Savoir écouter. — Savoir écouter, n'est-ce pas un des moyens d'apprendre à parler ? Si paradoxale que semble au premier abord la formule, on peut dire que l'audition attentive est partie intégrante de l'initiation au langage.

L'enfant sait peu parler, parce qu'on ne lui a pas appris à écouter. Écouter ceux qui parlent sensément et bien, multiplie les idées et les mots ; c'est une leçon de bon sens et d'élocution. La constatation s'en fait dans toutes les classes : ne voit-on pas les enfants qui entendent à la maison paternelle parler avec aisance et distinction prendre, sur leurs condisciples, une avance considérable pour le langage et la rédaction ? Du moins tous peuvent, à l'école, écouter une parole simple et correcte : celle du maître.

CHAPITRE V

ÉDUCATION DE L'ACTIVITÉ MORALE

I. — Conscience morale.

Nature et nécessité de l'éducation morale. — L'enfant vient chercher à l'école non seulement une initiation à la vie pensante, mais surtout une direction pour son activité morale. C'est la mission de l'éducateur chrétien de lui faire connaître le bien en même temps que le vrai, de le lui rendre aimable et d'incliner sa volonté à l'accomplir.

Le bien connu par la raison pratique, ou conscience morale, aimé par le cœur, voulu en vue de plaire à Dieu, telle est la triple manifestation de notre activité morale. Former l'activité morale des élèves, c'est éclairer leur conscience, régler les inclinations de leur cœur, fortifier leur volonté pour que, vigoureusement, elle agisse sur les tendances et se porte au bien.

On a dit, écrit, que, « respectueux de la personne humaine, le maître loyal laisse l'enfant construire lui-même l'édifice de sa moralité » : étrange scrupule, désolante doctrine qui aboutit au laisser-faire, à la licence. Procède-t-on ainsi lorsqu'il s'agit d'éducation physique ? D'autres théoriciens ont prétendu que la science, l'esthétique, la solidarité, sont les bases nouvelles de la vie morale : bases croulantes, ainsi qu'une douloureuse expérience permet de le constater. Sans négliger les motifs d'ordre naturel et rationnel qui peuvent déterminer licitement nos actes, l'éducateur a pour devoir de faire connaître à l'enfant les règles morales édictées par Dieu, règles qui soutiennent toutes les autres.

I. — PRINCIPES RELATIFS A LA CONSCIENCE MORALE

Nature. — La conscience morale est l'intelligence, la raison, en tant qu'elle discerne le bien et le mal. Elle a pour objet un jugement pratique sur les actions, dans leurs apports avec la moralité. C'est la règle immédiate de la conduite. On la nomme aussi *sens moral*, de même qu'on donne le nom de « bon sens » à la raison spéculative.

Actes de la conscience. — *Avant l'action*, les actes de la conscience sont :

1o La *connaissance* spontanée ou réfléchie d'un bien moral et des moyens de l'accomplir ; — 2o le *rappel de jugements moraux* ou principes directeurs de la moralité ; — 3o la *consultation* ou *délibération intellectuelle*, par laquelle la conscience discute, se demande si les principes directeurs sont applicables à tel acte particulier et dans telle situation donnée ; — 4o la *sentence* ou *décision*, par laquelle la conscience se prononce sur la nature, la légitimité de l'acte qui se présente, et sur les motifs, les intentions qui l'accompagnent ou le déterminent.

Après l'action, la conscience juge que le bien ou le mal a été accompli, qu'il y a mérite ou démérite, et que la justice divine réserve une sanction à notre conduite.

Principes directeurs de la conscience. — Les principes directeurs de la conscience sont comme une lumière qui l'éclaire. Cette lumière est naturelle ou révélée. *Naturelle*, elle procède des vérités premières d'ordre moral qui sont la règle de toute vie raisonnable, parce qu'elles fondent la moralité, la liberté, la responsabilité et la sanction de nos actes ; — *révélée*, cette lumière se dégage des enseignements de l'Évangile et de ceux de l'Église, gardienne et interprète de la morale chrétienne.

Parmi les principes directeurs de la conscience, les uns découlent immédiatement de la notion du bien et du mal (*Il faut faire le bien et s'abstenir du mal; le bien et le mal librement accomplis nous sont imputables, etc.*); les autres sont obtenus par voie de raisonnement (*La créature doit obéissance au Créateur; il faut rendre à chacun ce qui lui est dû, etc.*).

II. — FORMATION CHRÉTIENNE DE LA CONSCIENCE

Sa nécessité. — La formation de la conscience est indispensable aux individus et aux groupements sociaux. Lâche ou faussée, la conscience individuelle entraine aux pires écarts.

Quand une erreur fondamentale se généralise dans l'ordre moral, elle produit un amoindrissement des forces vives de la société.

La conscience a besoin d'être formée, parce que la lumière qui l'éclaire ne lui donne pas l'infaillibilité pratique. Il lui faut, avec la direction d'un enseignement humain, celle du magistère divin, représenté par l'autorité religieuse qui instruit, conseille et reprend. Les applications des principes les plus clairs sont loin d'être toujours simples : juge et partie, l'homme est exposé à choisir les interprétations.qui lui agréent le plus. De là, les capitulations de la conscience qui se fausse, s'aveugle, se fait insouciante et perverse. Que deviendrait-elle sans des guides ?

Pour guides extérieurs et formateurs de sa conscience, l'enfant a ses parents, ses maîtres, son confesseur surtout. A aucun titre, l'action du maître ne saurait être une direction intime; mais elle est excitatrice du bien, par le rappel des principes moraux et chrétiens.

La formation de la conscience peut et doit être commencée de très bonne heure chez l'enfant, car en lui, par une disposition providentielle et par l'éducation familiale, le développement de la raison pratique précède celui de la raison spéculative. Avant que les passions, les préjugés, les erreurs ne l'égarent, il importe d'éclairer cette conscience qui a toute sa rectitude, de sauvegarder sa délicatesse par la crainte de Dieu, témoin de tous nos actes, et de fortifier ses décisions par la pensée des sanctions éternelles.

But à atteindre. — En chacun des élèves, l'école catholique veut former une conscience d'honnête homme et de chrétien, une conscience qui dirige l'activité morale selon les prescriptions de l'Évangile.

Pour que la conscience devienne la règle intérieure des mœurs et, selon l'expression de saint Thomas, « le pédagogue de l'âme », il faut qu'elle soit *droite,* ou conforme autant que possible à la loi morale; — *éclairée,* ou instruite sur la nature, l'étendue des devoirs et la conduite à tenir dans les circonstances successives; — *ferme,* ou incapable de gauchir sous la pression des convoitises déréglées et des sophismes régnants; — *délicate,* c'est-à-dire fidèle à condamner le mal, si léger fût-il, demeurât-il dans les pensées, les désirs ou l'affection.

Au contraire, la conscience défectueuse est ignorante, scrupuleuse, ou relâchée. Elle se montre hésitante devant les revendications passionnelles, faible à protester contre le mal, vénale ou disposée à tous les compromis quand l'intérêt la sollicite.

Moyens de formation pour la conscience. — L'éducation chrétienne de la conscience enfantine se fait :

1º Par des enseignements spéciaux qui l'instruisent et des directions pratiques qui la guident ;

2º Par la réflexion personnelle et l'examen, qui éclairent la conscience sur les actes accomplis, leurs causes et leurs motifs, et sur les moyens d'en prévenir le retour s'ils sont mauvais ;

3º Par l'habitude courageuse d'agir selon le devoir connu, car d'ordinaire l'idée du bien se précise et se fortifie à mesure que la volonté le pratique avec plus de constance ;

4º Par des grâces de lumière et de force, reçues dans la prière et la fréquentation des sacrements ;

5º Par une surveillance attentive et constante, surveillance qui maintient les élèves dans le devoir et permet au maître de leur adresser, en connaissance de cause, les avertissements et réprimandes utiles.

Ajoutons qu'en dehors de l'enseignement religieux, bien des occasions s'offrent à l'éducateur chrétien de faire apprécier des actes moraux et d'affermir en ses élèves les principes directeurs de la conscience. Les exercices de lecture expliquée et les leçons d'histoire sont très favorables à cette formation.

CHAPITRE VI

ÉDUCATION DE L'ACTIVITÉ MORALE

II. — Sensibilité morale ou cœur.

Le mouvement réfléchi par lequel l'homme se porte vers le bien, surtout vers le bien suprème, est un acte normal de volonté ou d'*amour rationnel*. Mais souvent de tels actes impliquent l'accomplissement d'un devoir pénible, le sacrifice de tendances impatientes de jouir sans frein. Pour les faciliter, Dieu a mis en nous des inclinations ou *affections* qui, dans leur rectitude, s'émeuvent en présence du bien et stimulent la volonté à le rechercher. Leur ensemble constitue l'*amour sensible*, la *sensibilité morale* ou *affective*, le cœur.

Nous le savons tous : la déchéance de la nature humaine et les fautes personnelles font dévier les inclinations, qui se portent souvent vers ce qu'interdit la loi morale. L'éducation n'a pas à modifier le caractère spontané des sentiments et désirs instinctifs ; elle crée l'habitude de les surveiller en faisant intervenir, chaque fois qu'ils s'émeuvent, un acte de connaissance réfléchie qui renseigne sur leur moralité.

Après avoir rappelé quelques notions sur la sensibilité morale, nous indiquerons les moyens d'en faire l'éducation chrétienne. Puis nous dirons comment le sens esthétique et la politesse doivent être développés dans les classes : ils sont, l'un l'instinct du beau, et l'autre l'expression aimable et sincère des sentiments du cœur.

I. — NOTIONS SUR LA SENSIBILITÉ MORALE

1. La sensibilité morale est l'ensemble des tendances qui, à l'occasion d'objets intellectuels ou moraux, nous font éprouver spontanément certaines émotions agréables ou désagréables

nommées *sentiments*. Elle est dite *morale* à cause de ses rapports avec la conscience qui en connaît les manifestations, et avec la volonté qui les dirige et au besoin les réforme.

2. L'éducation des affections ne peut se faire sans celle de la conscience, qui prononce sur la légitimité de l'acte auquel on se sent enclin, ni sans la formation de la volonté qui s'y refuse ou y consent.

3. Par *inclinations morales, penchants* ou *tendances*, on entend les dispositions naturelles et profondes de l'âme à rechercher certains états affectifs (joie, plaisir) et à en fuir d'autres (tristesse, douleur). Ainsi les inclinations nous portent vers les objets qui peuvent nous procurer un bonheur, fût-il passager, et instinctivement elles nous détournent des autres. Droites, elles nous inclinent vers les vrais biens; déréglées, elles vont aux biens factices et trompeurs.

4. Un *sentiment* est un phénomène affectif, agréable ou pénible, causé par une inclination satisfaite ou contrariée. Agréable, le sentiment détermine un plaisir; pénible, il cause une douleur. Le plaisir et la douleur atteignent des degrés divers, selon les objets, l'âge et les dispositions.

5. Au sens psychologique, la *passion* est un mouvement de l'âme poursuivant un bien ou repoussant un mal, surtout d'ordre sensible : alors elle s'identifie avec l'inclination. Au sens moral et dans le langage courant, la *passion* est une inclination consciente, habituellement satisfaite et devenue prédominante.

6. Réglée par la raison, l'inclination fortifiée devient une *passion bonne* qui accroit l'impulsion des facultés vers leur objet propre et nous porte vigoureusement au bien; — pervertie, l'inclination se change en une *passion déréglée* qui aveugle l'intelligence et tend à asservir la liberté. Cet aveuglement et cet asservissement se préparent ou se consomment par la violence des répercussions affectives que suscite la passion, et par des désirs tyranniques jusqu'à l'obsession.

7. Les causes principales du dérèglement des penchants sont la déchéance originelle de la nature humaine, certaines prédispositions ataviques ou héréditaires, et surtout la répétition d'actes illicites qui satisfont la passion. Le plaisir qui naît de tels actes accroit la force des images et des idées connexes, devenues obsédantes ; il tend à faire réitérer les actes

MANUEL DE PÉDAGOGIE

agréables, bien que la conscience les condamne. Enfin cette répétition fait de la passion un besoin impérieux. Toutefois la responsabilité du « passionné » n'est pas détruite, puisqu'il était libre de se refuser aux actes qui ont fortifié sa passion.

8. Les passions mauvaises sont un dérèglement de l'activité morale. Elles doivent être combattues; elles peuvent toujours l'être avec succès par la volonté aidée de la grâce divine.

II. — PRINCIPES ET CONSEILS RELATIFS A L'ÉDUCATION DU CŒUR

L'éducation du cœur se fait à la fois par des moyens naturels et par le recours aux moyens surnaturels. Quelques principes dirigent et rendent efficaces l'une et l'autre formation.

Principes d'application générale. — 1. L'éducation du cœur est d'une extrême importance, car les inclinations et sentiments, — souvent plus que les idées, — portent l'homme à l'action. Du moins doivent-ils, dans le plan providentiel, nous faciliter le devoir.

Cette éducation est nécessaire en raison même de notre besoin instinctif de bonheur et des déviations morales auxquelles il peut conduire. Montrer aux enfants où se trouve le bonheur vrai, intime et durable, n'est-ce pas travailler à les mettre en garde contre la tentation de le chercher là où il n'est pas?

2. L'éducation du cœur doit être commencée très tôt chez les enfants. En eux, les phénomènes affectifs paraissent des premiers; si l'on n'y veille, les inclinations se dérèglent et il devient ensuite très difficile de les discipliner.

3. Ce qui rend possible l'éducation du cœur, c'est que les sentiments peuvent être excités ou combattus, et ainsi les inclinations fortifiées ou affaiblies. On excite un sentiment en faisant penser à ce qui le crée, puis en faisant agir comme s'il existait spontané; on le combat par des sentiments et des actes contraires.

Au point de vue émotionnel, on peut dire que la classe est un milieu toujours vibrant. Les sentiments du maître et des condisciples, — traduits par les attitudes, les paroles et les gestes, — réagissent sur le cœur de chaque enfant. On compose en quelque sorte ce milieu émotif par les bons exemples, et par l'éloignement des excitations violentes ou dangereuses.

4. L'éducation du cœur des enfants exige beaucoup de mesure, de délicatesse et de zèle chrétien. Une formation trop émotionnelle, c'est-à-dire s'appuyant trop sur les sentiments, serait instable, fausse et souvent désastreuse ; la tendance au sentimentalisme s'en trouverait excitée et l'énergie du caractère compromise. L'éducateur avisé se sert discrètement du sentiment, comme auxiliaire des idées et des convictions; il fait aimer le devoir et rend aimable l'autorité qui en réclame l'accomplissement. Dans cette éducation du cœur, il importe de ne pas procéder par reproches persistants et tracassiers. La « crise de l'adolescence », qui trouble tant de jeunes cœurs vers la quinzième année, est beaucoup moins redoutable si le maître use de ménagements avec les grands élèves, s'il gagne leur confiance et les anime au travail.

5. Le premier moyen de diriger les inclinations des élèves est de les connaître. Sans doute, les inclinations heureuses ou funestes sont au moins en germe dans tous les cœurs, mais combien différemment développées! Cette étude est spéculative et individuelle : spéculative, elle observe le mode caractéristique de chaque inclination et la discipline qui lui convient; particulière et individuelle, elle s'attache à connaître les inclinations d'un enfant, leur rectitude ou leur déviation.

6. Parmi les moyens généraux de cultiver les inclinations morales, il convient de recommander les suivants : suggérer, comme il a été dit, des pensées nobles, élevées, car nos pensées ont une grande influence sur nos sentiments; — soustraire autant que possible les écoliers aux mauvaises fréquentations et surtout les porter à s'en garantir eux-mêmes; — faire aimer et pratiquer le devoir, car les actes développent les inclinations auxquelles ils se rapportent.

7. Suivant que domine, dans une âme, le penchant à l'affection ou à la combativité, les sentiments habituels diffèrent. Dans le premier cas, ce que l'enfant convoite le transporte d'amour, de désir, de joie; s'il ne l'obtient pas, l'aversion ou la tristesse le troublent et l'abattent. Souvent il flotte entre ces dispositions contraires, et, par instabilité, l'action perd en vigueur et constance. Les caractères affectifs ont besoin d'être encouragés, soutenus, protégés contre leurs défaillances et leurs désillusions, encouragés à la lutte contre eux-mêmes.

8. Avec moins de fluctuations, le caractère combatif est confiant, audacieux en ses entreprises; mais des échecs réitérés le jettent dans le dépit, la.colère, parfois dans une désolation profonde. Ces âmes énergiques ont besoin de modérer leur fougue, de se dominer elles-mêmes. Les soins de l'éducateur iront à ce résultat.

Éducation chrétienne du cœur. — Trois influences doivent concourir à l'éducation chrétienne du cœur: l'action de Dieu qui, par la vertu de charité, ordonne les affections d'une âme en état de grâce; — l'action du maître, dont les exemples, le zèle et la vigilance tendent à faire éviter le mal; — l'action des enfants eux-mêmes, qui se préservent au moins des fautes graves par la prière et la lutte, ou s'en relèvent par le sacrement de pénitence.

De la part du maître, divers moyens facilitent la formation chrétienne de la puissance affective :

1. Donner aux élèves une forte instruction religieuse et morale; faire appel à la raison et à la foi, pour qu'ils discernent en eux-mêmes les inclinations à fortifier et celles qu'il est nécessaire de combattre.

2. Rappeler souvent que Dieu étant la source de toute bonté, beauté, perfection, nul n'est digne au même titre d'attirer et de retenir notre amour. Jésus-Christ a rendu sensibles les amabilités divines; il a comblé et comble les hommes de biens; en lui-même il a réalisé le type absolument parfait de l'ordre qui doit régner dans nos affections : l'aimer, l'imiter est donc le moyen d'échapper à l'égoïsme, comme à toutes les passions qui tyrannisent et flétrissent le cœur.

3. Aux plus âgés des élèves, — ajoutant pour cela les conseils particuliers aux avis généraux, — on fait comprendre que l'esprit de sacrifice est la discipline véritable du cœur: il accroît la puissance des affections nobles aux dépens de celles qui tendent en bas.

4. En même temps que l'on développe le sens surnaturel du divin, il faut cultiver le sentiment religieux. Le sentiment religieux est l'ensemble des affections spontanées qui ont pour objet les réalités de l'au-delà; il a ses racines dans les plus mystérieuses profondeurs du cœur humain, que Dieu a créé pour jouir de l'infini.

III. — REMARQUES PRATIQUES SUR QUELQUES INCLINATIONS ET SENTIMENTS

On a proposé plusieurs classifications relatives aux inclinations du cœur; elles ne diffèrent entre elles que par les détails. D'après leur objet, on peut distinguer les inclinations personnelles ou égoïstes, les inclinations sociales ou altruistes, et les inclinations supérieures.

A) Les *inclinations personnelles* se rapportent à nous-mêmes et dérivent toutes de l'amour de soi. Leurs manifestations principales sont : 1º *L'instinct de la conservation* ou tendance à persévérer dans l'être. Ses tendances corrélatives sont : l'*amour de la vie*, l'*amour du bien-être*, l'*instinct du bonheur*, la *prévoyance*, l'*instinct de la propriété*; — 2º *L'instinct du progrès personnel*, d'où naissent la *curiosité intellectuelle* ou *désir de connaître*, le *besoin d'émotion*, le *besoin d'action* ou *d'activité*, l'*ambition* ou *désir du progrès*, le *sentiment de la dignité personnelle*, le *sentiment de l'honneur*.

B) Les *inclinations sociales*, appelées aussi *affections*, dérivent de l'*instinct général de sociabilité*, mis par Dieu au cœur de l'homme. Ses formes principales sont : 1º *L'instinct de la bonté* ou l'*amour*, qui pousse les individus à sortir d'eux-mêmes, à se dévouer pour être utiles à la collectivité étroite ou large. Ses formes ordinaires sont la *bienveillance*, la *pitié*, la *reconnaissance*; — 2º *L'instinct de sympathie*, qui répond au besoin des groupes sociaux de maintenir leurs forces par l'union, et au désir qu'ont les individus de trouver, dans les groupes cohérents, appui, défense et perfectionnement. Parmi ses manifestations, très nombreuses, citons l'*esprit de solidarité*, l'*instinct d'association*, l'*amour de la famille* et ses diverses espèces, l'*amitié*, l'*amour de la cité*, le *patriotisme*; — 3º *L'instinct de respect et d'autorité*, qui répond au besoin qu'ont les collectivités d'atteindre plus sûrement leur fin, en substituant l'unité de direction des forces sociales à leur éparpillement. On rapporte à ce sentiment l'*instinct d'imitation* et l'*émulation*.

C) Les *inclinations* ou *aspirations supérieures* sont des tendances vers l'idéal et la perfection. Elles comprennent :

l'*amour du vrai*, principe de la science; l'*amour du beau*, principe de l'art; l'*amour du bien*, principe de la vertu. Ces sentiments sont trois aspects de l'*amour de l'infini*. Aussi les aspirations supérieures ont pour couronnement naturel le *sentiment religieux*, et elles se rapportent à Dieu qui seul peut les satisfaire, car Dieu est à la fois l'exemplaire parfait comme la source première du vrai, du beau et du bien.

Indiquer comment l'éducateur développe chacune de ces inclinations n'entre pas dans le cadre restreint de ce *Manuel*. Voici toutefois quelques brèves remarques relatives à certaines tendances.

Inclination générale au bonheur. — Créés par un Dieu bon pour être heureux, nous poursuivons le bonheur comme terme de toutes nos aspirations. Il ne se trouve que dans l'exercice normal de notre activité, surtout de l'activité surnaturelle. Vouloir le chercher hors de cette voie, c'est se préparer de continuelles désillusions.

L'expérience manque aux enfants pour qu'ils croient à l'impossibilité de goûter le vrai bonheur en dehors du devoir; mais ils connaissent assez les joies et les remords de la conscience, pour qu'un éducateur chrétien puisse tirer cette conclusion à leur portée : Dieu est la source du bonheur; violer la loi de Dieu, c'est renoncer au bonheur vrai.

Faut-il leur dire de pratiquer la vertu surtout pour être heureux? Non. La vertu est obligatoire parce qu'elle est le devoir; mais Dieu a voulu que la satisfaction de la conscience fût une première récompense de la vertu désintéressée, en attendant les sanctions futures. Il est dans l'ordre de goûter et faire goûter cette joie intime.

Instinct du progrès. — L'instinct du progrès est l'un des puissants ressorts qui mettent en jeu l'activité intellectuelle et morale. Cette tendance, et la constatation journalière des progrès accomplis, soutiennent l'ardeur de l'enfant, le stimulent à de nouveaux efforts et contribuent au succès de son éducation.

Dans l'ordre naturel, et malgré un travail assidu, le progrès possible est fort limité ; tout autre est notre destinée dans l'ordre surnaturel. Dieu nous donne la lumière de la foi pour compléter celle de la raison, et sa grâce pour venir au secours de notre volonté; moyennant quoi, avec notre coopération, personnelle, le progrès moral peut être indéfini. Des enfants déjà instruits du catéchisme sont capables de comprendre cette doctrine, et de ne pas se contenter de la médiocrité en fait de vertu.

Instinct, amour du vrai. — L'instinct de la vérité n'est pas seulement une disposition de l'intelligence à connaître le vrai (voir chap. II, *Curiosité intellectuelle*); c'est aussi un besoin moral de posséder la vérité religieuse, et un instinct de loyauté que révoltent la duplicité, le mensonge.

L'école catholique satisfait l'aptitude des enfants à la vérité morale et religieuse, par la connaissance des vérités naturelles et divines. — Leur instinct de loyauté se développe par des exhortations à se montrer sincères envers Dieu, envers eux-mêmes, envers les hommes. Se bien persuader qu'on ne trompe pas Dieu et se conduire en conséquence; se juger et s'estimer pour ce qu'on vaut devant lui; ne pas chercher à induire personne en erreur, ni par des paroles, ni par des actes : telle la règle de conduite que suit toujours un honnête homme, un chrétien. Un sage éducateur la rappelle souvent aux écoliers et il en surveille l'accomplissement.

Ce n'est pas sans besoin, car — on ne peut se le dissimuler, — très diverses sont les formes du mensonge chez l'enfant. Il ment par crainte et faiblesse, orgueil ou vanité, amitié mal entendue, rarement par méchanceté; il ment aussi par fantaisie, par entraînement de la parole. Son mensonge d'action le plus ordinaire est la tricherie. La sévérité excessive ne réussit pas à le corriger, car l'intimidation est l'une des causes du mensonge scolaire. L'encouragement et l'affection ouvrent le cœur de l'enfant, et peu à peu établissent dans l'école l'habitude d'une entière et courageuse loyauté.

Instinct d'imitation. — Être social, l'homme tend, inconsciemment surtout, à adopter les idées, manières et habitudes de ceux avec lesquels il est en rapports fréquents. En cela, il obéit à la loi du moindre effort; il subit ce qu'on a nommé « l'influence du milieu »; il suit son instinct d'imitation. Que du moins son imitation soit, non automatique, mais réfléchie, intentionnelle et judicieuse.

Les enfants surtout imitent pour faire un moindre effort d'intelligence, de réflexion, de volonté. La faiblesse de leur caractère, la déviation originelle de leurs tendances, l'insuffisance de leurs convictions les exposent à imiter le mal plutôt que le bien : d'où la nécessité de ne leur offrir que de bons exemples, de les éloigner des mauvaises fréquentations, de leur faire remarquer ce qui, dans la classe et leur milieu social, peut être imité.

Leur tendance à l'imitation demande à être surveillée pour qu'elle ne dégénère pas en un esprit moutonnier qui affaiblit la réflexion et la volonté. Le bon milieu aide les enfants à demeurer vertueux, et il faut les placer dans une telle situation; mais c'est par conviction qu'ils doivent faire le bien : on le leur rappellera en des instructions opportunes.

Émulation. — L'émulation est la tendance qui nous porte à égaler, s'il est possible à surpasser autrui dans l'acquisition d'un bien, d'une qualité enviables. Exciter l'émulation, l'entretenir parmi les élèves, est un moyen de stimuler leur ardeur au travail, de soutenir leur volonté dans les efforts qu'exige la pratique de la vertu. Mais, — le point est de conséquence, — afin que l'émulation ne se transforme pas en rivalité jalouse ou vaniteuse, les enfants s'appliqueront beaucoup moins à surpasser leurs condisciples qu'à se surpasser eux-mêmes par de constants efforts vers le mieux, et cela pour plaire à Dieu et contenter leurs parents. Par quels moyens exciter l'émulation? un chapitre spécial l'expose plus loin.

Sociabilité, sympathie, amitié. — Dieu a fait de l'homme un être social, appelé à vivre et à se perfectionner dans la société des autres hommes. Notre cœur, d'accord avec nos intérêts, a une inclination profonde pour nos semblables, si bien que, selon le mot de Bossuet, « il paraît manifeste que le plaisir de l'homme, c'est l'homme même. »

L'instinct de sociabilité a pour complément la *sympathie*, dont les formes principales sont la pitié, l'amitié, la solidarité. La sympathie est en nous l'inclination à partager les sentiments d'autrui. Lorsqu'elle nous penche avec bonté sur les misères qui frappent la vue, ou sur les douleurs que seul le cœur devine et console, elle devient la *pitié*.

L'école doit cultiver la pitié chez les enfants et, dans ce but, les faire réfléchir sur les malheurs qu'ils voient autour d'eux si distraitement, les porter à les adoucir par des paroles compatissantes et, selon le possible, par des secours matériels. Afin de rendre méritoires ce sentiment et celui de la *solidarité,* — qui enveloppe dans une même sympathie des groupes beaucoup plus étendus, — l'éducateur chrétien a soin de rappeler les motifs surnaturels qui transforment la bienveillance et la bienfaisance naturelles en actes de la vertu chrétienne de charité.

Quand elle rapproche des cœurs par une bienveillance et une estime réciproques, la sympathie se nomme *amitié.* La jeunesse est ardente à former des amitiés qui, de toutes, sont d'ordinaire les plus douces, à condition qu'elles soient nobles, pures, excitatrices du bien. Fondées sur le plaisir ou l'inté-rêt, elles seraient instables et facilement tourneraient à la complicité. Deviennent-elles exclusives, concentrant sur deux seuls cœurs la faculté d'aimer, elles constituent une sorte d'injustice envers les autres écoliers. Afin d'écarter ces dangers et d'autres encore, l'éducateur interviendra, mais avec tact et délicatesse : c'est le moyen de ne pas aggraver une situation qu'il voulait rendre meilleure.

Patriotisme. — Le patriotisme se justifie par la distinction providentielle des nations et par la nature des éléments qui, pour les individus, constituent la patrie : communauté de passé historique et, souvent, de langage et de religion ; communauté de sacrifices pour la défense du territoire, enfin souvenir filial des ancêtres qui vécurent sur le sol où demeurent fixées les familles qu'ils ont fondées.

Il importe de donner aux enfants une notion vraie du patriotisme, de ne pas leur laisser croire que la seule manifestation en soit le service militaire et la défense du sol. Ceux-là, certes, sont patriotes avec héroïsme, qui souffrent et meurent pour le drapeau ; mais ceux aussi dont la conduite tend à élever le niveau moral de la société ; ceux dont le travail et les découvertes accroissent le patrimoine de la nation, améliorent les procédés agricoles, industriels ou scientifiques ; ceux dont la charité soulage les misères, pacifie les âmes aigries, répand un peu de lumière et de joie dans les cœurs ; ceux encore dont le dévouement soutient les œuvres d'éducation et d'assistance. Au contraire, ils sont de véritables ennemis de la patrie, ceux qui propagent les idées de révolte contre l'autorité légitime, ou répandent les doctrines irréligieuses et immorales.

IV. — ÉDUCATION ESTHÉTIQUE

L'éducation esthétique de l'enfant consiste à éveiller de bonne heure en lui le sentiment du beau, par des moyens appropriés à son intelligence ; puis, dans la mesure où sa raison se développe, à cultiver son goût par des leçons sur la beauté des choses.

Cette culture est nécessaire, car, chez les enfants, l'instinct du beau n'est pas affiné ; les nuances, les délicatesses leur échappent. Pour les uns, les œuvres de l'art demeurent comme insoupçonnées ; pour les autres, ce sont les merveilles de la nature qui restent incomprises. Et par suite de l'éducation familiale, que de divergences entre eux ! Chez tous, l'émotion esthétique, — fait affectif, — a besoin d'être associée à un élément rationnel, à la notion, à l'étude du beau.

L'émotion esthétique, ou sentiment du beau, est excitée en plaçant les élèves en présence de la beauté des choses naturelles ou artistiques. Sans discussions ni théories relevées, on signale, en ce qu'on montre, l'ensemble ou quelques-uns des éléments du beau : *grandeur et puissance, ordre et parfois symétrie, unité et grâce.* Les spectacles de la nature aux diverses saisons, des spécimens choisis de l'architecture religieuse et civile, de la peinture et de la sculpture, — dont il est facile aujourd'hui de se procurer des représentations, — que de sujets de leçons, et d'explications pour la culture du goût !

On ne demande pas à l'école primaire de pousser bien loin l'éducation esthétique des enfants. Elle l'ébauche surtout par l'enseignement du dessin, par l'étude de belles poésies et par les exercices de chant.

Si l'on fait du dessin très élémentaire un exercice d'intelligence où l'on combine les tracés géométriques et les croquis d'après nature ; si l'on donne aux élèves la notion de la régularité, de la symétrie, de la proportion et progressivement celle de l'harmonie des couleurs, ils en reçoivent une initiation esthétique qui se développera plus tard.

Quelle poésie est préférable pour les enfants ? — La poésie lyrique, évocatrice d'émotions pour les adolescents et les adultes, n'est guère à la portée des commençants. Ils ont trop

peu vécu pour rapprocher leurs propres sentiments de ceux du
poète. Puis les images, les comparaisons y sont d'ordinaire
relevées, raffinées même : autre obstacle à l'excitation prompte
de l'émotion esthétique. Ce qui convient aux jeunes écoliers,
ce sont de petits drames, des fables, de courtes et belles narrations où les personnages expriment de nobles pensées,
révèlent un beau caractère.

Des chants scolaires à mélodies simples et gracieuses, aux
paroles dignes, forment le goût, à la condition toutefois que
les enfants soient habitués à une exécution calme, sentie et
très soignée.

Puisque l'ordre est un élément du beau, le séjour dans une
classe très propre, gaie, ornée de gravures, fleurie même, où
tout est rangé avec soin ; la vue quotidienne d'un jardin scolaire entretenu avec goût, n'auront-ils pas un heureux effet
sur l'âme des enfants? Enfin un autre moyen de formation
esthétique consiste à donner de l'aversion pour ce qui est
grossier, désordonné, moralement ou matériellement, et à
le bannir du langage parlé ou écrit, comme des relations des
élèves entre eux.

V. — FORMATION DES ÉLÈVES A LA POLITESSE

Nature et importance de la politesse. — La politesse est
une application constante à témoigner aux personnes avec
lesquelles nous sommes en rapport les sentiments sincères
d'estime et de bienveillance que nous avons pour elles. Ce
serait une notion fausse de la politesse que d'y voir surtout
des bienséances mondaines à étudier, un cérémonial variable
selon les modes, et auxquels le cœur peut même n'avoir
aucune part.

La politesse a pour inspiration : 1º le sentiment de la
dignité humaine, en nous et dans les autres ; — 2º une modestie et une affection réelles d'où naissent la simplicité, l'habitude du sacrifice joyeux, l'effacement volontaire de soi-même;
— 3º une pensée de foi, qui nous montre dans tous les
hommes des enfants de Dieu, dignes par conséquent de respect, d'affection et d'égards.

Loin que la formation des enfants à la politesse puisse être
regardée par le maître comme objet secondaire de ses sollici-

tudes, c'est un des résultats les plus importants à obtenir pour la cordialité des rapports sociaux, la bonne réputation des élèves et le juste renom de l'école. N'a-t-on pas dit que « le savoir-vivre est une partie de l'art d'être heureux » ?

Comment enseigner la politesse ? — 1º La politesse s'inculque par un double enseignement : l'un direct, sorte de cours méthodique, fait dans un temps fixé par l'horaire ; l'autre indirect, un peu au hasard des remarques auxquelles donne lieu la conduite des élèves.

2º Il est de toute nécessité que le maître soit un modèle de distinction et de dignité ; qu'il s'exprime en termes polis, non affectés, exempts de trivialité, de brusquerie ou de violence.

3º C'est d'une façon courtoise qu'un éducateur reprend les autes. contre la politesse : hardiesse arrogante ou rustique, grossièreté, manifestations diverses de l'esprit d'égoïsme.

4º Il recommande aux enfants le respect envers les personnes consacrées à Dieu, envers les magistrats, les autorités ; — il rappelle à quels égards ont droit les parents, les maîtres, les condisciples, les vieillards et ceux qui souffrent.

5º Il enseigne la manière de saluer, de remercier, de se présenter, d'offrir ou recevoir quelque chose ; quelles bienséances on doit garder à table ; le cérémonial épistolaire, la simplicité cordiale et respectueuse qui est le ton ordinaire des lettres que les enfants ont à écrire.

6º Souvent le maître insiste sur les soins par lesquels on conserve très propres la tête, le visage, les mains, le corps entier et les vêtements. Cette propreté, forme élémentaire de la politesse, est une marque du respect de soi-même et d'autrui.

Il y a aussi un certain respect de la propriété d'autrui que la politesse commande : s'interdire toute dégradation par des entailles ou inscriptions, à quoi les écoliers sont enclins. Ajoutons que, d'ordinaire, cette littérature *murale* révèle un bon goût, une délicatesse plutôt médiocre : autre motif pour les proscrire.

———

CHAPITRE VII

ÉDUCATION DE L'ACTIVITÉ MORALE

III. — Volonté.

Depuis ces dernières années surtout, les traités de pédagogie insistent avec raison sur la culture de la volonté. Plusieurs en exposent longuement les procédés rationnels ; quelques-uns, fort rares, y ajoutent les moyens surnaturels : ainsi ferons-nous. Après un simple rappel de notions générales, nous dirons le but et l'importance de cette éducation, ses moyens, son résultat, qui est la formation de bonnes habitudes, et comment l'école catholique peut exercer les enfants à la pratique des vertus chrétiennes.

I. — NOTIONS GÉNÉRALES SUR LA VOLONTÉ

1. L'activité volontaire, ou *volonté*, est la faculté de vouloir. C'est le pouvoir donné à l'homme de se déterminer avec réflexion et liberté pour des actes de son choix. Et parce que ce choix se fixe sur ce que nous croyons nous convenir, la volonté est encore définie « la faculté qui nous porte vers un bien connu et désiré, pour le posséder, en jouir et nous reposer dans cette jouissance ».

2. La volonté commande aux facultés pour les actes intérieurs ; — pour les actes extérieurs, elle s'impose de plus aux centres nerveux, soit par une excitation à l'acte, soit par un retard dans l'exécution ou par une interdiction absolue. La volonté est donc une faculté morale d'action, de suspension, d'inhibition ou interdiction.

3. Le fait volontaire de choisir pour agir est le résultat de la connaissance des motifs et des mobiles qui nous inclinent à l'acte ; c'est en même temps une cause d'action, car le choix appelle la réalisation de l'acte choisi.

4. La volonté ne se détermine pas nécessairement pour le plus grand plaisir, mais sous l'influence de *motifs* (raisons tirées de l'ordre intellectuel) et de *mobiles* (excitants tirés de l'ordre sensible) devenus déterminants. Or nous sommes toujours libres de les discuter et de donner, selon notre conscience, la priorité à ceux que nous croyons la mériter.

5. L'objet général de la volonté est le bien. Son objet actuel est un bien particulier, connu et aimé ; mieux ce bien est connu, mieux il est aimé, plus forte devient l'impulsion intellectuelle et morale qui nous y porte. La volonté peut se déterminer au mal ; mais cette résolution consciente et libre est une déviation, une perversion analogue à celle d'une intelligence qui se complairait dans l'erreur.

6. L'objet adéquat à la volonté, celui dont la possession et la jouissance peuvent seules la satisfaire, c'est Dieu ; sa règle est donc la volonté de Dieu ; son attrait est Dieu, le Bien suprême. Droite, la volonté humaine s'oriente vers Dieu, qui est son pôle, parce qu'il est la fin dernière de notre vie.

Tendre à Dieu par toute l'énergie de la volonté, c'est accomplir le devoir, expression de la volonté divine.

7. A l'égard du bien, la volonté doit être prompte, énergique et constante. Comment le sera-t-elle ? — Les dispositions du corps influent parfois, et accidentellement, sur l'énergie et la constance de la volonté ; — essentiellement et toujours, cette énergie et cette constance sont en rapport avec les convictions religieuses et morales, avec l'empire habituel de la raison sur les passions.

8. Par ses seules forces, la volonté humaine est capable d'accomplir quelques préceptes de la loi naturelle. Elle ne peut les observer, ni tous, ni toujours, ni rien faire de méritoire dans l'ordre surnaturel sans le secours de la grâce, toujours accordée à la prière. La grâce aide notre volonté à se résoudre au bien, à en commencer, à en poursuivre l'accomplissement.

II. — IMPORTANCE ET BUT DE L'ÉDUCATION DE LA VOLONTÉ

Avec la raison, la volonté constitue la personnalité humaine. La valeur d'un homme se mesure, non seulement sur ce qu'il sait, mais sur ce qu'il *veut* dans le sens du bien, et sur l'énergie avec laquelle il le veut. L'éducation de la volonté est donc d'une importance primordiale. Sans volonté exercée, il n'y a de possible ni éducation physique et intellectuelle, ni éducation morale et surnaturelle.

Le but à atteindre, par l'éducation de la volonté, est immédiat, prochain ou définitif. Le but immédiat consiste à déterminer l'enfant à l'accomplissement du devoir présent, soit à l'école, soit hors de l'école ; — le but prochain est de prémunir l'adolescent contre les assauts des passions et de préparer son entrée dans la vie sociale ; — le but définitif est de si bien développer ses bonnes habitudes et ses énergies volontaires que, devenu homme, il agisse de sa propre initiative, sous le contrôle de sa conscience, et soit capable de prendre contre lui-même le parti de la vertu. Quel magnifique programme à réaliser !

Toutefois ce n'est pas à treize ou quinze ans, que l'adolescent donne à sa faculté de vouloir un complet épanouissement ; mais il a déjà pu la fortifier et s'assurer un empire relatif sur tout lui-même. Quel est cet empire ? Il s'exerce *sur l'activité physique,* que la volonté dirige dans les actes permis et retient dans les actes illicites ; — *sur les sens,* auxquels la volonté impose la loi du devoir et du sacrifice, la privation de ce qui tend à créer des besoins abusifs ou des habitudes coupables, le renoncement à certaines jouissances permises pour acquérir l'énergie de s'interdire les jouissances défendues ; — *sur les facultés intellectuelles,* que la volonté fixe, par l'attention, aux objets, images, souvenirs, idées, raisonnements, ou qu'elle en éloigne ; — *sur les inclinations morales* enfin, que la volonté discipline, pour qu'elles ne l'entraînent pas hors du devoir.

Volonté, Caractère. — Si l'on assimile le caractère au tempérament moral, tel que le font en nous l'activité propre et l'éducation, la volonté apparaît comme la grande ressource, puisque, sans elle, il n'y a ni culture morale, ni pratique du bien. Admet-on que « le caractère est comme une cristallisation d'habitudes autour d'un noyau central, qui est le tempérament primitif », l'action de la volonté est nécessaire pour la réforme du tempérament s'il est défectueux, pour la pratique des actes qui créent les bonnes habitudes ou affaiblissent les mauvaises. — L'école catholique a pour mission de former en chacun de ses élèves le *caractère chrétien,* c'est-à-dire de les exercer aux vertus naturelles et surnaturelles ; il faut donc que leur volonté apporte à la grâce divine la coopération sans laquelle aucun travail moral ne s'opère.

III. — MOYENS GÉNÉRAUX DE FAIRE L'ÉDUCATION DE LA VOLONTÉ

Des éléments complexes qui constituent l'acte volontaire et libre, — ou acte humain, — on conclut aux moyens de diriger la volonté. Or, dans l'acte humain interviennent un fait de l'intelligence qui connaît l'acte à accomplir et en délibère ; — un état affectif, ou plaisir qu'y prend le cœur ; — une détermination de la volonté qui se résout ; — un phénomène organique du système nerveux, qui transmet l'impulsion motrice si l'acte est extérieur ; — un secours ou un obstacle à l'action, que la volonté trouve dans les habitudes acquises.

La conduite de l'éducateur, pour la formation de la volonté, consiste : 1º à faire connaître aux élèves clairement le devoir ; — 2º à les faire réfléchir sur ce qui se présente à vouloir ou à ne vouloir pas ; — 3º à leur faire aimer le devoir ; — 4º à en proposer la pratique, tant pour accomplir le bien qui s'impose, que pour le rendre plus facile à l'avenir par l'acquisition des bonnes habitudes.

Quant à maintenir l'organisme nerveux dans un état qui le rende toujours apte à bien exécuter les déterminations prises, l'école y travaille par l'éducation physique et l'éducation des sens, par une culture morale un peu austère et par l'éducation de la pureté.

Premier moyen : Faire connaître le devoir. — Instruire l'enfant relativement au devoir, c'est lui montrer les actes à vouloir ou à ne vouloir pas, et lui donner en même temps les motifs de les accomplir ou d'y renoncer ; c'est le convaincre qu'il peut faire le bien malgré les sollicitations passionnelles et les obstacles extérieurs ; c'est lui suggérer enfin l'intention d'agir pour obéir à sa conscience et plaire à Dieu. Ainsi le jugement de l'enfant est formé, sa conscience éclairée ; il se trouve prêt à vouloir selon l'ordre.

Deuxième moyen : Habituer les enfants à la réflexion.
— L'éducateur ne peut, pour chaque acte particulier, faire
ainsi appel à l'intelligence des élèves. Par la réflexion, ils
ont à s'avertir eux-mêmes, dans la plupart des cas, de ce que
leur commande la loi morale. Mais l'inattention, la routine,
les portent à penser, sentir inconsciemment ; d'où la faiblesse
de l'impulsion volontaire subséquente. Former les enfants à
diminuer, dans leur vie intellectuelle et morale, le nombre
des actes automatiques, c'est fortifier d'autant leur activité
volontaire.

Troisième moyen : Faire aimer le devoir. — Il s'en
faut que la notion d'un devoir actuellement obligatoire suffise
à le faire accomplir. L'idée pure, même très claire, reste
froide ; elle n'incite guère à l'action difficile. On sait d'ailleurs que, dans la vie morale, la connaissance manque moins
que la force et l'amour.

Ce qu'on a nommé « l'idée-force », qui entraîne la résolution volontaire et l'exécution, est une notion intellectuelle
échauffée au contact du sentiment, et devenue assez puissante
pour s'imposer. S'il en est ainsi de l'adulte, à plus forte raison
de l'enfant, chez qui les conceptions ont toujours besoin
d'être soutenues par le cœur.

Comment l'éducateur mettra-t-il le cœur des élèves de
moitié dans leur activité volontaire ? En voici les moyens :
montrer le bien comme toujours possible à la bonne volonté ;
— le faire aimer comme étant la source des joies pures qui
résultent de l'accomplissement du devoir ; — faire admirer la
vertu dans les exemples des héros, des saints, de Jésus-
Christ ; — maintenir dans une atmosphère morale et pieuse
la classe qu'on dirige ; — donner le goût de la vertu par la
pratique des actes vertueux.

**Quatrième moyen : Faire accomplir chrétiennement
les devoirs de chaque jour.** — Cet accomplissement du
bien au jour le jour, avec constance, ne se peut sans l'effort, et c'est par l'effort que se contractent les bonnes habitudes. L'effort, — c'est-à-dire un déploiement conscient d'é-
nergie, — est un acte de la volonté et un moyen de la développer. Aussi l'éducateur tiendra-t-il pour essentiel de décider les élèves à réaliser dans l'ordre moral beaucoup de
petits efforts, et toujours en vue d'obéir à leur conscience et

de plaire à Dieu. Les efforts multipliés sont, pour la volonté, un entrainement à de plus grands ; ils sont les menus sacrifices qui établissent la domination de la raison sur les passions.

Liberté morale, discipline, obéissance. — La liberté pratique, ou maîtrise de soi, se conquiert peu à peu par la lutte contre les inclinations déréglées qui tendent à asservir la volonté. Or l'enfant n'a pas assez de lumière pour choisir toujours le devoir, ni assez de force pour s'y résoudre contre ses propres désirs. Le maître vient à son secours : il indique, suggère, commande et au besoin, dans un certain ordre de choses, impose ce qui convient.

Rien ne déforme la volonté comme la licence. Tandis que l'autorité, la discipline, sont éducatrices si l'élève obéit volontairement, le manque de vigueur dans la direction et d'obéissance dans l'exécution prépare la défaillance des volontés adolescentes. Obéir, c'est apprendre à se commander.

Éducation chrétienne de la volonté. — L'éducation chrétienne perfectionne l'action de la volonté beaucoup plus que ne le fait la simple éducation morale. Elle a pour but de maintenir l'harmonie entre la foi et les œuvres, entre la conscience et la vie ; elle cherche à exercer la volonté dans la pratique des vertus surnaturelles.

Cette éducation se ramène : 1o à fixer la volonté dans la résolution de ne pas consentir à l'anéantissement de la vie surnaturelle, c'est-à-dire aux fautes qualifiées de péchés mortels par la théologie catholique ; — 2o à déterminer la volonté aux actes (fréquentation des sacrements, prière) par lesquels la vie surnaturelle est augmentée dans l'âme ou rétablie si elle était perdue ; — 3o à incliner la volonté à suivre docilement l'inspiration de la grâce actuelle ; — 4o à décider la volonté à fuir les causes extérieures d'affaiblissement, par exemple les occasions dangereuses ; — 5o à fortifier la volonté contre les souffrances et les épreuves de la vie, que la foi nous montre comme une nécessité, une source de mérites et de gloire.

Ainsi formée, la volonté reste droite, puisque sa rectitude lui vient de sa conformité habituelle à la volonté de Dieu ; elle est forte, puisqu'elle se trouve guidée par des énergies dont la source est divine.

L'éducateur peut contribuer à cette formation par l'enseignement catéchistique des vérités de la foi, le rappel des fins *dernières et des sanctions éternelles*; — par *des notions* pratiques sur le devoir chrétien, expression de la volonté divine; — par l'estime qu'il donne de la grâce sanctifiante; — par des conseils prudents sur la fréquentation des sacrements; — par le soin avec lequel il fait accomplir pieusement les exercices religieux.

IV. — FORMATION DES HABITUDES

C'est en faisant contracter de bonnes habitudes aux élèves qu'on les engage dans la voie du perfectionnement moral.

Principes relatifs aux habitudes. — 1. L'habitude est une qualité permanente qui dispose ou qui aide nos facultés aux actes qui leur sont propres. Engendrée ou développée par la répétition des mêmes actes, elle est dite *active*: telle est l'habitude de calculer vite et juste. Produite par la continuité ou la répétition des *mêmes sensations, des mêmes senti-ments*, on la nomme *passive* ou mieux *réceptive*: telle est l'habitude de supporter les grandes chaleurs et les grands froids, ou de vivre en compagnie de personnes peu aimables[1].

2. Tout mode de l'activité humaine est susceptible d'habitudes: il y a donc des habitudes organiques, intellectuelles, morales et surnaturelles. Ces dernières sont les vertus dont le principe est directement formé dans l'âme par l'action divine.

3. Les habitudes réceptives tendent à émousser la vivacité des impressions, sensations et sentiments. L'enfant peut donc être prudemment aguerri contre la rigueur des saisons, la fatigue musculaire, les craintes injustifiées; d'autre part, il se blase par l'abus que le maître ferait des louanges, des réprimandes ou des punitions.

4. Les habitudes actives naturelles accroissent la puissance de l'énergie, la rapidité de sa concentration et la facilité de l'action. Ce résultat est atteint par le développement des forces agissantes et de l'initiative, par la diminution des résis-

---

[1] A proprement parler, l'habitude dite *passive* a d'ordinaire commencé par être active, puisque, du moins au début, il a fallu faire des efforts volontaires pour supporter un état pénible. Puis l'effort s'est atténué, pour devenir à peu près nul, ou très faible.

tances et des répugnances d'abord éprouvées, puis par une sorte d'adaptation physiologique à tels ou tels actes. Ce résultat n'est-il pas constaté dans les leçons de gymnastique, les jeux et les sports scolaires ?

5. Qu'il s'agisse d'habitudes actives ou réceptives, l'effort volontaire est le grand moyen de les créer. C'est donc à la volonté consciente que revient le rôle prépondérant dans la formation des habitudes.

6. De ce que les habitudes sont des dispositions stables, on ne doit pas conclure qu'elles soient irréformables. On peut les réformer par les idées, sentiments et actes qui tendent à remplacer par une autre une habitude condamnée. Un enfant manque-t-il d'ardeur en classe? C'est qu'il ne comprend guère la nécessité de l'étude, que l'émulation a peu de prise sur lui et que ses succès restent plutôt médiocres. Éveiller dans son âme la réflexion et le sentiment de l'honneur, c'est l'engager à quelques efforts, dont les résultats lui feront prendre goût au travail et lutter contre le défaut qui compromet son avenir. Ainsi, peu à peu, il acquiert l'habitude de travailler avec courage, pendant que s'affaiblit celle de gaspiller le temps.

7. Dans la réforme des habitudes, — ou la lutte contre eux-mêmes, — il faut que les enfants soient actifs, c'est-à-dire fassent des efforts personnels. Le maître peut suggérer les efforts à produire, mais il ne les produit pas.

8. C'est à la famille d'abord qu'il appartient de donner de bonnes habitudes aux enfants, et pour cela de faire accomplir, — avant même qu'ils puissent être raisonnés, — les actes qui les créent. Attendre, pour proposer ou imposer ces actes, que la raison soit complètement développée, serait courir le risque qu'à cette heure la volonté se trouve déjà très affaiblie, ou même asservie par des habitudes perverses. On fait prendre à l'enfant de bonnes habitudes physiques : la règle est la même pour l'éducation morale.

Conseils pour la formation des habitudes de l'enfant. — La formation des habitudes de l'enfant à l'école doit être rationnelle et chrétienne. Voici quelques avis à ce sujet :

1. Même chez les jeunes enfants, la formation des habitudes réclame l'acquiescement de leur volonté. L'éducateur

éclaire, dirige, conseille; il suggère ou impose les actes dont l'habitude se forme; mais l'enfant a sa force de résistance que seule la persuasion vainc réellement. Pour améliorer son caractère, il faut déployer de patients efforts, et ne pas s'attendre à une transformation rapide ni radicale.

2. Ce serait désastreux d'abandonner l'enfant à lui-même, sans guide ni soutien, sous prétexte de lui fournir ainsi l'occasion de prendre spontanément de bonnes habitudes. On n'aboutirait qu'à favoriser l'esprit d'indépendance chez les uns, et la passivité chez les autres.

3. Lorsque l'enfant sollicite quelque chose de raisonnable et de possible, il faut le lui accorder, mais il ne convient pas toujours que ce soit dès qu'il en manifeste le désir. Les délais imposés lui font prendre l'habitude de modérer son impatience et son impétuosité, de savoir attendre en s'oubliant un peu lui-même. — D'autre part, les refus non justifiés rendent les enfants timides, indifférents ou même hostiles à leurs maîtres.

4. Les circonstances étant les mêmes, on ne permettra ni ne défendra pas un jour ce qu'on a refusé ou permis la veille. Comment la versatilité formerait-elle les enfants à la constance, à l'esprit de suite?

5. Les commandements seront justes et non arbitraires, justifiés autant que le permet l'âge de ceux qui les reçoivent, précis dans leur objet, clairs dans leurs termes. Ainsi, et sans rien perdre de son initiative personnelle, la volonté s'habitue à l'obéissance raisonnable.

6. Les habitudes surnaturelles, ou vertus théologales de foi, d'espérance et de charité, sont un don divin. Les actes qui leur sont relatifs ne les créent pas, mais contribuent à les accroître. Au contraire, l'inaction favorise leur déclin; les actes opposés sont la cause directe de leur affaiblissement ou même de leur destruction.

7. L'habitude tend à introduire dans les actes l'irréflexion, et même une sorte d'inconscience ou de subconscience. Si l'on n'y veille, l'enfant se laisse envahir par la routine, qui altère la perfection matérielle des actes et en diminue la valeur morale. L'éducateur fera souvent appel à la réflexion de ses élèves, pour que leurs habitudes demeurent intelligentes et conscientes.

V. — VERTUS ET DÉFAUTS DE L'ÉCOLIER

Que l'homme soit tenu à la pratique des vertus privées et sociales, que l'enfant doive y être préparé par l'école, toutes les pédagogies en demeurent d'accord. La divergence, — qui apparait dans la spécification de ces vertus et l'importance qu'on leur accorde, — provient surtout des vues opposées sur l'idéal de la vie humaine. Suivant que, pour les individus et les peuples, on place en première ligne, ou le succès dans les entreprises matérielles, ou le perfectionnement moral et surnaturel, on prône surtout les dispositions qui forment *l'arriviste*, ou l'habitude des vertus qui font le mérite et la grandeur de la vie chrétienne.

L'école catholique veut initier les élèves à la pratique de toutes les vertus : vertus humaines, qui dirigent les pensées et les actes, s'acquièrent par les seules forces de la nature et dont l'ensemble constitue « l'honnête homme »; vertus divines, qui appartiennent à l'ordre surnaturel et ne peuvent s'épanouir sans le secours de la grâce.

Les vertus ne se développent guère dans une âme que par la destruction des défauts, des vices qui leur sont opposés ; un double travail s'impose donc : la pratique du bien et le combat contre le mal.

Quelles vertus, quels défauts de l'écolier attirent surtout l'attention de l'éducateur chrétien? Nous en donnons un simple énoncé, dont le développement risquerait de devenir un traité d'éducation morale : vertus théologales, esprit de religion et piété; franchise, probité et respect de la réputation; bonté et reconnaissance ; pureté, modestie, humilité et esprit de sacrifice; amour du travail et obéissance; — indifférence religieuse; sournoiserie et mensonge; penchant au vol et au dénigrement; dureté et ingratitude; sensualité et mollesse, vanité et orgueil; paresse et esprit d'indépendance.

En vain l'éducateur parlerait-il souvent des vertus; s'il n'est dans la vie morale et chrétienne un « entraineur » pour les élèves, ses exhortations auront peu de portée. Instruire, faire prier, exercer, donner l'exemple : *tel est son devoir* ; la profondeur et la durée de son action sur les enfants en dépendent.

Passion dominante. — Non seulement les passions tendent à utiliser à leur profit le meilleur de l'activité humaine,

mais entre elles s'opère une sorte de concentration autour
de celle qui a pris le plus de force et manifeste le plus souvent
son action. On la nomme *passion dominante*. Colère, sensualité ou orgueil, cette passion tyrannique peut faire échec
à toute tentative d'éducation et devenir le malheur d'une vie
entière. Il faut la dénoncer et la combattre. La découvrir n'est
guère difficile, tant elle se manifeste dans les attitudes, les
paroles, les actes ; mais résoudre la volonté à la lutte contre
cet ennemi choyé devient autre chose. En cette matière, ce
n'est pas trop de toutes les ressources dont l'enfant dispose :
énergie personnelle, conseils autorisés, direction sacerdotale
et force divine de la grâce.

CHAPITRE VIII

ÉDUCATION DE L'ACTIVITÉ SURNATURELLE
OU FORMATION A LA VIE CHRÉTIENNE

L'éducation de l'activité surnaturelle, ou formation chrétienne
des enfants, est l'ensemble des enseignements, directions et
pratiques, par lesquels ils sont amenés à vivre de la vie chrétienne, à en exercer les actes. Le but que se propose cette
éducation est de fortifier chez les élèves le tempérament
chrétien, c'est-à-dire les convictions chrétiennes, les principes
chrétiens de conduite et les vertus chrétiennes. Son idéal est de
préparer des chrétiens sincères, qui établissent et maintiennent
une harmonie habituelle entre leurs croyances et leurs actes.

Qu'est-ce que la vie chrétienne ? L'école doit-elle cette
formation aux enfants ? Quels en sont les moyens ?

I. — NOTIONS GÉNÉRALES SUR LA VIE ET L'ÉDUCATION
CHRÉTIENNES

1. La vie chrétienne n'est autre que la vie surnaturelle, c'est-
à-dire l'esprit du christianisme animant l'homme dans tous
les détails de son existence. Ses progrès sont les accroisse-

ments que prennent dans l'âme la grâce sanctifiante et les vertus; sa fin est notre perfectionnement progressif, par le concours de la grâce et de notre volonté; son épanouissement après la mort est la gloire du ciel.

2. Qui doit donner aux enfants l'éducation chrétienne? — Tous ceux qui ont charge d'âme à leur égard : parents, maîtres, ministres de la religion.

Alors même qu'ils s'en remettent à des éducateurs chrétiens du soin d'instruire leurs enfants et de les élever dans la piété, les parents n'en conservent pas moins le devoir de leur parler des vérités à croire, et surtout d'accomplir devant eux les pratiques religieuses qu'ils recommandent.

3. Dans la formation des enfants à la vie chrétienne, le rôle capital est dévolu au prêtre. Il lui appartient d'illuminer les intelligences des clartés de la doctrine, et seul il a mission de diriger les consciences. Si les élèves des écoles catholiques sont instruits du besoin qu'ils ont du prêtre, de la sublimité de son ministère, des secours qu'ils trouvent dans sa direction, leurs relations avec lui seront respectueuses et confiantes.

4. L'école ne saurait être un foyer intense d'éducation morale si elle ne donne pas aux enfants une solide formation religieuse. Sans empiéter sur des fonctions qui relèvent du sacerdoce, l'éducateur catholique contribue à l'instruction religieuse des élèves, à leur initiation à la piété, à l'affermissement de leurs bonnes habitudes. Et si, d'autre part, il songe que ses enseignements, comme sa conduite, auront dans la vie entière de ceux qui l'écoutent une répercussion profonde, pourrait-il ne pas être un chrétien modèle?

5. Ni l'antiquité ni les temps modernes n'avaient eu la pensée de bannir la religion de l'école; le bon sens disait trop haut que c'eût été du même coup saper tout l'édifice moral. L'éducation est un édifice de qualités et de vertus, à construire dans l'âme des enfants; l'esprit chrétien doit en cimenter les assises. Suivant la parole de l'Écriture : *Si le Seigneur n'élève la maison, c'est en vain que travaillent ceux qui s'y emploient.*

II. — LA PIÉTÉ, MOYEN DE FORMATION
A LA VIE CHRETIENNE

L'école emploie trois principaux moyens de former les enfants à la vie chrétienne : l'instruction religieuse, l'éducation chrétienne des facultés et l'initiation à la piété. L'instruction religieuse fera l'objet d'un chapitre spécial dans la seconde partie du *Manuel;* les moyens d'éducation chrétienne des facultés ont été signalés à propos de chacune d'elles : il ne reste donc à étudier ici que la piété dans l'école.

Nature de la piété. — La piété est la disposition habituelle d'une âme qui, aimant Dieu d'un amour filial, cherche à lui plaire en accomplissant sa volonté. Cette disposition anime les actes intérieurs et les actes extérieurs. Elle éclaire l'intelligence, dilate le cœur, le remplit de joie et lui rend en quelque sorte Dieu sensible.

Les actes intérieurs de la piété sont des réflexions, affections, prières et résolutions mentales, par lesquelles l'âme rend à Dieu ses hommages. Ces dispositions intimes se manifestent extérieurement par l'attitude, les prières vocales, le chant, et tout ce qui constitue le culte extérieur, soit privé, soit public.

La piété de l'enfant. — Si elle est sérieuse, la piété d'un enfant chrétien se reconnaît aux caractères suivants, affirmés d'autant mieux qu'il avance en âge :

1. Elle est *convaincue, personnelle,* c'est-à-dire fondée sur la connaissance relative des bienfaits de Dieu, des amabilités infinies du Rédempteur; elle devient un besoin de l'âme.

2. Elle est *agissante,* en ce qu'elle porte l'enfant à l'accomplissement de tous ses devoirs, parce que telle est la volonté de Dieu; à éviter le mal, parce qu'il offense Dieu; à recourir à la prière et aux sacrements, moyens institués par Dieu pour nous communiquer son secours. En un mot, la piété vraie rend l'enfant meilleur, plus courageux, plus pur.

3. Elle est *constante* dans ses pratiques essentielles, indépendante des caprices de l'humeur et des dispositions variables du tempérament.

4. Elle est *aimable*, c'est-à-dire qu'elle maintient l'écolier joyeusement soumis à ceux qui ont autorité sur lui, affable et prévenant envers ses condisciples, patient à supporter leurs défauts, attentif à ne faire souffrir personne.

5. Elle est *zélée*, animée d'un prosélytisme insinuant et charitable qui la fait rayonner dans la famille, l'école, par les paroles et surtout par les bons exemples.

6. La vraie piété exerce son influence transformante sur toute la conduite du chrétien. Aussi les enfants pieux voudront-ils montrer en eux-mêmes l'épanouissement simultané des vertus naturelles et des vertus surnaturelles. Ils seront les plus serviables, les plus dévoués des amis, parce qu'ils sont très fidèles à s'acquitter des devoirs qu'impose la religion.

7. De ce que, peu à peu, la piété des élèves doit être rendue personnelle, il ne faut pas conclure que, progressivement, le maître puisse les abandonner à eux-mêmes pour les pratiques religieuses. Le règlement prescrit des exercices de piété, et il faut faire en sorte que le cœur des enfants soit d'accord avec le règlement. A l'école donc, sous les yeux du maître et par ses soins, ils seront formés à la prière, à l'assistance pieuse aux offices paroissiaux, à la fréquentation régulière des sacrements.

Prières dans l'école. — Quelles formules de prières convient-il de réciter matin et soir? Pour l'ordinaire, celles que renferme le catéchisme du diocèse. Il est sage d'en diminuer le nombre pour les jeunes enfants : moins de formules, mais bien et pieusement récitées, sont préférables à un grand nombre dites à la hâte et en bredouillant. Ce qui importe, c'est que les enfants acquièrent le goût de la prière, la conviction de sa nécessité et de son efficacité.

En dehors des prières du matin et du soir, il est d'usage de réciter au commencement des classes une courte invocation au Saint-Esprit, et à la fin une prière à la très sainte Vierge. Ces pratiques sont consacrées par une tradition déjà ancienne, et elles s'inspirent du pur esprit chrétien.

Pendant les prières, le maître se tient debout, récite les formules avec une gravité pieuse, et sans négliger la surveillance générale de la classe. Selon les indications données, les élèves prient à genoux ou debout, avec modestie, prononcent nettement tous les mots et observent ensemble les pauses. Si le maître n'énonce pas lui-même les titres des formules, il charge de ce soin un enfant choisi parmi les plus sérieux.

Dévotions. — Il est indispensable de cultiver la dévotion, la piété des élèves, mais les surcharger de *dévotions* serait un abus, une erreur. Les principales, que l'éducateur cherche à faire adopter, sont relatives à Notre-Seigneur Jésus-Christ, à la très sainte Vierge, à saint Joseph et à l'Ange gardien. Il en fait connaître l'objet, le but et quelques pratiques.

En Notre-Seigneur, les élèves apprennent à adorer, aimer, le divin Enfant de Bethléem et de Nazareth ; l'Homme de douleur, dont les souffrances furent notre rançon ; le Sacré-Cœur, signe expressif de son amour pour nous ; l'Hostie perpétuellement offerte sur l'autel et reçue par la sainte communion.

Il n'est pas d'éducation pieuse où n'interviennent la Reine du ciel et son virginal Époux. On apprendra donc aux élèves à recourir à ce tout-puissant patronage dans les nécessités diverses et surtout les tentations. Est-il nécessaire de rappeler qu'un des moyens de rendre la dévotion à la divine Mère profitable aux enfants, est de les initier à la récitation du chapelet et à la méditation simultanée des mystères du Rosaire ? Une école catholique serait presque une anomalie, si le chapelet n'y était pas aimé.

Exhortations. — En dehors du catéchisme, le maître trouve l'occasion d'adresser chaque jour une très courte exhortation à ses élèves. Pendant trois. ou quatre minutes, avec une grande simplicité, il développe devant eux une maxime de l'Évangile, une pensée relative à un défaut ou une vertu. Il prend aussi pour sujets de ces entretiens les dévotions chrétiennes, la préparation aux fêtes liturgiques et aux sacrements, les pratiques de la vie pieuse. Toujours il parle avec conviction, cordialité, intelligence des besoins de son auditoire, et il ne profite pas de ces moments pour gronder, réprimander. Les cœurs doivent être alors dilatés, non rétrécis.

Assistance aux Offices paroissiaux. — La vie chrétienne des élèves trouve l'un de ses meilleurs soutiens dans l'assistance aux offices paroissiaux. Les dimanches et fêtes de précepte, et certains jours sur semaine, selon les règlements en vigueur, les écoliers sont conduits à l'église. Ils y occupent la place qu'on leur réserve, et suivent les offices avec une piété recueillie. Le maître a pris soin de donner les conseils utiles, tant pour l'intelligence des cérémonies que pour le maintien de la discipline ; et il surveille son petit monde avec une active et calme sollicitude.

Réception des Sacrements. — C'est au prêtre qu'il appartient de fixer tout ce qui concerne la réception des sacrements de Pénitence et d'Eucharistie par les enfants ; mais l'éducateur chrétien a pour mission de les porter à s'en approcher toujours avec les dispositions convenables.

Dans les catéchismes et les exhortations, le maître chrétien instruira soigneusement ses élèves de ce qu'ils doivent savoir et faire pour recevoir avec fruit les sacrements de Pénitence et d'Eucharistie.

Dans ces sacrements, il trouve lui-même d'ailleurs les moyens par excellence d'éducation morale et religieuse. Par l'examen de conscience qui précède la confession, les enfants discernent, sous le regard de Dieu, le mal qu'ils ont commis et ses causes ; ils le détestent, s'en purifient par l'absolution sacramentelle qui, de plus, les soutient contre la poussée des inclinations mauvaises. Par l'Eucharistie, Jésus-Christ lui-même se communique à l'âme, dont il dirige les pensées, affections, désirs et résolutions vers le bien, vers l'Idéal divin. Ainsi la vie surnaturelle devient plus intense dans une classe, à mesure que les sacrements y sont plus fréquentés et mieux reçus ; le travail commun de la grâce et du vouloir humain y gagne en efficacité.

Première communion privée et communion solennelle. — Un éducateur chrétien se fait avec zèle et avec joie l'auxiliaire du clergé dans la préparation des enfants à la première communion privée. Il leur fera désirer le bonheur de recevoir Jésus dans leur âme, et concevoir une vive horreur du péché qui souillerait cette demeure d'un Dieu. La communion fréquente des petits enfants peut produire parmi eux de véritables merveilles d'innocence et de générosité. Elle les place dans les conditions les plus favorables pour qu'ils progressent dans la pratique des vertus.

Après avoir fréquenté pendant un certain nombre d'années les catéchismes paroissiaux, les enfants sont admis à la communion solennelle. Avec un grand dévouement, les maîtres seconderont M. le Curé durant la retraite préparatoire, comme ils l'ont fait pour que les écoliers sachent le mieux possible la lettre et l'explication du catéchisme.

CHAPITRE IX

ÉDUCATION SOCIALE

Par cela seul qu'elle donne aux enfants l'éducation intégrale dont nous avons étudié les multiples exigences, l'école catholique fait œuvre excellente d'éducation sociale. Doit-elle, par des leçons appropriées, cultiver les aptitudes sociales des élèves ? C'est bien sa mission, puisqu'elle veut préparer les enfants à la vie.

Nous dirons donc le but, la nature et quelques principes de cette éducation, puis en quoi consiste la formation patriotique qui se peut donner dans les classes primaires.

I. — BUT ET FORME DE L'ÉDUCATION SOCIALE
A L'ÉCOLE PRIMAIRE

L'éducation sociale scolaire est une première initiation des élèves à la connaissance des faits sociaux, ainsi que des droits et des devoirs qu'ont les hommes vivant en société. Elle leur fait comprendre ce qu'est la solidarité sociale, constituée par les liens qui unissent les citoyens entre eux, et comment, de ce fait, se produisent des actions et réactions variées, dans l'ordre matériel, intellectuel, moral et religieux.

Le but de cette éducation est de cultiver chez les enfants ce qu'on nomme le *sens social*, et de développer en eux le patriotisme, le caractère national. A l'école, cette formation n'est pas un luxe; elle constitue un enseignement nécessaire.

On le comprend, ce serait une fantaisie ridicule et dangereuse que d'exposer à des enfants de dix ou douze ans les problèmes complexes connus sous le nom de *questions sociales;* ce serait abus criant d'introduire dans l'école les haines de parti, ou des théories erronées sur l'ordre-public. Le bon sens et les principes chrétiens de l'éducateur le préservent de tels procédés et lui tracent son rôle. Son enseignement est beaucoup moins systématique et réglementé que familier et occasionnel ; il est surtout donné dans la mesure où les diverses spécialités du programme, — instruction religieuse, histoire, géographie, instruction civique et lecture, — en fournissent les éléments. Pour que ces notions soient plus intelligibles, elles seront appuyées d'exemples concrets, empruntés aux institutions et initiatives locales. Enfin, on dira aux adolescents qui se disposent à quitter l'école, quelle part ils peuvent progressivement prendre aux œuvres sociales établies dans la région.

II. — QUELQUES PRINCIPES D'ÉDUCATION SOCIALE

L'éducation sociale vaut par les principes moraux et chrétiens dont elle s'inspire. Tels sont les suivants :

1. La *religion est au premier chef une nécessité sociale ;* elle est un fait stable qui a son épanouisssment dans la société, et elle régit, par ses lois, un grand nombre de rapports sociaux. En confiner la pratique au for intérieur, c'est en restreindre l'influence nécessaire. Un chrétien doit paraître dans sa vie familiale, professionnelle et civique, ce qu'il est dans sa vie privée.

2. L'éducation sociale veut perfectionner le sens de la solidarité et celui de l'association. Par elle, les adolescents se rendent compte comment, créés pour vivre avec leurs semblables, ils vivent par eux et ont l'obligation de vivre aussi pour eux.

3. L'éducation sociale n'est pas seulement une initiation à des faits sociaux d'ordre économique, mais encore à des faits d'ordre moral, car, pour les sociétés comme pour les individus, le perfectionnement moral est le premier besoin.

4. Le sens de la solidarité est une disposition à comprendre et à sentir que les actes individuels ont une répercussion sur la société, et que nous devons agir de manière, non seulement à ne léser aucun droit, mais encore à procurer le bien commun.

5. La solidarité, ou interdépendance des individus, leur impose des devoirs réciproques qu'ils remplissent par la justice et là charité sociales.

6. La solidarité est d'autant plus étroite que le groupement est plus restreint, l'affection plus intime et l'union plus néces saire. Elle est matérielle et morale, familiale, professionnelle et politique.

7. Le sens de l'association est une aptitude à comprendre la nécessité de l'effort collectif, et une disposition à réaliser l'effort personnel qui tend à rendre efficace l'effort de tous.

8. L'association est de droit naturel avant d'être légalement autorisée. Parce qu'il est fait pour la société, l'homme a le droit de s'unir à d'autres hommes afin de poursuivre, par des efforts communs et constants, un but licite et honnête. L'association est une ressource et un bienfait : elle rend possible ce que l'énergie d'un seul ne pourrait réaliser, et elle offre aux associés un appui matériel et moral des plus précieux.

9. Nulle doctrine n'est plus sociale que le christianisme, car nulle autre ne maintient plus étroits et plus dignes les rapports sociaux, plus obligatoires et plus honorables les dépendances nécessaires. L'Évangile en particulier renferme les enseignements sociaux les plus élevés sur la famille et les relations réciproques de ses membres, sur le respect des droits de chacun et sur la charité.

10. La justice et la charité chrétiennes sont l'expression la plus vraie de la solidarité, car elles tendent à la lutte contre l'égoïsme individuel ou collectif, à l'extinction des inimitiés et des haines, au dévouement de soi-même à l'égard du prochain, aimé comme un frère en Jésus-Christ.

11. Le christianisme seul offre l'idéal d'une solidarité qui s'étend, non seulement aux biens matériels et moraux, mais encore aux biens de l'ordre surnaturel. La communion des saints, — ou réversibilité des mérites entre tous ceux qu'unit la grâce de Jésus-Christ, — est la plus sublime, la plus efficace réalisation de la solidarité.

III. — FORMATION PATRIOTIQUE A L'ÉCOLE PRIMAIRE

L'éducateur a toujours eu pour mission de développer chez les élèves les ressources du caractère national, de cultiver en eux l'amour de la patrie, l'obéissance à ses lois, le dévouement désintéressé à sa cause. Ce devoir est devenu, de nos jours, plus strict et plus impérieux.

L'école catholique se défend contre les injustices d'un nationalisme étroit, et contre les déclamations d'un vague humanitarisme. Elle apprend certes à aimer l'humanité, mais, plus que tout, la patrie dans l'humanité. Des diverses spécialités du programme, — histoire et géographie, rédaction et lectures, chant et poésies étudiées, — elle profite pour faire connaître, aimer la terre des aïeux. Elle sait que la patrie a besoin de moralité, d'obéissance aux justes lois, d'ordre et de désintéressement plus que de richesses matérielles. Elle le dit, elle l'explique aux enfants, afin de perfectionner en eux l'idéal du caractère national.

L'idéal patriotique de l'école est de rendre ceux qu'elle élève francs et loyaux, sans ruses malhonnêtes ni astucieuse fourberie; — prompts à s'éprendre de pitié pour les infortunes, d'enthousiasme pour les nobles causes et d'ardeur à les soutenir; — sensibles à tout ce qui touche l'honneur national, mais sans vanité collective ou déni de justice envers les autres pays; — jaloux de la vraie liberté pour tous, et assez intelligents pour ne pas la sacrifier à de dangereuses utopies.

IV. — INITIATION A LA VIE SOCIALE
PAR L'ÉCOLE PRIMAIRE

L'enseignement social réclame, de ceux qui le reçoivent, une maturité d'esprit et une expérience de la vie que ne peuvent avoir les élèves de l'école primaire. C'est dans les œuvres postscolaires qu'il serait donné avec succès. Toutefois les plus développés parmi les écoliers en reçoivent les premières notions par la culture des vertus sociales, le cours d'enseignement civique, et une étude très élémentaire de quelques faits d'économie sociale.

Culture des vertus sociales. — Le premier enseignement à donner, en cette matière, est une notion vraie de la vie. De jeunes chrétiens doivent savoir qu'elle n'est pour eux, ni un triomphe brutal à s'assurer sur les faibles, ni un long repos à se ménager, ni une interminable fête à organiser, mais une série de devoirs à remplir envers Dieu, nous-mêmes et les autres hommes.

Cette dernière catégorie d'obligations, ou obligations sociales, suppose la pratique de la justice et de la charité. Les principales manifestations de ces vertus sont : le respect de tous les droits, l'impartialité, la réparation des torts commis, l'observation des engagements contractés, le courage au travail, le bon exemple et la reconnaissance; — la bienveillance et la bienfaisance, le dévouement et l'esprit de sacrifice, l'esprit de conciliation et le pardon des injures.

Aux élèves intelligents, on peut faire saisir les différences qui séparent, — sans les opposer entre elles, — la justice et la charité. On montrera comment la justice sociale comprend, quant aux prescriptions, la justice naturelle et la justice positive dont les lois tracent les règles; et quant aux personnes, la justice distributive qui règle les rapports entre les personnes privées, et la justice commutative, qui préside aux relations entre la société et ses membres.

La classe est un petit monde où les occasions sont fréquentes d'exercer les vertus sociales. Des explications toutes pratiques feront comprendre aux enfants que si, dans le milieu scolaire, ils se montraient égoïstes et obstinés; s'ils ne sentaient pas que, solidaires les uns des autres, ils se doivent le bon exemple; s'ils étaient sans affabilité dans les relations, sans pitié pour ceux qui souffrent, prompts à la critique et à la vengeance, irrespectueux envers l'autorité, peu scrupuleux en matière de franchise et de probité, ils risqueraient fort de porter ces graves défauts dans la société et d'y devenir de mauvais citoyens.

Dans les écoles rurales, c'est faire œuvre sociale au premier chef que de combattre par de sérieux arguments l'exode vers les villes, où tant de douleurs, souvent de déchéances, attendent le *déraciné*. Aux enfants des écoles urbaines, on ne fera pas prendre à dégoût la ville; mais on cherchera, par une forte éducation morale, à les prémunir contre ses dangers.

Instruction civique et premiers éléments d'économie sociale. — L'organisation civile et politique du pays, les droits et les devoirs du citoyen, les éléments de la valeur sociale d'un homme et comment sa valeur morale y contribue, tel est à peu près le programme des cours d'instruction civique dans une première classe d'école primaire.

Faut-il initier les élèves d'un cours complémentaire, — ils ont de treize à quinze ans, — à l'enchevêtrement des faits économiques? Le travail et ses formes diverses, la production, la circulation et la répartition de la richesse, les conflits entre le capital et le travail, l'épargne et les institutions de prévoyance, l'association et ses modes, voilà certes des questions qui, exposées scientifiquement, dépasseraient de beaucoup l'intelligence de ces adolescents. Un enseignement complet, en cette matière, est impossible, parce que prématuré; mais si les études et les observations de l'instituteur l'ont familiarisé avec ces problèmes, il trouvera le secret d'en rendre les premiers éléments intelligibles à des esprits d'ailleurs un peu cultivés. Puis ce ne sont pas « sujets neufs » pour les écoliers; ils en ont entendu parler, et, disposition favorable, ils s'y intéressent.

Étude expérimentale des faits économiques. — Surtout dans ses éléments, la science économique se réfère à la pratique. Si donc on croit pouvoir aborder ces questions avec les élèves d'un cours supérieur ou complémentaire, il importe de donner beaucoup moins de théorie que des aperçus sur les institutions qui fonctionnent dans la région. Ces institutions se rangent parmi les suivantes :

Œuvres de prévoyance : caisse d'épargne, caisses d'assurances, caisses de retraites;

Œuvres de consommation et de crédit : coopératives de consommation, banques populaires, caisses rurales;

Œuvres de protection du travail : syndicats professionnels, bourses de travail, bourses de commerce;

Œuvres d'assistance : sociétés de secours mutuels, mutualités scolaires, cantines scolaires, logements et jardins ouvriers;

Œuvres d'instruction et de préservation morale : patronages, bibliothèques populaires, cercles d'études, œuvres religieuses.

Étudier deux ou trois types différents de ces œuvres facilitera l'intelligence des autres, et donnera le goût de les connaître ultérieurement par un examen et un travail personnels.

Études des faits moraux. — La prospérité et la décadence sociales ne tiennent pas seulement à des faits d'ordre économique, mais plus encore à des causes morales. Les faits moraux qui, par leurs conséquences sociales, deviennent matière à enseignement, sont multiples : les uns présentent des exemples à imiter ; d'autres sont les conséquences désastreuses de passions non combattues, de principes faux et subversifs.

Ainsi, l'on pourrait dire aux enfants comment, par leur travail intelligent, tels adolescents, d'origine fort modeste, ont beaucoup amélioré leur situation ; comment, en telle usine, les patrons se sont montrés les bienfaiteurs de leurs ouvriers ; comment le repos du dimanche a d'heureuses conséquences au point de vue familial.

Avec prudence, on signalerait les ruines sociales qui sont préparées ou accumulées par l'alcoolisme, les principes antireligieux, antipatriotiques, immoraux.

A propos de cet enseignement, qui sera beaucoup moins livresque qu'expérimental, il faut répéter l'adage connu : « Tant vaut le maître, tant vaut le cours. »

CHAPITRE X

ÉDUCATION POSTSCOLAIRE

L'éducation est l'œuvre de toute la vie. C'est par la réflexion et les efforts personnels, les leçons de l'expérience, la société et la pratique des affaires, que doivent se développer les connaissances, les convictions et les vertus. Si dévoués que soient les maîtres et dociles les élèves, l'éducation scolaire n'est guère qu'une ébauche de perfectionnement intellectuel et moral.

Dès lors, ne serait-il pas avantageux à l'adolescent qui vient de quitter l'école, qu'elle le ressaisît pour continuer en lui la formation commencée ? N'aurait-il pas intérêt à fréquenter ses maîtres d'hier, amis vrais qui le connaissent et plus sûrement peuvent lui être utiles ? De ces préoccupations sont nées des œuvres diverses, rattachées à l'école, et qu'on a nommées *œuvres postscolaires*. Il nous suffira de dire comment elles sont comprises par une école catholique et quels résultats on leur demande.

I. — REMARQUES SUR LES ŒUVRES POSTSCOLAIRES

1. Les œuvres postscolaires ont le même but que l'éducation scolaire proprement dite : développer la valeur humaine de ceux qui les fréquentent. Elles cherchent à accroître la valeur morale par une formation plus complète du caractère, de la volonté ; la valeur surnaturelle, par une pratique plus courageuse de la religion ; l'acquis intellectuel et la valeur professionnelle, par des cours appropriés aux besoins ; les forces physiques même, par des exercices qui soumettent l'organisme à un entraînement salutaire.

2. Selon les régions, la culture intellectuelle et les occupations des anciens élèves d'une école, on a organisé des œuvres postscolaires fort diverses. L'important est, non d'en créer beaucoup, mais d'entreprendre au moins une de celles qui répondent à des besoins réels.

3. Que l'instituteur ait la volonté de « faire quelque chose » pour les anciens élèves de l'école, et cette intention le rendra ingénieux. Il cherchera d'abord à constituer un groupe restreint, une élite favorable à l'œuvre, qui en soit comme le centre d'action et de recrutement. D'autres adhérents viendront peu à peu s'y agréger, et tous seront retenus par la compétence et l'affabilité des conférenciers, la sincérité de leurs convictions religieuses, la réelle valeur des leçons et la bonne camaraderie entretenue parmi les membres de l'œuvre.

4. Dans une école qui compte peu de maîtres, il y aurait danger pour un instituteur de trop s'occuper d'œuvres postscolaires. Elles ne doivent lui faire négliger ni sa classe, ni la préparation des leçons, ni le contrôle des devoirs. Avant tout, il se doit aux enfants qui fréquentent la classe régulière.

II. — L'ÉDUCATION DANS LES ŒUVRES POSTSCOLAIRES

Dans une école catholique, les œuvres postscolaires ont pour but le perfectionnement physique, intellectuel et social, moral et chrétien des adolescents.

Perfectionnement physique. — Faut-il donner le nom d'œuvre postscolaire au groupement sportif qui s'organiserait

parmi les anciens élèves d'une école? A proprement parler,
établir une société de gymnastes n'est pas créer une *œuvre*
dont puisse profiter la formation morale des jeunes gens. Si
donc l'action prolongée de l'école se bornait à mettre en vogue
certains sports, elle serait par trop superficielle. Mais si ce
n'est qu'une des manifestations de l'influence éducatrice des
anciens maîtres, il y a lieu de l'encourager, avec les autres
industries que le zèle leur suggère.

Perfectionnement intellectuel et social. — « La loi des
esprits, a écrit Vauvenargues, n'est pas différente de celle des
corps, lesquels ne peuvent se maintenir sans une continuelle
nourriture. » Aux jeunes gens qui ont quitté les classes, il
faudrait un aliment intellectuel bien choisi ; or combien n'en
ont pas d'autre que le journal! C'est au moins insuffisant; de
là, chez beaucoup, une lamentable disette d'idées sérieuses.

Pour remédier à l'oubli des premières études, à l'éparpillement stérile de la pensée chez les adolescents, il convient de
leur offrir, dans une œuvre postscolaire, des cours utiles et
intéressants. La nature et la variété de ces cours dépendent
de la prospérité de l'œuvre, du nombre des maîtres qui s'y
consacrent, du développement intellectuel des jeunes gens et
des besoins régionaux. L'une des grandes habiletés du directeur d'école, — surtout d'une école urbaine, — est de faire collaborer à l'enseignement des personnes compétentes auxquelles
leur situation sociale assure la notoriété. Prêtres, avocats,
médecins, agriculteurs, industriels, ingénieurs, donneraient
des leçons, des conférences ou des lectures appréciées.

Les leçons proprement dites, les conférences et lectures, ont
pour objet une ou plusieurs spécialités : apologétique, histoire, géographie, questions scientifiques, littérature; questions commerciales, industrielles ou agricoles, hygiène et
application des sciences à la vie pratique; langues modernes,
notions d'économie sociale et de droit usuel.

Les cours sont pour ceux qui les fréquentent : cette affirmation presque naïve contient la pensée directrice de l'œuvre
postscolaire. Si, parmi les auditeurs, il en est dont l'instruction primaire est à peu près nulle, ce n'est pas de leçons et de
conférences littéraires ou scientifiques qu'ils ont surtout besoin,
mais d'une initiation aux premiers éléments des connaissances.

Dans une œuvre postscolaire, la forme de l'enseignement est

beaucoup moins autoritaire que dans une classe d'adolescents : c'est une causerie surveillée. Le professeur cherche à se mettre en communication avec son auditoire, sans que la leçon ou la conférence perde sa valeur démonstrative ou expositive.

Les procédés intuitifs sont employés : croquis faits au tableau, recours à des spécimens, gravures ou photographies documentaires; projections lumineuses quand le sujet s'y prête. Ces projections de vues forment un agréable commentaire de l'exposé oral; mais encore faut-il que ce ne soit pas le tout de la leçon.

L'éducation sociale se donne, dans une œuvre postscolaire, soit par des conférences sociales, soit par l'organisation d'un *cercle d'études* sociales. On n'y admet pas les discussions politiques, inutiles d'ailleurs en un tel milieu, et souvent irritantes. Le fonctionnement régulier d'un cercle d'études dépend, du moins en partie, de la valeur intellectuelle et chrétienne de son président, du soin avec lequel les membres ont été choisis; de la présence, aux discussions, d'au moins une personne qui soit très versée dans ces questions délicates et qui signale les erreurs où, de bonne foi, les jeunes gens seraient tombés. Sans rien imposer, le président sait mettre à l'étude d'abord les questions fondamentales, puis, de là, en venir aux conséquences d'actualité. C'est au cercle d'études surtout que sont utiles les conférences données par des spécialistes de doctrine sûre et de notoriété établie.

Perfectionnement moral et chrétien. — Dans une école catholique, l'œuvre postscolaire doit, par des moyens appropriés, poursuivre la formation de la conscience, du cœur et de la volonté que l'école avait commencée. Elle découvre, elle arme pour l'apostolat chrétien ceux des jeunes gens que l'énergie du caractère, jointe à l'intégrité de la vie, désigne au rôle d'entraîneurs; puis à ceux-là, plus encore qu'aux autres, elle fournit les moyens d'avancer leur perfectionnement moral et religieux.

Au point de vue chrétien, c'est une élite de jeunes gens qui fait la valeur d'une œuvre postscolaire et qui lui donne son esprit propre. Il est de conséquence d'entourer cette élite de soins spéciaux, de n'y pas souffrir d'éléments hétérogènes qui en relâcheraient la cohésion, de n'y admettre qu'à bon escient de nouvelles recrues. Que l'esprit de ce groupe choisi soit un désir sérieux de faire œuvre d'apostolat chrétien, une volonté courageuse d'offrir, dans la conduite de ses membres, un modèle des vertus dont, avec prudence et cordialité, ils souhaitent insinuer à d'autres la pratique.

Un semblable perfectionnement, dans l'œuvre postscolaire, réclame l'union de cette œuvre avec le clergé local. Pour la mieux réaliser, quelqu'un de ces messieurs serait prié de prendre contact avec les jeunes gens, de leur donner des conférences religieuses, de réunir les plus fervents en une congrégation pieuse, en un mot de diriger le groupement au point de vue chrétien.

IIe SECTION

L'ÉDUCATEUR

Les responsabilités morales et l'action sociale de l'instituteur sont des plus importantes ; ses fonctions, des plus utiles à la société. Seuls devraient y prétendre ceux auxquels une vraie vocation et des qualités spéciales permettent d'espérer le succès. La science, si nécessaire aux maîtres, ne leur suffit pas ; à l'autorité, aux vertus qui imposent le respect, il leur faut joindre le talent d'entretenir l'émulation parmi les élèves, et celui, plus rare, de les décider à la lutte contre eux-mêmes. Les qualités de l'éducateur chrétien, l'autorité et la discipline, les relations d'un Directeur d'école avec ses adjoints, tels sont les sujets dont le développement forme, dans le *Manuel*, la seconde section de la pédagogie subjective.

CHAPITRE Ier

LES QUALITÉS DE L'ÉDUCATEUR
CHRÉTIEN

A lire, dans un traité de pédagogie, l'énumération des qualités dont l'ensemble constitue l'éducateur idéal, les maîtres ne sont-ils pas tentés de se replier sur eux-mêmes avec un sentiment d'inquiétude ou de tristesse découragée ? S'il faut, pour élever la jeunesse, posséder tant de qualités diverses, qui donc peut se flatter de n'être pas au-dessous de son rôle ? Et n'est-ce pas chimérique de les exiger ? — Un maître aurait

tort de se laisser envahir par ces pensées ; la constatation
loyale de ce qui lui manque est, au contraire, un excitant à
se perfectionner chaque jour. Ce qui importe, au surplus, ce
sont moins les qualités acquises que la tendance courageuse
et constante à les réaliser en soi-même.

Si, d'ailleurs, il a une notion exacte de son rôle, de sa
vocation, un éducateur reproduit certainement bien des traits
de ce type idéal. La vocation d'éducateur ! Faut-il en dire la
noblesse, la nécessité ? Devant Dieu et les hommes, les responsabilités du maître ne sont-elles pas trop hautes pour qu'un
chrétien ose les encourir par le seul désir des avantages
matériels ? Sans nous étendre sur ce sujet, disons que l'aptitude à enseigner, le goût de l'enseignement et l'élévation des
vues, sont les marques d'une vocation d'éducateur.

Le maître chrétien doit être un semeur d'idées, d'énergies
et de convictions : qu'il soit donc lui-même abondamment
pourvu de connaissances générales et professionnelles, de
convictions morales et religieuses, doué enfin d'une force de
volonté se traduisant par un harmonieux ensemble de vertus
humaines et surnaturelles. — Ces qualités sont d'ordre
physique, intellectuel, moral et chrétien.

I. — QUALITÉS PHYSIQUES

Pour se bien acquitter des fonctions de professeur et de
surveillant, il faut à l'éducateur une santé vigoureuse et des
sens doués d'une finesse suffisante. Il a besoin de parler souvent et assez haut : si les leçons, les interrogations irritent
chez lui la poitrine ou le larynx, pourra-t-il fournir une
longue carrière ? D'autre part, que de désordres, légers ou
graves, lui échapperont s'il a trop défectueuses la vue et
l'ouïe ! Une nervosité excessive lui est une cause de continuelles souffrances ou d'échecs dans sa classe ; elle rend difficiles la maîtrise sur soi-même et l'ascendant sur les élèves.

Un des devoirs professionnels de l'instituteur consiste à
ne pas négliger les précautions qui conservent l'équilibre
de la santé. Elles sont de deux sortes : les unes tendent à
préserver le corps des influences nuisibles qui viendraient de
l'extérieur ; les autres, à écarter les troubles fonctionnels qui
naitraient d'un désordre volontaire dans l'activité intellec-

tuelle ou morale. En particulier, l'hygiène prescrit au maître l'aération de la classe, la modération dans l'usage de la parole, la régularité dans les repas, un temps suffisant accordé au sommeil, et quelques exercices physiques qui viennent combattre les causes de surmenage cérébral. Elle lui fait éviter les excès de tous genres : impatiences et colères, abus des boissons et du tabac, reprise habituelle du travail immédiatement après les repas, veilles trop fréquentes, et tous les actes auxquels conduisent les passions affranchies du frein moral et religieux.

II. — QUALITÉS INTELLECTUELLES

Les qualités intellectuelles du bon éducateur peuvent se réduire à quatre : rectitude et souplesse des facultés, accrues par un exercice persévérant et méthodique ; — esprit de réflexion et d'observation ; — amour de l'étude qui, avec l'expérience progressive, produit la compétence ; — goût de l'enseignement.

Culture personnelle des facultés. — Qui donc doit avoir « l'esprit cultivé », sinon un formateur de la jeunesse ? Parce qu'il sait mieux les méthodes appropriées à cette culture, en deviendrait-il plus excusable de ne pas les appliquer à son propre perfectionnement ?

Il serait à plaindre, le maître incapable de rien citer littéralement ou de donner une leçon sans le secours de livres. C'est à l'instituteur une nécessité professionnelle d'exercer sa *mémoire* par des études littérales, et de lui demander souvent le souvenir précis d'études antérieures.

Sans doute l'*imagination* tend, avec l'âge, à perdre de sa vivacité ; mais nourrie par des lectures choisies, préservée contre ce qui la déprave ou la surexcite, elle peut conserver jusqu'à la vieillesse une étonnante fraîcheur, en ceux du moins qui, jeunes, l'ont cultivée avec soin.

Toutefois, une mémoire insuffisamment développée, une imagination pauvre ou mal disciplinée, ne sont pas aussi préjudiciables à l'action de l'éducateur qu'un manque notable de *jugement*, de *tact*, de *sens pratique*, dont les conséquences fâcheuses seraient pour ainsi dire quotidiennes. En voici quelques-unes : dans l'enseignement des diverses spécialités, avoir moins égard à l'utilité des élèves qu'à des préférences personnelles ou à la satisfaction de la vanité ; — méconnaître la priorité que, dans une école catholique, l'enseignement religieux garde sur les études profanes ; — afficher la prétention de conduire *tous les enfants par les mêmes moyens, de les corriger tous par les mêmes répressions*, d'exiger de tous la même somme de travail ; — se laisser aller à des imprudences de langage qui trahissent, en classe ou au dehors, un dissentiment entre un maître et ses collègues ou le Directeur de l'école ; — prendre une attitude combative en politique, intervenir dans les querelles de partis et les difficultés locales.

Esprit de réflexion. — La régularité des exercices scolaires, l'inévitable monotonie qui, chaque jour, ramène aux mêmes heures les mêmes occupations, le recours aux mêmes procédés d'émulation et d'encouragement, tout semble préparer, chez le maître, la transformation progressive de ses actes en habitudes routinières. Alors, adieu le progrès ! Le seul moyen d'échapper à ce « mécanisme », dans la vie professionnelle, est de la vivifier par l'esprit de réflexion.

Surtout quand il débute dans la carrière, un jeune maître examine discrètement la façon dont procèdent en leur classe tels collègues réputés habiles ; il demande des conseils, accepte les remarques d'une bienveillante amitié ; il les provoque même. Il tire parti de tout, — lectures, conférences pédagogiques, insuccès, difficultés, — pour améliorer sa manière d'enseigner, et devenir plus expert dans l'art délicat de former un caractère d'enfant.

Grâce à l'esprit de réflexion, les jours ne s'enchaînent pas aux jours sans que le « rendement scolaire » soit meilleur. Sa classe finie, un bon éducateur profite de quelques instants de calme pour s'examiner lui-même et se poser des questions auxquelles il répond loyalement. « Qu'ai-je remarqué de défectueux aujourd'hui dans ma classe, sous le rapport de l'éducation morale ? — de la discipline ? — de la politesse ? — de l'application des enfants au travail ? — de la piété ? — Que valaient mes leçons pour la formation intellectuelle des élèves et l'utilité pratique ? — Comment remédierai-je aux défauts ou lacunes que je constate ? » — Un enseignement, une prescription disciplinaire, laissent-ils davantage à désirer, on en ferait alors l'objet d'un examen spécial et détaillé.

Esprit d'observation. — Ce qu'on a parfois nommé l'esprit d'observation n'est ici que la réflexion appliquée aux élèves et aux procédés d'enseignement. En ses élèves, le bon instituteur examine les actes, les paroles, les relations, tout ce qui révèle le caractère, les qualités et les défauts. S'il emploie tel procédé, il observe quelle attention y donnent les écoliers, comment leur intelligence s'en trouve exercée : d'après ces constatations, le procédé sera conservé, modifié ou abandonné. A qui observe beaucoup et profite de tout, l'expérience vient vite.

Les études de l'éducateur. — Un instituteur sérieux consacre chaque jour à son instruction personnelle un temps déterminé. Seule une étude assidue, régulière, maintient et développe en lui la compétence ; seule, elle le sauve de l'ennui, de la déchéance intellectuelle et du dégoût pour l'enseignement. D'ailleurs, en dehors de ces motifs d'ordre un peu égoïste, l'étude s'impose à l'éducateur comme un devoir de loyauté à l'égard des familles qui lui confient leurs enfants ; comme un devoir de justice envers les enfants eux-mêmes, qui ont droit à des leçons sérieuses et vivantes. C'est bien à tort qu'on arguerait d'un long professorat et de la jeunesse des élèves pour négliger l'étude. Sans doute, un maître a des connaissances plus étendues que ne le comportent les programmes de sa classe ; mais sait-il toujours les enseigner, ces programmes, par des moyens et des formules qui soient bien à lui ? Quand on cesse d'étudier, bien vite arrive l'heure de cesser d'enseigner.

Grâce à une certaine puissance d'isolement, l'instituteur zélé se réserve le temps de préparer ses leçons et d'entretenir ses connaissances générales par des études et des lectures méthodiques. Il s'y applique avec calme, attention et liberté d'esprit, constance, courage et mesure. Avec des études et des lectures sérieuses, alterneront des lectures reposantes, mais sans laisser celles-ci absorber les heures destinées à celles-là.

Insistons sur quelques études spécialement utiles à un éducateur. *L'art de dire,* de raconter, lui est nécessaire, tant pour captiver l'attention de son mobile auditoire, que pour donner ainsi des exemples, des modèles de bonne et simple diction.

Et *l'art de bien lire,* serait-il un superflu ? A elle seule, la lecture expressive devient un commentaire du texte. L'entendant, les élèves perdent l'habitude de la lecture machinale, se traînant sur un ton de mélopée monotone qui éteint toutes les nuances de la pensée.

Un autre mérite de l'instituteur est de *bien écrire*, c'est-à-dire de se faire un style personnel, simple et vrai, logique et pittoresque. Or, pas d'autre moyen que d'écrire souvent un petit nombre de pensées, un alinéa, auxquels un travail patient donne tout le fini désirable.

Études pédagogiques. — Que les études pédagogiques se placent au premier rang pour un « pédagogue », il n'est pas besoin de l'établir. Elles s'imposent à lui comme la médecine au médecin, le droit à l'avocat en exercice. La psychologie appliquée à l'éducation et la méthodologie pratique sont d'assez vastes sujets pour que les Revues les puissent d'ailleurs traiter avec un intérêt soutenu. D'autre part, les conférences et examens pédagogiques imposent aux maîtres l'heureuse contrainte de préciser, d'approfondir des notions qui risquent d'autant mieux de rester confuses dans l'esprit, qu'elles sont, depuis longtemps, supposées y être fort claires.

Le goût de l'enseignement. — Le goût de l'enseignement pourrait se ranger parmi les qualités morales de l'instituteur, puisqu'il ne va pas sans un certain amour de la jeunesse. C'est aussi une disposition intellectuelle, alimentée par l'application à l'étude. On aime à enseigner ce qu'on sait très bien, ce qu'on peut exposer par des procédés à soi.

Avoir le goût de l'enseignement est l'une des meilleures recettes pour tenir une classe à la commune satisfaction des élèves et de leurs parents, pour se plaire dans le milieu scolaire, si pénible à celui dont l'autorité n'y domine pas. Au contraire, ce goût viendrait-il à s'affaiblir, on arriverait à n'enseigner plus qu'avec routine, ennui peut-être... Quelle émulation un tel professeur fait-il naître, et quels succès peut-il attendre ?

III. — QUALITÉS MORALES ET VERTUS

Plus encore que d'exhortations, les enfants ont besoin de bons exemples. De qui les attendent-ils, sinon du formateur sous l'influence duquel le règlement scolaire les place durant six à sept heures chaque jour ? Qu'il le veuille ou non, un maître façonne ses élèves à son image, et si bien que, pour lui, l'alternative est presque inévitable : être un « bon pasteur » ou un « mauvais berger ».

Ne pouvant traiter ici de toutes les qualités et vertus de l'instituteur catholique, nous attirerons l'attention sur quelques-unes : parmi les vertus de l'honnête homme, la dignité extérieure, la franchise et la loyauté, la bonne humeur, l'intégrité morale; entre les vertus professionnelles, la bonté, la fermeté, la prudence; enfin le zèle, le dévouement et l'esprit chrétien.

Dignité extérieure. — Constante, la dignité extérieure suppose des vertus intimes dont elle est le reflet. Ses principales manifestations sont la dignité de la tenue, l'urbanité des manières, la correction du langage.

La *dignité de la tenue* se révèle par la réserve dans les regards, la gravité de la démarche, le calme du maintien et des procédés, la simplicité de la mise, toutes choses qui dénotent des idées sérieuses, la possession habituelle de soi.

Chez l'instituteur, l'*urbanité des manières* est comme la fleur de la bonté, de la bienveillance; c'est la pratique d'une politesse cordiale et dévouée. Les défauts contraires seraient la vantardise et la jactance, la critique ou la raillerie habituelles, la familiarité manifestée par le tutoiement à l'égard des élèves, et les allures triviales.

Par *correction du langage* on entend ici, non précisément le respect des règles grammaticales et la bonne prononciation, mais surtout la parfaite convenance et l'urbanité des expressions. Un tel langage est empreint de délicatesse et de réserve; rien de grossier ou de violent n'y paraît, mais une constante dignité dans les termes, surtout en adressant des réprimandes.

Loyauté, franchise. — Auprès du maître chrétien, les enfants viennent apprendre la vérité dans les choses qui passent et celles qui demeurent; il doit donc être le serviteur passionné de cette vérité. Il se montrera loyal et franc dans ses paroles, ses relations; sincère en tout ce qu'il dit ou laisse entendre. Sans loyauté ni franchise, d'ailleurs, il n'y a pas d'honnêteté, et, pour l'éducateur, aucune influence morale. Comment insisterait-il sur la laideur du mensonge si lui-même il n'avait pas, et très ostensiblement, le culte de la sincérité? La maxime « qui ne sait déguiser ne peut diriger » est fausse, surtout en éducation. Le genre politique et retors froisse, irrite les âmes d'enfants, déflore leur candeur confiante, et fait naître le désir de prendre l'astucieux dans ses propres pièges.

Intégrité morale. — L'intégrité morale, ou dignité des mœurs, n'est pas la simple correction extérieure qui exclut tout scandale, mais la vertu chrétienne de pureté qui rayonne dans la tenue, les paroles, les fréquentations, la vie entière de l'éducateur. Cette intégrité personnelle lui donne l'intuition des sollicitudes délicates qui sauvegardent l'innocence des enfants. On sait combien une parole peu mesurée, une explication imprudente, un récit tant soit peu troublant, peuvent provoquer de commentaires regrettables dans une classe : or ceux-là qui ont dominé en eux-mêmes les instincts dépravés ont un talent spécial pour protéger, prolonger la candeur des élèves, et pour donner à ceux que déjà le vice aurait touchés, le désir énergique de se corriger d'habitudes que la conscience condamne.

Bonne humeur. — La bonne humeur habituelle, la gaieté volontaire, est faite beaucoup moins d'une disposition de tempérament que d'esprit de sacrifice, de patience et de zèle. L'écolier a grand besoin de douce gaieté; c'est le maître qui la fait s'épanouir ou qui la comprime en classe. Savoir sourire et rendre souriante, — non dissipée, — la vie écolière, est un talent : les tâches quotidiennes semblent alors moins lourdes à tous. Mais pour entretenir cette bonne humeur générale, malgré les variations de l'humeur personnelle, en dépit des souffrances, contrariétés ou fatigues, il faut du courage; disons le mot chrétien, il faut de l'abnégation. Travailler pour Dieu n'est-il pas le meilleur moyen de travailler joyeusement?

Autant la bonne humeur du maître dilate et anime les enfants, autant ses colères les intimident, les oppressent, et parfois les affolent. Des organismes si frêles en ressentent de violents contre-coups : devant un homme irrité, certains timides ne voient plus, n'entendent plus, demeurent comme stupéfiés, incapables d'agir. Le beau résultat! et la noble victoire!

Bonté. — Un maître se montre bon dans la mesure où son dévouement, sa bienveillance et sa patiente douceur s'affirment par des preuves. L'étendue des connaissances peut attirer l'estime, l'énergie du caractère briser les oppositions, le don du commandement imposer le respect extérieur de la discipline; seule la bonté vraie, l'affection communicative, conquiert et retient le cœur. Elle fait aimer le maître, l'école, le travail scolaire; elle est éducatrice au premier chef.

La bonté du maître se montre compatissante à la pauvreté pénible de certains enfants, aux graves défauts de plusieurs, à la faiblesse de tous. De tous, disons-nous, car elle ne fait pas d'exceptions; elle ne connaît ni les préférences ni les antipathies injustes.

Un maître manque de bonté s'il manque d'affabilité, s'il est sévère ou soupçonneux à l'excès, impatient et irritable, moqueur ou sarcastique dans les paroles et les procédés; s'il ne pardonne jamais ou rarement; s'il n'écoute pas les excuses légitimes; s'il ne comprend guère qu'il faut beaucoup passer à l'étourderie juvénile quand, d'ailleurs, la mauvaise volonté ne vient pas s'y joindre. Ce défaut de bonté ferme le cœur; il rend bien difficile l'éducation religieuse et morale.

Sage tempérament de douceur et de fermeté. — Dans un maître, la bonté douce, si elle se montre seule, sera bien vite prise par la gent écolière pour faiblesse ou lâche complaisance; si la fermeté domine par trop, elle tend à la dureté.

Etre ferme avec un sage tempérament de douceur est donc chose nécessaire. D'ordinaire, l'enfant a bonne volonté, mais il est faible; il aime l'ordre, mais il prend plaisir au désordre : c'est la fermeté du maître qui le maintient dans le devoir. De cette direction, un éducateur « brave homme », c'est-à-dire « bonhomme », est tout à fait incapable. Plus impulsif que réfléchi, trop insignifiant de caractère pour unir la force à la bonté, indulgent moins par conviction que par amour de la paix, il ne produit rien de sérieux ni de durable en éducation.

L'union de la fermeté à la douceur assure aux éducateurs la maîtresse et décisive influence qui soumet les âmes à la discipline sans les y asservir, et qui leur apprend à aimer le devoir dont elles se font une habitude. Ils n'ont pas, — selon une expression courante, — dans un « gant de velours » « la main de fer » qui comprime l'activité, mais la souple et intelligente direction qui, sans le brutaliser, lance le coursier, le dirige, le modère ou l'arrête. L'expérience seule indique, pour chaque catégorie de caractères, le dosage convenable de l'une et l'autre vertu.

Le maître n'est pas ferme parce qu'il se montre cassant, absolu, emporté ou ironique; ainsi, et pour l'ordinaire, il fait plutôt preuve de faiblesse. Il abdique toute autorité, s'il est timide, indécis, négligent, ou s'il recherche, par des concessions inopportunes, une popularité de mauvais aloi. Devenus hommes, ses élèves lui reprocheront peut-être, et en tous cas regretteront que, faute d'avoir été formés, ils n'aient pas donné toute leur mesure.

Prudence. — La direction de la jeunesse réclame beaucoup de prudence : le rappeler, n'est-ce pas insister sur une sorte d'axiome? Pratiquement, cette prudence professionnelle est un esprit de réflexion appliqué aux mesures à prendre, une discrétion soigneuse de taire ce qui ne doit pas être divulgué, une sage lenteur dans les réformes utiles, une déférence cordiale à l'égard du Directeur de l'école et des autres adjoints, un tact enfin qui s'ingénie à tirer de chaque enfant tout le parti possible.

La prudence est toujours nécessaire à l'instituteur; en deux circonstances surtout, elle le préserve de lourdes bévues : lorsqu'il débute dans une école et lorsqu'il commence une nouvelle année scolaire.

1. *L'instituteur nouveau venu*, dans une localité, doit y faire quelques visites : qu'il ne se livre à personne inconsidérément, sous couvert de franchise ou de cordialité.

2. On attend d'un instituteur catholique qu'il soit digne en ses relations, circonspect en ses démarches. Si donc un adjoint n'est pas nourri et logé à l'école, il prendra conseil avant de choisir son logement et son hôtel.

3. Le nouvel arrivé n'a pas à juger son prédécesseur, quels que soient les motifs du départ de celui-ci. Des réformes sont-elles urgentes dans la classe, elles seront faites sans commentaires désobligeants pour le maître remplacé.

Pour *l'instituteur déjà connu*, le début de l'année scolaire est beaucoup moins périlleux qu'une entrée en fonctions; toutefois il impose certaines mesures de prudence que ne néglige pas un maître expérimenté.

1. Redoublants ou nouveaux, tous les élèves sont l'objet d'un accueil favorable. A ceux dont il sait les défauts, le maître donne l'illusion encourageante d'avoir tout oublié. C'est donc sur « pages blanches » que la nouvelle année va s'écrire.

2. Sans retard, précipitation ni brusquerie, il met les élèves à la discipline et au travail. Les encouragements sont, pour cela, d'un meilleur secours que les réprimandes et les punitions.

3. Pendant les vacances, la piété de plusieurs enfants a baissé : la prudence chrétienne suggère au maitre de se concerter avec le clergé pour procurer à tous le bienfait d'une retraite de rentrée, ou du moins celui d'une confession exceptionnellement bien préparée.

Zèle et dévouement. — S'il est profond au cœur du maitre, l'amour de la jeunesse se traduit par un dévouement soutenu, un zèle éclairé. Voici quelques-uns des signes auxquels on les reconnait :

1. Le maitre zélé supporte avec patience les fatigues, déceptions et peines diverses qu'il rencontre dans son emploi.

2. Il donne ses leçons avec soin et joyeuse ardeur; il s'efforce de rendre le plus profitable possible chacun des exercices scolaires. Dans cette vue, et pour se mettre à la portée des enfants, il trouve des expressions simples, des comparaisons saisissantes qui rendent plus intelligible l'objet de l'étude.

3. Un zèle attentif se porte sur tout; rien ne lui échappe : moralité, travail, piété, bon ordre, politesse, tenue des cahiers. Autant que de besoin, il surveille les plus minutieux détails, les infractions légères d'où, parfois, naissent de notables désordres.

4. Non seulement l'éducateur zélé instruit avec soin les élèves durant les catéchismes, mais il profite de certaines occasions propices pour rappeler une maxime de morale qui, présentée comme fortuitement, est reçue sans prévention, pénètre mieux dans les esprits et les cœurs.

5. Ses élèves sont-ils sur le point de quitter l'école, un bon éducateur leur donne les conseils opportuns; il les engage à entrer en quelque association catholique qui leur assure bons exemples et direction.

Il n'abandonne pas les adolescents qui ont fini leur scolarité. Même au prix de fatigues notables, il organise des œuvres postscolaires où leur vie intellectuelle et morale se fortifiera.

Esprit chrétien. — L'instituteur catholique n'est pas seulement un professeur d'orthographe et d'arithmétique, de sciences élémentaires et d'histoire; avant tout il cherche à faire œuvre d'apostolat chrétien. Or, en cela comme dans l'enseignement profane, il ne donne que de sa plénitude : l'esprit chrétien doit être abondant chez lui pour que, selon ses attributions, il puisse le développer chez les enfants.

Sa piété personnelle, condition et garantie de son zèle, est l'inspiration, en quelque sorte la règle de la piété des écoliers. Que ses convictions soient donc profondes, à l'abri des influences politiques; sincères, sous peine de tourner à l'hypocrisie toujours odieuse et bientôt dévoilée; éclairées par de sérieuses connaissances en religion; pratiques, alimentées par la prière et la fréquentation des sacrements. Dieu n'abandonne jamais ses instruments dociles; mais il opère en eux et par eux selon que leur humilité se maintient plus constante, plus courageuse aussi leur coopération, plus ardents leurs désirs, plus intime leur prière, qu'on pourrait appeler une prise de courant avec le ciel. L'instituteur sera donc un homme affectionné à la prière et pratiquant de fortes vertus.

L'influence de ses exemples sera d'autant plus heureuse que le maître aura le talent de faire aimer la religion. Sans exercer de pression imprudente sur les enfants, il les maintient, au souffle de son zèle, dans un état de libre et active malléabilité. Il propose et presque tous acquiescent; il montre la beauté de la vertu et suscite des efforts pour la faire pratiquer. Au contraire, et pour des motifs variés, cet ascendant vient-il à manquer chez un éducateur, la formation chrétienne est compromise. Par défaut d'initiative ou de discrétion, d'habileté ou de zèle, de bonté ou de sens pratique, elle échoue avec les moyens mêmes qui devaient l'assurer. Dans cette situation, un maître est bien à plaindre.

CHAPITRE II

L'AUTORITÉ DU MAITRE

L'enfant ne peut, par ses seuls efforts, tendre avec vigueur au perfectionnement de son être : il faut qu'une action extérieure et directrice le place et le maintienne dans la voie du bien. Pour l'école, cette action est l'autorité du maitre. — Quelle en est la véritable nature ? Quels en sont les soutiens ? Comment doit-on l'exercer ?

I. — NATURE ET SOURCE DE L'AUTORITÉ DU MAITRE

Puisqu'il s'agit de réaliser dans l'école l'éducation morale des élèves, une autorité morale peut seule y prétendre. Une action coercitive qui violente les volontés, pour les assujettir de gré ou de force à un règlement, réussit à dompter ou à briser les énergies individuelles ; elle n'est en rien éducative. La crainte contagieuse que répand et entretient dans une classe le « caporalisme », l' « autorité à poigne », ne réussirait pas même à faire du « dressage » ; qu'en faut-il attendre pour la formation du cœur et de la volonté ?

Dans l'autorité morale, on distingue le droit de commander en vertu d'une supériorité ou d'un mandat légitime, puis l'autorité de fait, ou exercice de l'autorité. L'autorité vient au maître par une délégation expresse des familles : ainsi elle a sa vraie source en Dieu. Légitime en droit, elle est nécessaire en fait pour que l'enfant soit soutenu, protégé dans le développement de son activité, et parvienne ainsi à se conduire plus tard par les seules disciplines intérieures de la vie humaine : la raison, la conscience et la foi. Sans l'autorité du maitre, la classe deviendrait un groupement anarchique, où nulle éducation ne saurait être accomplie.

II. — SOUTIENS DE L'AUTORITÉ DU MAITRE

Ni la taille, ni l'âge, ni la facilité de parole, — toutes choses qui, cependant, ne sont pas indifférentes à l'action du maitre, — ne suffisent à établir l'autorité morale. Elle s'acquiert et se soutient à certaines conditions, parmi lesquelles l'estime inspirée aux enfants pour le devoir, le respect dont ils entourent leur maitre, l'affection qu'ils lui rendent pour la sienne, le sage exercice du commandement, et l'appui donné par les familles à l'action de l'école.

Estime pour le devoir. — Ce n'est pas pour lui-même que l'éducateur demande l'obéissance, mais pour le devoir, qui est la volonté de Dieu connue. Si l'estime des élèves s'arrête à la personne de leur guide, l'autorité n'a qu'un appui fragile comme cette estime que tant de considérations, justes ou erronées, peuvent faire varier. Lorsque des enfants, des adolescents reconnaissent dans les ordres reçus l'autorité même de Dieu, l'ascendant du maitre est fondé sur la plus ferme assise.

Respect des élèves pour leur maître. — Cette haute conception de l'autorité n'est ni constante, ni générale parmi les écoliers ; mais tous, sans peut-être s'expliquer cette disposition, s'abandonnent volontiers à la direction d'un maitre en qui s'unissent la vertu et le dévouement, le talent et le savoir. Leur respect pour lui est d'ordinaire la mesure de leur soumission volontaire à son égard.

Affection réciproque entre le maître et ses élèves. — Le dévouement, l'affection d'un instituteur pour ses élèves est, disons-nous, le grand secret de son action sur eux : l'expérience l'atteste. Là où les cœurs sont conquis, les conseils rencontrent beaucoup moins d'opposition, et l'étude même semble intéressante parce que le professeur est aimé. Se faire aimer et savoir instruire constitue le meilleur moyen d'attacher les enfants à l'école, et d'assurer la fréquentation scolaire.

Sage exercice du commandement. — On peut admettre qu'un éducateur ne donne jamais d'ordre que la raison justifierait difficilement ; mais *commande-t-il toujours avec douceur et fermeté, tact et esprit de suite?*

La douceur, le calme, la politesse, la possession de soi, disposent les enfants à l'obéissance, révèlent une force d'âme et une dignité de caractère qui subjuguent les indisciplinés. A la douceur viendra se joindre la fermeté qui maintient les ordres donnés, ne laisse pas impunies les transgressions

notables, car, n'en déplaise à certains théoriciens, l'éducateur
ne doit pas être seulement pour ses élèves « un ami, un frère
aîné, un camarade plus expérimenté » ; il est surtout un guide,
un maître. L'éducation par l'indépendance aboutit à la déformation des volontés par la licence.

Il ne suffit pas de commander avec un *sage tempérament*
de douceur et de fermeté, il faut aussi le faire avec tact,
ayant égard aux circonstances de temps et de personnes ; —
avec modération, sans trop multiplier les injonctions ; — avec
prudence, pour diminuer les conflits possibles et rendre rares
les punitions ; — enfin avec une constance qui supprime chez
les enfants, et les hésitations sur le devoir actuel, et leurs
doutes sur la répression qui suivrait leurs fautes.

En dehors des commandements *formels* et autoritaires, —
impératifs ou prohibitifs, — un sage éducateur fait grand usage
des commandements *persuasifs*. Telle est la direction imprimée
par lui aux intelligences et aux cœurs, qu'il lui suffit d'insinuer un désir pour que les meilleurs élèves le tiennent pour
un ordre. De toutes les manières de commander, c'est la plus
habile comme la plus fructueuse.

Judicieux emploi de la parole. — L'une des meilleures
industries pour établir et conserver l'autorité du maître en
classe est de savoir parler et se taire à propos. En dehors des
leçons, il convient de parler fort peu, à voix modérée, de le
faire en un langage clair, net et sans précipitation. Un grand
nombre d'ordres relatifs à la discipline peuvent être transmis
par des signes ou des indications écrites au tableau noir :
l'expérience conseille d'y recourir.

Appui des familles. — Si les directions et conseils de
l'école sont fortifiés par une complète unanimité de vues, de
la part des familles, l'enfant n'ose guère, même intérieurement, se soustraire à l'influence de son maître. Au contraire,
des paroles imprudentes, un blâme formel ou indirect que
feraient entendre les parents, compromettraient la formation
du caractère de l'écolier, et peut-être même la rendraient-ils
à peu près impossible.

III. — CONSEILS RELATIFS A L'EXERCICE DE L'AUTORITÉ

L'autorité du maitre s'affaiblit parfois par son exercice même ; il arrive aussi qu'elle se ruine : voilà un fait. Les causes en sont diverses. De là, certaines précautions à prendre pour maintenir l'ordre dans les classes et pour ne pas excéder dans l'exercice de l'autorité. Nous n'en ferons qu'un rapide énoncé.

Précautions pour maintenir l'ordre en classe. — « Avoir de l'ordre » en classe est un point capital pour le maitre. Les plus belles théories d'éducation sont inapplicables dans un milieu où l'autorité du maitre est tenue en échec par l'indiscipline des enfants. Comment établir cet ordre ? Il n'est pas de recettes infaillibles pour cela ; toutefois l'expérience des praticiens reconnait une réelle efficacité à certains procédés.

1. Préparer si bien les leçons, qu'en les donnant des erreurs ou des hésitations ne viennent pas faire douter de la science du maitre.

2. Contenir les mouvements d'impatience et d'humeur, comme les saillies d'une gaieté intempestive.

3. Instruire clairement les écoliers de ce qu'on demande d'eux ; le faire par des avis, des ordres précis, entendus de tous.

4. Chercher à prévenir les fautes par une exacte vigilance. En classe, placer les élèves de manière qu'ils soient facilement surveillés et qu'ils aient le moins possible l'occasion de se dissiper.

5. Ne pas tolérer, sans avertissement ou répression, des manquements isolés mais sérieux, ni des infractions légères qui tendent à passer en habitude.

6. Etre économe du temps ; commencer les leçons à l'heure prescrite, et ne pas laisser les enfants, même une minute, dans l'incertitude de ce qu'ils ont à faire.

7. Sans une raison majeure, ne dispenser aucun élève de la leçon commune.

8. Si la classe compte plusieurs sections, avoir soin de prescrire un travail sérieux à celles qui ne suivent pas actuellement la leçon.

9. Ne pas établir de moyens d'émulation capables d'engendrer du dérangement, du bruit, ou des discussions entre élèves.

10. Faire raisonnablement garder le silence pendant les classes, en dehors des interrogations. Tenir à ce que les études soient faites à voix basse, et n'autoriser personne à parler au maître pendant les changements d'exercices.

11. Ne pas laisser entre les mains des élèves des objets étrangers à l'étude, et pouvant les distraire.

12. Afin d'habituer les enfants à considérer la classe comme le sanctuaire des études silencieuses, on n'y tolère pas les jeux bruyants, même lorsque les intempéries interdisent de faire les récréations dehors.

13. Toutes les recommandations du maître, relativement au silence, auront peu de poids s'il n'est lui-même très silencieux en dehors de l'enseignement. Il évitera de parler trop ou trop haut, de faire du bruit en marchant, fermant les portes, ou frappant sur les bureaux.

14. Si l'ordre ne régnait pas dans la classe dont un instituteur prend la direction, il faudrait étudier quelles causes d'indiscipline y subsistent, puis attaquer d'abord les plus notables.

Précautions pour ne pas excéder dans l'exercice de l'autorité. — Les élèves sont des êtres intelligents et libres : ils méritent d'être traités comme tels et non bousculés comme des « choses ». Surtout habituelle, l'exagération dans l'exercice de l'autorité blesse en eux le sentiment de la justice et amène une réaction : ainsi s'expliquent d'ordinaire les refus d'obéissance, les cabales, les révoltes. A quels signes remarque-t-on qu'un éducateur est excessif dans ses procédés ?

1. Le maître est exagéré lorsqu'il exige le devoir avec trop de rigueur et semble, en tout, vouloir aller jusqu'au bout de ses droits.

2. Un maître expose son autorité s'il en use trop souvent pour des minuties, ou s'il attache une très grande importance aux choses qui n'en ont guère.

3. L'erreur de certains maîtres est de croire que l'affabilité s'allie mal avec la dignité personnelle. Ne jamais sourire avec sympathie, ne jamais permettre une détente de l'attention chez les élèves, c'est dépasser ce que, raisonnablement, on peut attendre de sérieux et d'efforts de leur part.

4. C'est encore une exagération de soumettre tous les enfants à une inflexible égalité à l'égard du règlement, de ne pas admettre les excuses légitimes, ni les atténuations individuelles que des motifs sérieux recommandent.

5. Le désir de faire travailler les élèves, de les voir réussir à un examen, n'autorise pas un maître à les surcharger de devoirs après les classes, à se montrer rigoureux envers ceux qui ne s'en acquittent pas entièrement.

6. Un éducateur ferait naître l'irritation, parfois la haine chez un enfant, s'il le poursuivait de réprimandes trop multipliées, de reproches acerbes ou injurieux, s'il l'accablait de punitions même méritées.

7. Enfin l'autorité la mieux établie peut se briser contre l'obstination d'un adolescent, s'il exerce quelque influence dans la classe, surtout si le maître peut être taxé d'injustice. Un éducateur avisé ne provoque pas une pareille situation. Sans doute l'expulsion du délinquant mettrait fin au conflit ; mais cette mesure ne serait-elle pas fâcheuse à tous égards ? Avant donc de recourir à cette détermination extrême, — l'expulsion ne fût-elle prononcée que pour un jour, — il faut employer tous les moyens que suggèrent l'experience et la bonté.

———

CHAPITRE III

LA DISCIPLINE SCOLAIRE

A propos de la discipline, on a écrit de copieux traités pour en dire la nature et la nécessité, les manifestations et les moyens de l'établir. Nous résumerons seulement ici un petit nombre d'idées pratiques.

I. — NATURE ET NÉCESSITÉ DE LA DISCIPLINE SCOLAIRE

Nature de la discipline. — Au sens large du mot, là discipline est la règle qui communique la rectitude à l'activité humaine. Ainsi la loi divine est la discipline des mœurs ; les lois de l'État sont la discipline du corps social; les lois logiques constituent la discipline de la pensée; les méthodes pédagogiques sont la discipline de l'enseignement.

Dans l'école, la discipline est un ensemble de prescriptions rationnelles et morales qui permettent de faire, avec plus de facilité et de profit, l'éducation des enfants. Dans sa compréhension, l'idée de discipline renferme celle de direction, de secours à la volonté, et accessoirement celle de répression.

Discipline et liberté. — Le mot de *discipline libérale* est souvent prononcé, mais les idées qu'il éveille sont diverses. Si, par discipline libérale, on entend une direction qui exclut les menus détails dans le règlement et la surveillance, ou l'absence de toute espèce de contrainte à l'égard des enfants, un tel libéralisme est fatal à l'éducation. La *véritable discipline libérale* est virile et libératrice : virile, elle traite l'enfant autant que possible comme un homme et cherche son point d'appui, non dans la crainte des punitions, mais dans les nobles sentiments du cœur ; — libératrice, elle fait prendre à l'enfant de bonnes habitudes et l'aide à s'affranchir du joug des passions.

Loin donc que la discipline et l'initiative soient inconciliables, elles se fortifient mutuellement. Plus grande est l'initiative, plus sûre doit être la direction qui la préserve des écarts. Rien sans doute du « ligottement », de l' « emmaillottement » ; mais une discipline intelligente qui s'adapte à l'âge, au développement intellectuel et moral des élèves. La discipline sagement libérale recourt aux *réglementations* utiles pour former peu à peu la conscience et la volonté de l'enfant; elle prépare cet heureux état d'un homme qui veut et accomplit tout le devoir avec intelligence et énergie.

Ordre et discipline. — Quand une école, une classe, est disciplinée, l'ordre y règne, c'est-à-dire que tout s'y exécute dans le temps et de la manière convenables. Les activités, — celles du maître et des élèves, — s'y déploient simultanément, sinon toujours avec une invariable aisance, du moins avec le minimum de frottement et de heurts.

Cet ordre est à la fois matériel et moral : extérieur ou matériel, il résulte des prescriptions qui préviennent et répriment les actes nuisibles au travail en commun ; intérieur ou moral, il n'est autre que la libre soumission des volontés à la règle.

Nécessité de la discipline. — La discipline est d'une absolue nécessité pour l'école et pour l'enfant : pour l'école, d'où elle éloigne les influences dangereuses; pour l'enfant, qu'elle habitue, par le respect des prescriptions établies, au respect de la règle intime que rappelle la conscience.

Quelle importance attacher à l'ordre extérieur? — On le considérera, non comme une fin, mais comme un moyen d'assurer l'ordre moral et le travail. La meilleure discipline n'est pas celle qui obtient un ordre extérieur impeccable, l'accomplissement automatique des prescriptions d'un règlement minutieux, une régularité absolue dans les déplacements généraux, un silence inviolé pendant toute la durée des classes. Ce qui importe, c'est que les enfants s'exercent graduellement à se conduire comme des hommes, des chrétiens : une discipline intelligente les y achemine sans danger. Ajoutons que la discipline extérieure doit être d'autant plus forte que l'école, la classe, compte un plus grand nombre d'élèves.

I. — RÉSULTATS DE LA DISCIPLINE SCOLAIRE

Parmi les résultats que produit une discipline intelligemment établie, les plus importants sont le respect du règlement scolaire, l'ardeur au travail, la fidélité raisonnable au silence, le bon ordre à l'entrée en classe et à la sortie de l'école, la moralité générale et l'habitude que prennent les enfants de se soumettre volontairement à une règle sage.

Respect du règlement scolaire. — A ce petit État qu'est une école, il faut un code prescrivant la conduite que doivent tenir les citoyens, c'est-à-dire les élèves : ce code est le règlement scolaire. Beaucoup d'écoles ont-elles un règlement écrit? Ce serait très utile qu'il le fût, au moins dans ses directions principales. D'autre part, il ne sera pas si minutieux que l'initiative des maîtres et des enfants s'en trouve annihilée.

Les prescriptions réglementaires seront courtes, claires, distribuées en un certain nombre de paragraphes ou chapitres, puis expliquées de temps en temps aux élèves. Voici une esquisse de ce que pourrait contenir un règlement d'école.

I. — Devoirs religieux des écoliers.

II. — Devoirs des élèves à l'égard des maîtres : respect et soumission, confiance et cordialité, attention aux leçons données.

III. — Devoirs des écoliers à l'égard de leurs condisciples :
bon exemple, loyauté, justice, camaraderie franche et cordiale.

IV. — Devoirs des écoliers à l'égard d'eux-mêmes : bonne tenue,
politesse, propreté personnelle, assiduité à l'école, application
silencieuse au travail, souci de leur perfectionnement moral par
la réforme du caractère et la pratique des vertus chrétiennes. .

V. — Prescriptions relatives à l'entrée en classe, à la sortie de
l'école, aux mouvements généraux, à la circulation dans l'école et
aux *récréations*.

Ardeur au travail. — Toute discipline scolaire dont le
résultat à peu près exclusif serait un ordre matériel, sans
production d'effort intellectuel et moral, n'aurait abouti
qu'à une stérile contrainte. La vraie discipline est excitatrice
d'effort personnel ; par là, elle rend plus actif le travail, plus
rapides les succès.

Fidélité raisonnable au silence. — Il n'est pas d'application à l'étude sans attention, ni d'attention possible si le
maître tolère en classe des conversations entre élèves. Et que
deviendrait la formation morale, là où le désordre s'établirait
comme en permanence ? Tandis que l'enfant trop léger pour se
taire aux moments opportuns a peu d'énergie de volonté, chez
les écoliers plus sérieux, la soumission volontaire au silence
se résout en effort, en progrès moral.

Comment présenter aux élèves un peu développés l'obligation du silence en classe ? Comme celle que la politesse
impose dans les réunions où l'on écoute un conférencier ;
comme celle à laquelle s'astreignent, dans une administration, les employés qui travaillent ensemble ; comme celle enfin
que se fait à lui-même un homme qui veut réfléchir. Quant
aux plus jeunes enfants, on les y engage par de bienveillants
rappels ; au besoin on les y contraint par des réprimandes,
des diminutions de notes et même de légères punitions.

Le maître demandera aux élèves un silence absolu : 1° pendant les leçons (silence de parole et de mouvements) ; — 2° dans
les rangs, quand est donné le signal de les former. D'ordinaire
ce signal consiste en un double coup de sifflet ou de clochette, le premier prolongé, le second très bref.

Lui-même, il ne dira rien d'inutile, en classe ; il s'abstiendra
de parler quand les enfants ne sont pas en ordre, et il ne leur
permettra pas de le questionner en temps inopportun.

Bon ordre à l'entrée en classe et aux sorties. — Les élèves arrivent à l'école un peu avant le commencement de la classe du matin et du soir. Réunis à l'endroit indiqué, ils s'occupent en silence à étudier des leçons, à terminer un devoir sous la surveillance du maître. S'ils se trouvaient groupés aux abords de l'école avant l'ouverture des portes, — ce qu'on évitera, — ils se conduiraient de manière à n'être pour personne un sujet de trouble. La prière terminée, le maître procède à l'appel et à la visite de propreté; il inscrit les présences et les absences, sanctionne l'exactitude, s'enquiert des motifs de retard et punit s'il y a lieu.

Aux heures fixées pour la fin de la classe, les rangs se forment dans l'école même; puis au signal donné (coup de sifflet ou de clochette), les enfants saluent le maître, et quittent l'école sous sa conduite.

III. — LA SURVEILLANCE : PREMIER MOYEN D'ÉTABLIR LA DISCIPLINE SCOLAIRE

Les moyens d'établir la discipline dans une école ou dans une classe sont : la surveillance, l'émulation intellectuelle et morale, la répression des fautes commises.

Nature et nécessité de la surveillance. — La surveillance est l'exercice continu de la sollicitude d'un maître qui ne perd pas de vue les enfants, pour les préserver, s'il se peut, de tout danger physique et moral, et en même temps pour éveiller leur conscience par ce rappel au devoir.

La surveillance est obligatoire pour l'éducateur, car l'enfant a le droit d'être défendu contre sa propre faiblesse et contre toute influence dangereuse. L'expérience démontre combien est illusoire la théorie selon laquelle « moins on surveille les enfants, plus ils se surveillent eux-mêmes ».

Avoir confiance dans les enfants, s'efforcer de les faire agir selon la raison, la conscience et la foi, n'implique pas la suppression, ni même le relâchement de la surveillance. Beaucoup d'entre eux sont inconstants, légers de caractère et mobiles d'humeur; d'autres troubleraient volontiers la paix commune par des taquineries, des grossièretés ou des violences; plusieurs enfin, dans les meilleures écoles même, ont une connaissance, une habitude précoces du mal : pour ces motifs divers, une surveillance active reste obligatoire. Bien voir et diriger d'une main ferme, tel est le rôle de l'éducateur.

Le *maître se souviendra aussi que*, par une négligence notable, il engage devant la loi sa propre responsabilité et même celle du titulaire de l'école : 1º à raison des accidents qui atteindraient les écoliers en classe ou en récréation ; — 2º à raison des dommages que, dans les mêmes circonstances, les enfants pourraient causer, soit à leurs condisciples, soit à d'autres personnes.

Qualités de la surveillance. — La surveillance vraiment éducative est générale, constante, prévoyante, ferme et calme, loyale et discrète.

La surveillance efficace doit être *générale,* quant aux enfants et à leurs actes. Sans doute, le surveillant varie son action selon la connaissance qu'il a des dispositions des écoliers, mais sa vigilance s'étend à tous.

Parce que les accidents funestes à la santé ou à la moralité peuvent en toute circonstance se produire dans une école, la surveillance s'y maintient *constante.* Aussi un maître avisé ne s'en laisse-t-il distraire, ni en classe ni en récréation, par une lecture, une conversation, ou par quoi que ce soit.

Pour surveiller efficacement, il faut *prévoir* les occasions où les élèves tenteraient d'échapper au contrôle, et si bien déterminer par avance les ordres à donner ou les défenses à faire, que l'on ne soit jamais pris au dépourvu, du moins très rarement.

Si la surveillance est *ferme,* elle empêche le désordre de se produire ou elle le réprime avec vigueur ; — *calme,* elle ne se montre ni inquiète, ni défiante, ni embarrassée ; — *loyale,* elle n'emprunte rien aux procédés tracassiers d'un zèle imprudent ou à la défiance soupçonneuse d'un garde-chasse en quête d'un braconnier ; elle repousse aussi le concours odieux et souvent intéressé des délateurs ; — *discrète,* elle n'est pas irritante, elle évite d'insister sur des minuties sans conséquences d'aucune sorte. Ainsi pratiquée, la surveillance laisse libre jeu à l'activité normale des enfants ; elle ne les excite pas à échapper au devoir par des ruses et des fraudes.

La surveillance en classe. — Elle s'exerce pendant les leçons, les récitations, les compositions et les changements de places ; elle s'oppose aux conversations, taquineries, manques de loyauté ou tricheries, à tout acte contraire à la bienséance et à la morale ; à l'introduction, dans l'école, de livres, brochures, imprimés quelconques, autres que les ouvrages scolaires.

Si des *études surveillées* ont lieu dans l'école, les enfants ne sauraient, sans danger ni injustice, être abandonnés à eux-mêmes. C'est une responsabilité que, de ce fait, on contracte à l'égard des familles.

La surveillance hors de la classe. — La surveillance suit les élèves dans les mouvements généraux (couloirs et cours), les allées et venues individuelles dans l'école, à la sortie des classes, à l'église durant les offices religieux, et pendant l'*interclasse*, ou séjour que font à l'école certains enfants obligés d'y prendre leurs repas.

Il y a tout intérêt à faire contracter l'habitude de l'ordre et du silence dans les mouvements généraux, à rendre aussi rares que possible les allées et venues individuelles et, pour la sortie de l'école, à grouper les élèves par rangs de quartier accompagnés d'un maître. A l'église, l'attention de l'instituteur maintient les enfants silencieux et recueillis ; pendant l'interclasse, s'il ne reste pas avec eux, il établit un surveillant dont lui-même contrôle le service.

La surveillance pendant les récréations. — Dans les écoles primaires, une courte récréation partage d'ordinaire en deux la classe du matin et celle du soir ; parfois aussi les élèves jouent dans la cour avant le commencement des classes. Comment les jeux seront-ils surveillés ?

1. Sous prétexte de prévenir tout accident, on se garde bien d'étouffer, de contraindre inutilement l'initiative des écoliers.

2. Le surveillant ne laisse pas absorber, accaparer son attention par un enfant ni par un groupe, à l'exclusion de l'ensemble des joueurs.

3. Il organise au besoin un jeu calme pour les enfants faibles ou timides, afin de les protéger contre la joyeuse turbulence de leurs camarades.

4. Il ne permet pas à certains enfants de substituer au jeu des conversations semi-clandestines. Les éducateurs expéri-

mentés en savent les ravages : aux points d'interrogation qu'elles jettent en des âmes candides encore, viennent répondre des confidences troublantes, souvent désastreuses.

Surveillance relative à la fréquentation scolaire. — L'obligation scolaire est une prescription légale; la fréquentation scolaire est la soumission plus ou moins parfaite à ce point de loi. Comment habituer les enfants à l'exactitude sous ce rapport?

D'abord en donnant aux élèves du goût pour l'étude, de l'affection pour l'école, par les moyens qui déjà ont été signalés, puis en tenant un compte exact des absences et des motifs allégués pour les justifier.

Il est sans doute faux de dire que « l'instituteur a la fréquentation scolaire qu'il mérite »; mais l'expérience permet d'affirmer que l'assiduité des enfants sera satisfaisante si les leçons sont intéressantes et pratiques, si dans la classe un cordial esprit de famille unit les élèves au maître et les élèves entre eux, si l'émulation pour l'étude est sagement entretenue.

Un enfant manque-t-il une classe sans que l'instituteur en soit prévenu, on fera prendre le jour même des nouvelles de l'absent. On sollicitera des explications à ce sujet[1], et si l'absence est injustifiée, les parents seront priés de ramener eux-mêmes l'enfant à l'école, où les observations utiles leur seront faites.

IV. — L'ÉMULATION : DEUXIÈME MOYEN D'ÉTABLIR LA DISCIPLINE SCOLAIRE

Parmi les élèves, l'émulation est l'excitation au mieux dans la conduite et le travail. Nous distinguons ici les motifs de l'émulation et ses moyens.

---

[1] Les explications seraient écrites sur un billet envoyé par l'école aux parents.

ÉCOLE DE ....

Les Parents de l'Élève ....
qui n'est pas venu à l'école ....
sont priés de vouloir bien indiquer ci-après les motifs de l'absence :

....

A........................ , le .... 19.....

(Signature des Parents.)

Motifs d'émulation. — Les motifs d'émulation sont les considérations d'ordre moral à proposer aux élèves, moins pour qu'ils surpassent leurs condisciples que pour les engager à se perfectionner eux-mêmes dans la conduite et l'application au travail. Ces motifs sont, pour l'enfant, le désir de répondre à la tendresse dévouée de ses parents, l'amour du bien, et la volonté de l'accomplir parfaitement selon l'ordre, de Dieu.

Par de tels motifs, l'écolier n'est pas excité à *paraître*, mais à *être* réellement studieux et bon. Si l'émulation devient en lui orgueil, vanité, jalousie, la faute en est à ses propres défauts, non aux industries employées par le maître pour le faire progresser.

Moyens d'émulation. — Les moyens d'obtenir en classe une émulation intense et soutenue sont de deux sortes : ceux qui excitent l'effort et ceux qui le récompensent.

Parmi les premiers on range : les places assignées dans la classe, la formation des camps rivaux, les compositions et les examens[1]; — parmi les seconds : l'encouragement, les bons points et bonnes notes, le carnet de correspondance ou livret de notes journalières, les bulletins hebdomadaires ou mensuels, les croix d'honneur, les inscriptions au tableau d'honneur, les récompenses proprement dites et les prix.

Places données dans la classe. — Pour certaines spécialités, on range les élèves par ordre de mérite. On peut alors, chaque fois que l'un d'eux acquiert un avantage sur celui ou ceux qui le précèdent, le placer avant eux.

Ces changements de place ont lieu spécialement dans les dernières classes ou divisions', pour les leçons de lecture et les récitations de poésies. Aux cours supérieur et moyen, ils pourraient être faits chaque mois d'après le résultat général des compositions.

Formation de camps ou groupes rivaux. — Un maître dont l'autorité est bien établie peut répartir ses élèves en deux groupes qu'il fait concourir, ou pour la conduite et le travail, ou pour quelque spécialité. Une solidarité étroite s'établit

---

[1] Il sera parlé des *compositions* et des *examens* à propos des procédés d'enseignement (procédés de contrôle).

entre eux ; l'amour-propre légitime venant en aide à la bonne volonté, tous veulent contribuer au succès commun.

Les deux groupes sont formés chacun d'un même nombre d'élèves ayant à peu près un égal développement intellectuel. La sanction du concours est ordinairement un nombre de points gagnés pour chaque succès et chaque témoignage de bonne conduite, ou perdus pour les insuccès et les blâmes mérités. Les points gagnés sont à l'avoir du camp auquel appartiennent les élèves gagnants.

Ce procédé est efficace si le maître peut en écarter les querelles, les rivalités méchantes, les tricheries et s'il a le talent de choisir, pour *chefs de camps*, des élèves ayant une heureuse influence sur leurs condisciples.

L'encouragement. — Savoir encourager·les élèves est l'une des meilleures ressources pour les diriger et leur faire produire de constants efforts. À l'école, les formes principales de l'encouragement sont la parole d'approbation et l'éloge.

La *parole d'approbation* donne à l'enfant confiance en ses efforts personnels et dans les résultats qu'ils préparent. Elle fait reprendre courage en présence des difficultés. Un effet contraire se produirait si l'écolier sentait que, d'avance, on le croit voué à l'insuccès : « L'homme est ainsi fait, a écrit Pascal, qu'à force de lui dire qu'il est un sot il le croit, et qu'à force de se le dire à lui-même, il se le fait croire. »

L'*éloge* excite le sentiment de l'honneur. Pour qu'il garde toute son action excitatrice, sans danger de vanité pour celui qui le reçoit ou de jalousie pour ceux qui l'entendent, il doit être juste, modéré, peu fréquent, autant que possible collectif plutôt qu'individuel.

Les bons points. — On sait toute l'importance que les jeunes enfants, et leurs parents eux-mêmes, attachent aux *bons points* distribués avec discernement. Les bons points donnent droit à certains privilèges. D'ordinaire ils servent à l'élève pour s'exempter de quelques pénitences encourues : c'est le *rachat*. Dans les classes des jeunes enfants surtout, ils déterminent les croix d'honneur et l'ordre des mentions hebdomadaires ; partout, ils sont la monnaie dont s'achètent les récompenses à la fin de chaque mois ou de chaque trimestre.

Les bons points sont de diverses sortes, que distinguent la

forme et la couleur. Ils récompensent, les uns la bonne conduite et l'application au travail, les autres la récitation des leçons et les devoirs ; certains sont accordés chaque semaine pour l'exactitude, l'ordre et la propreté.

Signalons un double écueil dans la distribution des bons points : s'en montrer prodigue et avilir ainsi leur valeur ; ou bien en être si parcimonieux que les bons élèves eux-mêmes ne peuvent se racheter des fautes ordinaires.

Il est utile que le Directeur de l'école ait à sa disposition des bons points d'une valeur spéciale, pour récompenser les succès dans les examens et compositions.

Bonnes notes. — En certaines écoles, — au cours supérieur principalement, — les bons points matériels sont remplacés par des *bonnes notes* de conduite et de travail. Pour la conduite, l'application au travail, l'interrogation sur les leçons et pour les devoirs, un maximum de points est attribué (6/10, par exemple).

Carnet de notes journalières. — Ces notes peuvent être inscrites chaque jour par le maître, ou mieux par l'enfant lui-même sur un *carnet de notes journalières*, appelé encore *journal de classe* ou *carnet de correspondance*. Chaque jour une page de ce mémorial reçoit, avec l'indication des notes méritées, celle des leçons à étudier et des devoirs à faire.

Les notes peuvent aussi être totalisées, et ne figurer que sur un *carnet hebdomadaire* avec le rang obtenu par l'élève dans la classe ou la division à laquelle il appartient. Le contrôle des parents, par leur signature apposée sur l'un ou l'autre carnet, devient un stimulant efficace pour les enfants.

Parfois l'instituteur écrit sur les carnets des observations destinées aux familles. Ces observations, peu fréquentes, sont rédigées avec tact, prudence, délicatesse et sans exagération.

Graphiques scolaires. — On a essayé de faire tracer par les plus âgés des élèves d'une école, et pendant toute une année, le graphique ou tableau comparatif de leurs notes hebdomadaires. Comme tout autre, ce moyen vaut surtout par l'habileté et la constance du maître qui l'emploie[1].

---

[1] On trouve en librairie des spécimens du *Journal de classe* renfermant, pour chaque mois, deux pages quadrillées sur lesquelles se tracent un graphique pour les leçons et un autre pour les devoirs.

Le *Journal de classe* pourrait contenir un abrégé du *Règlement* de l'école.

Billets hebdomadaires, billets mensuels. — Les *billets* ou *mentions hebdomadaires* peuvent être de trois degrés : *très bien*, *bien*, *assez bien*, selon le total des notes ou des points obtenus par les élèves. Dans les écoles à plusieurs classes, — et ce n'est guère ailleurs que les billets sont en usage, — ils sont distribués par le Directeur.

L'enfant qui, chaque semaine, a mérité le billet *très bien* reçoit à la fin du mois une *mention honorable*, dite aussi *billet d'honneur*. Un *billet de satisfaction* pourrait être donné à des conditions plus faciles.

Croix d'honneur. — Pour qu'elles excitent l'émulation, il faut que les croix d'honneur soient sagement réparties et que le même enfant ne porte pas la sienne trop longtemps. Une croix serait attribuée à deux ou trois spécialités de l'enseignement, et une à la conduite; mais un élève n'en pourrait porter qu'une seule à la fois et durant huit jours. Au port de la croix sont attachés certains privilèges : exemption d'une punition, d'une réprimande publique, ou toute autre faveur au choix du maître.

Inscription au tableau d'honneur. — Pour chaque mois et chaque classe d'une école, on inscrit sur le *tableau d'honneur* les noms des trois ou quatre premiers élèves, sous le rapport de la conduite et du travail. Pendant le mois qui suit l'inscription, les élèves ainsi distingués sont exempts une ou deux fois des pensums mérités. S'ils commettent ensuite une faute notable, ils rentrent dans le droit commun.

Récompenses proprement dites. — Les *récompenses* proprement dites consistent en objets de piété, brochures, objets classiques, donnés chaque trimestre ou chaque mois en échange des bons points obtenus dans les conditions que nous avons dites.

Comment ces récompenses sont-elles attribuées? Tantôt, en commençant par ceux qui ont gagné le plus de points, on laisse les enfants choisir ce qui leur agrée parmi les objets exposés devant eux; tantôt, et pour empêcher des choix trop inintelligents, le maître met aux enchères chacun des objets selon sa valeur relative, et il les adjuge au plus offrant.

Distribution des prix. — Les coutumes locales sont trop diverses pour qu'on puisse rien déterminer de précis à propos de ces distributions.

Il importe que les prix soient répartis avec justice, et qu'on ne les multiplie pas trop (deux par spécialité semblent une mesure suffisante). Les volumes donnés en récompense seront, les uns des récits édifiants, les autres des ouvrages instructifs. En certaines localités la règle fort sage s'est introduite de ne remettre à un même enfant au maximum que deux volumes, dont la valeur dépend des « nominations » qu'il a obtenues dans la proclamation des prix.

V. — LA RÉPRESSION : TROISIÈME MOYEN D'ÉTABLIR LA DISCIPLINE SCOLAIRE

On a dit beaucoup de mal des récompenses et des punitions scolaires : tant que les écoliers ne seront pas plus parfaits que les hommes, on recourra aux unes et aux autres. Les enfants ont des défauts que les bons conseils du maître ne suffisent pas toujours à corriger : la répression s'impose. Quels en sont la nature, les conditions et les modes divers ?

Nature de la répression. — La répression, ou correction, est un acte d'autorité par lequel le maître arrête et parfois punit les manquements à la discipline, afin d'en empêcher le retour et d'obtenir ainsi l'amendement des coupables. C'est à la fois une leçon qui rappelle le devoir, un remède et un exemple. Rousseau et Spencer veulent que les seules répressions aux actes blâmables, commis par les enfants, soient les conséquences naturelles et pénibles que ces actes entraînent. Le système est faux, car ces conséquences ne sont ni assez certaines, ni assez immédiates pour produire un effet salutaire.

Conditions de la répression. — La répression étant une mesure réparatrice et curative, on ne peut l'infliger que pour des fautes certaines, volontaires. Elle doit être proportionnée à la nature de l'infraction, à la malice des intentions connues, à l'âge et au caractère du coupable.

La répression ne devient efficace que si elle est rare et comme accidentelle, modérée, prudente, infligée avec calme et dignité. Punir avec colère est un manque de possession de soi qui entraîne à bien des écarts ; punir trop souvent, c'est faire détester la classe et le maître.

Comment rendre rares les punitions ? — Exercer une vigilance très active ; — n'intimer que les ordres nécessaires ; — avertir avant de punir ; — ne pas faire de menaces irréfléchies ou collectives ; — ne pas demander quelque chose de pénible à un enfant mal disposé, si l'on peut attendre que cessent son emportement ou son dépit ; — ne prescrire aucune tâche si longue ou si difficile que les élèves soient presque mis dans l'impossibilité de s'en acquitter convenablement.

Modes généraux de la répression. — Les modes généraux de la répression, en classe, sont : 1° *l'avertissement,* ou simple rappel de la prescription enfreinte ; — 2° la *réprimande* ou blâme ; — 3° la *menace,* ou annonce d'une punition qui suivrait une faute commise ; — 4° la *punition* proprement dite, ou pénitence.

Avertissement. — L'homme ne se corrige guère que des défauts qu'il se connaît, et il connaît surtout ceux qu'on lui signale. Il en est de même pour l'enfant : d'où l'utilité des avertissements.

Les avertissements utiles sont faits avec bonté, modération. Quelle en peut être la fréquence? Un maître expérimenté tient un juste milieu entre la trop grande indulgence qui ferme les yeux sur toutes les fautes légères, et le rigorisme qui n'en laisse passer aucune, si minime soit-elle, sans la relever par un avertissement.

Réprimande. — La réprimande ou blâme est une admonestation adressée, en particulier ou en public, à un ou plusieurs coupables. Quelques précautions en assurent les heureux effets :

1. Faire la réprimande avec calme, indulgence, supposant, s'il se peut, l'ignorance ou, ce qui est ordinaire, l'étourderie. N'y pas revenir avec une insistance agaçante et tracassière.

2. Parfois un regard attristé ou sévère constitue un blâme suffisant : s'en tenir alors à ce muet reproche.

3. Plus les réprimandes sont pénibles, plus elles doivent être rares, et ne s'adresser qu'à des individus isolés.

Menace. — La menace annonce une punition imminente. On ne menacera donc que pour de justes motifs, et si l'on est sûr de pouvoir exécuter ce qui est ainsi annoncé.

Punitions proprement dites ou pénitences. — Les punitions proprement dites, ou pénitences, constituent dans leur ensemble ce qu'on pourrait nommer le code pénal scolaire. Leur efficacité morale est-elle grande? On en peut douter, à moins que : 1° on ne fasse craindre aux enfants, moins les punitions que les fautes qui les méritent; — 2° on ne les impose en des termes qui touchent le coupable, et le conduisent à se juger plus sévèrement lui-même que le maître ne vient de le faire; — 3° on ne les choisisse en rapport avec la faute commise : mensonge, acte de paresse, de légèreté, d'insubordination; — 4° on ne réusisse à les rendre rares.

Quant à punir uniquement pour « mater », ce peut être nécessaire en certaines circonstances; mais combien regrettable et souvent inefficace !

Il est très moral d'inviter un enfant à indiquer lui-même, après l'aveu d'une faute notable, quelle pénitence elle mérite. Le maître en imposera d'ordinaire une moins forte; parfois il se contentera de la réprimande adressée.

Lorsque l'aveu est particulièrement méritoire, un pardon complet a souvent d'heureux effets, pourvu que le coupable ne soit pas coutumier des mêmes infractions.

Il serait fort éducatif de suspendre en certains cas l'effet d'une punition durant quelques jours, et d'en accorder l'annulation si la conduite du coupable s'est maintenue digne d'éloges durant le sursis.

VI. — LES PRINCIPALES FORMES DE PÉNITENCES

Les punitions corporelles, de quelque nature qu'elles soient, sont formellement interdites. — Les punitions permises sont : le retrait partiel des bons points, les mauvaises notes, la consigne, les pensums, la retenue, le renvoi au Directeur de l'école et l'expulsion.

Retrait des bons points, mauvaises notes. — Le retrait d'un ou plusieurs points est une punition à la fois sensible et non décourageante, pourvu qu'elle soit proportionnée au manquement : elle est sensible, puisque les enfants tiennent à leurs points; non décourageante, puisqu'ils n'ont qu'à se mieux conduire pour en gagner d'autres.

Les fautes ordinaires des élèves peuvent être punies par la *diminution d'une note*, sur le maximum de celles qui leur sont attribuées chaque jour ou à chaque classe. En beaucoup d'écoles, au lieu de diminuer d'un seul coup une, deux notes sur celles qui constituent le maximum, — ce qui devient vite décourageant, — on inflige un ou deux *mauvais points*, dont cinq ou six équivalent à une note. A la fin de la semaine, les notes ainsi perdues peuvent être, en totalité ou en partie, rachetées par des bons points.

Consigne. — Dans les classes de jeunes enfants, l'élève inattentif ou trop bavard est puni de consigne : il se tient debout, — non à genoux, — trois ou. quatre minutes à sa place. S'il récidive, il garde la même posture hors de son banc.

La consigne consiste aussi à priver un enfant d'une partie, mais d'une partie seulement, de la récréation.

Retenues après la classe du soir. — Les retenues après la classe du matin doivent être supprimées, car les écoliers ont besoin d'être libres pour prendre leur repas. D'ailleurs qui les surveillerait alors?

Les retenues après la classe du soir ne sauraient être prolongées au delà d'une demi-heure. Si les élèves renvoyés en retard ne sont pas accompagnés à leur sortie, on devine quels accidents peuvent survenir.

Pensum. — Le *pensum* est un surcroît de travail donné à l'élève, sous forme de pénitence.

Quand c'est la copie d'un texte, le pensum comprend un certain nombre de *lignes*, cinq, dix, vingt, environ. L'abus est facile, fréquent, avec ce genre de punition. Un maître sage ne devrait jamais imposer plus de « lignes » que l'élève n'en peut écrire en une demi-heure de sérieuse application. Alors on pourrait exiger qu'elles fussent très bien faites.

Un pensum plus profitable et moins irritant consiste à recommencer un mauvais devoir, à étudier quelques vers, un fragment de prose. Jamais un éducateur chrétien n'indique à copier, comme pensum, une prière ou un chapitre de catéchisme, de peur de faire prendre en dégoût la religion et la piété.

Il est éducatif de donner au pensum la forme de *devoir de réflexion*. L'enfant coupable répond par écrit à trois ou quatre questions sur la nature de la faute commise.

Enfin on pourrait établir que les élèves inscrits au tableau d'honneur auraient la permission de racheter entièrement leurs « lignes », s'ils ont de quoi y satisfaire, et que, pour les autres écoliers, certaines fautes stipulées ne seraient rachetables qu'à moitié.

Envoi de l'élève au Directeur de l'école. — Après une faute grave, — manque public de respect envers un maître, par exemple, — il est parfois utile d'envoyer le coupable au Directeur de l'école pour lui exposer l'incartade et recevoir une pénitence. Encore ne faut-il recourir à ce moyen qu'avec discrétion.

Exclusion. — L'exclusion temporaire d'un enfant peut être prononcée par le Directeur pour un ou deux jours, jusqu'à ce que l'exclu ait terminé une pénitence à laquelle il se refuse.

A plus forte raison l'exclusion définitive, — mesure regrettable à tant d'égards, — ne saurait-elle être infligée par un adjoint. Le Directeur seul en a le droit, et ne s'y résout que dans les cas extrêmes, désespérés.

CHAPITRE IV

LE DIRECTEUR DE L'ÉCOLE
ET SES ADJOINTS

Entre le Directeur d'une école et ses adjoints existent des relations quotidiennes dont le caractère importe au succès de l'œuvre accomplie en commun. L'entente durable assure à chacun un appui, une force. La mésintelligence produit le malaise général, l'affaiblissement, peut-être la ruine de l'autorité. Un tel désastre, — car c'en est un, — ne saurait être conjuré que par le respect des droits légitimes et la soumission aux devoirs qui s'imposent.

I. — DEVOIRS DU DIRECTEUR D'ÉCOLE

Les devoirs du Directeur sont relatifs au fonctionnement général de l'école, et aux relations qu'il a sans cesse avec les professeurs adjoints.

Le Directeur et le fonctionnement général de l'école. — Si l'école compte plus de trois classes, le Directeur peut n'avoir que la surveillance générale sans classe attitrée. Son école est-elle de moindre importance, il assume avec ses responsabilités de chef celles de professeur. Dans son action générale sur l'école, un sage directeur évite un double écueil : se trop désintéresser des classes qu'il abandonne à la conduite parfois inexpérimentée de ses adjoints, ou s'en occuper au point de gêner l'initiative dont chacun d'eux à besoin.

Au Directeur de l'école reviennent de droit la répartition des classes entre les maîtres, d'après leurs connaissances, titres, goûts et aptitudes; — l'admission, le classement des élèves et leur renvoi; — l'unification des méthodes générales d'enseignement; — le choix des livres classiques, de concert avec les professeurs qui devront s'en servir; — la fixation de l'horaire et des programmes mensuels; — la présidence du conseil des maîtres; — la surveillance générale de l'ordre, de l'hygiène et des pratiques de piété — les relations avec les parents des élèves; — la proclamation des notes hebdomadaires et des résultats des examens; — l'explication annuelle du règlement de l'école; — l'application des punitions réservées; — l'administration financière, en dehors des appointements reçus par les maîtres; — les relations officielles avec les autorités ecclésiastiques et civiles; — la constitution des bibliothèques destinées aux maîtres et aux élèves; — l'organisation des œuvres extrascolaires (mutualités, caisses d'épargne) et des œuvres postscolaires.

A ce propos, trois remarques seulement. Dans les relations d'un Directeur avec les familles, il n'en est pas de plus délicates que les visites où l'on vient se plaindre à lui des procédés d'un adjoint à l'égard d'un enfant. Si les faits allégués sont faux ou exagérés, — ce dont il s'assure d'abord, — il en rétablit l'exactitude avec calme et dignité. L'adjoint est-il dans son tort, le Directeur ne peut sans doute lui donner raison ; mais il présente avec tact des excuses que les plaignants admettent volontiers, du moins comme une preuve de la bonne confraternité des maîtres, puis il promet de faire, au nom des familles, les observations utiles.

En disant que le Directeur est constitué, par ses fonctions mêmes, surveillant général dans l'école, on ne prétend pas qu'il fasse toutes les surveillances au lieu et place des adjoints ; mais ses responsabilités morales et légales ne lui permettent pas de s'en désintéresser. Cette assiduité assujettissante lui donne d'ailleurs une grande autorité morale sur les maîtres et les élèves.

Si les adjoints trouvent, instituée et entretenue par le Directeur, une bibliothèque à leur usage, l'école n'est plus seulement pour eux ce qu'est le bureau pour un employé d'administration, le lieu ordinaire d'un travail obligatoire, mais aussi un foyer de vie intellectuelle et cordiale. La communauté des ouvrages et des revues, l'aide réciproque pour les études, le contact bienveillant du Directeur avec ses auxiliaires, tendent à établir l'unité dans les idées, à fortifier l'impulsion dont la prospérité de l'école est grandement bénéficiaire.

Relations du Directeur avec ses adjoints. — A l'égard de ses adjoints, le Directeur est un supérieur, un modèle, un guide, un ami. Ses qualités naturelles, ses talents et ses vertus sont la condition, le soutien de son ascendant à leur égard. S'il est lui-même titulaire d'une classe, qu'il s'y montre le meilleur professeur, le meilleur surveillant, l'éducateur le plus habile.

Supérieur, il a le devoir de s'assurer que les adjoints enseignent avec méthode et clarté, que la surveillance est faite avec soin, que les devoirs des élèves sont consciencieusement corrigés. Il paraît dans les classes, non pour épier mais pour exciter ; de temps en temps pour y donner une leçon. Quelqu'un pourrait-il se froisser d'un contrôle si raisonnable ? De son côté, le Directeur a besoin de tact, de souplesse, pour rallier les adjoints aux idées qu'il estime meilleures, pour les associer à ses projets et, de leurs volontés diverses, faire un faisceau compact. Sous prétexte d'unité à établir, qu'il ne se montre ni méticuleux ni tracassier; qu'il ne s'offusque pas des idées heureuses mises en valeur par un adjoint, fût-il jeune ou nouveau venu; qu'il encourage les sages initiatives et soit le premier partisan d'un réel progrès. Sa bonté se fera surtout secourable au débutant, à celui dont l'autorité chancelle ou sombre.

Son intervention dans la classe d'un maître peu écouté paraît-elle nécessaire, il est à propos que l'adjoint la réclame lui-même. D'abord le Directeur intervient avec discrétion, puis, s'il le faut, avec une vigueur décisive. Grâce à lui, le jeune maître acquiert expérience et autorité avec le moins de mésaventures possible.

Si des enfants interjettent auprès du Directeur appel d'une décision portée en classe, il écarte tout d'abord les plaintes violentes, grossières; il examine les autres, et ajourne la solution définitive jusqu'à ce qu'il se soit entendu avec l'adjoint discuté.

A la présidence du conseil des maîtres, — ou conférence d'école, — le Directeur amène l'entente commune sur les questions proposées par lui ou par d'autres. Guide, formateur et ami de ses auxiliaires, il se réjouit avec eux de leurs succès. Auprès de tous, il intervient par des décisions et des avis. La mauvaise volonté de quelqu'un se montre-t-elle évidente, il adresse un blâme, mais de préférence en particulier, toujours avec calme et mesure.

II. — DEVOIRS DES ADJOINTS

Les relations des adjoints avec le Directeur de l'école, avec leurs collègues et les parents des élèves sont quotidiennes. Selon les précautions ou le manque de tact qu'on y apporte, elles deviennent agréables ou pénibles.

Relations des adjoints avec le Directeur de l'école. — La raison et le sens chrétien persuadent aux adjoints que la marche normale de l'école exige de leur part un respect sincère du Directeur, une cordiale déférence à ses conseils, une soumission loyale à ses ordres, l'acceptation de ses reproches, assez de confiance pour recourir à lui dans leurs difficultés d'ordre professionnel.

Après l'absence de moralité chez les élèves, rien ne nuit autant à la marche d'une école que le défaut d'union entre le Directeur et le personnel enseignant, surtout si, par d'impardonnables indiscrétions, les écoliers et leurs familles se trouvaient mis au courant de tels dissentiments. Loin donc de se montrer rebelles à l'impulsion reçue, les adjoints assureront l'entier accomplissement, par leurs élèves, des ordres et recommandations du Directeur. Les désapprouver en public, — ne fût-ce que par une parole ou un geste, — serait une inconvenance, un manque de jugement, une attaque indirecte et certaine contre leur propre autorité.

Relations des adjoints entre eux. — La cordialité joyeuse, l'esprit de corps, la bonne confraternité, la tolérance et un affectueux dévouement, font le charme des relations réciproques des adjoints. Il est sans doute inévitable que parfois ils souffrent des oppositions de caractères, des saillies d'humeur, de la divergence dans la manière de concevoir et de réaliser le bien : jamais ces difficultés passagères ne deviendront des prétextes à jalousie, froissements tenaces, rancunes, paroles aigres ou violentes.

Il est si bon à des jeunes gens de causer ensemble de leur profession, de leurs espérances et même de leurs illusions, de mettre en commun leur expérience nouvelle et leurs talents frais éclos ! Au contraire, si l'égoïsme les isole les uns des autres, ils s'affaiblissent par cette désunion, ils se détachent de l'école et peut-être même des fonctions où, d'abord, ils avaient goûté les joies de l'apostolat.

Relations des adjoints avec les parents des élèves. — Bien que les parents s'adressent de préférence au Directeur de l'école, beaucoup désirent connaître les professeurs dont, chaque jour, ils entendent parler. Le maître doit aux parents la vérité sur leurs enfants; mais si elle n'est pas agréable pour eux, il la leur dit avec précaution et indulgence.

La sagesse conseille à l'adjoint de refuser les cadeaux, dont l'acceptation tendrait à restreindre son indépendance. Il se défiera des louanges excessives, car elles sont intéressées et souvent suivies d'amères censures.

Si des parents se montrent très irrités contre leurs enfants, le professeur n'abonde pas dans leur sens, mais il les calme et fait promettre aux coupables de se corriger. A de justes plaintes contre des élèves, à propos de taquineries ou vexations méchantes, le maître répond en s'engageant à les faire cesser au plus tôt. Enfin les récriminations attaquent-elles le professeur lui-même, il les écoute sans mauvaise humeur ni dédain, et il y répond par les meilleures raisons.

IIᵉ PARTIE

L'ENSEIGNEMENT

Ce que nous nous proposons de dire, relativement à l'enseignement, sera exposé dans trois sections : l'*Organisation pédagogique de l'École*, — la *Méthodologie générale*, — et la
Méthodologie spéciale.

Iʳᵉ SECTION

ORGANISATION PÉDAGOGIQUE DE L'ÉCOLE

L'organisation pédagogique de l'école est un ensemble de
mesures qui rendent très fructueux l'enseignement qu'on y
donne.

Elle comprend : 1º la répartition des élèves en *classes* et
en *cours* ; — 2º la fixation des *programmes* appropriés à
chaque cours ; — 3º la rédaction d'un *règlement journalier*,
ou *horaire*, faisant à chaque matière d'enseignement une part
proportionnée à son importance et à l'âge des élèves ; —
4º la détermination des *registres* et *cahiers* qui contribuent
au bon fonctionnement de l'école.

CHAPITRE I

CLASSES, COURS ET PROGRAMMES

I. — CLASSES ET COURS

Nombre des classes dans une école. — Dans une école, le nombre des classes dépend de la population scolaire. Ce qui importe, c'est que les enfants soient groupés selon leurs aptitudes et leurs connaissances acquises, et qu'ils reçoivent des leçons appropriées à leurs moyens intellectuels.

Un maximum de cinquante élèves par classe ne saurait être dépassé, sans produire le surmenage chez les maîtres et la médiocrité des résultats chez les enfants.

Degrés d'enseignement ou cours. — Quel que soit le nombre des classes d'une école, les élèves sont répartis en trois cours ou degrés d'enseignement :

Le cours élémentaire, pour les enfants de sept à neuf ans ;
Le cours moyen, pour les enfants de neuf à onze ans ;
Le cours supérieur, pour les enfants de onze à treize ans.

Les jeunes enfants de six à sept ans forment un cours d'initiation, ordinairement appelé *cours préparatoire,* et les élèves qui veulent continuer leurs études au delà du cours supérieur suivent, en des classes spéciales, des cours *complémentaires.*

Dans une école, le nombre des classes n'est pas toujours en rapport avec celui des degrés de l'enseignement. Il peut se faire qu'une même classe comprenne deux cours différents, comme aussi qu'un même cours soit suivi dans deux classes distinctes. Voici, à titre d'indication générale, comment pourrait se faire la répartition des cours dans une école primaire élémentaire :

Ècole d'une seule classe : { Dans la plupart des cas, il n'est besoin que de répartir les élèves en deux cours : élémentaire et moyen, avec une section préparatoire.

École de deux classes :	1re classe : Cours supérieur et moyen. 2e classe : Cours élémentaire et préparatoire.
École de trois classes :	1re classe : Cours supérieur et moyen. 2e classe : Cours élémentaire (2e année). 3e classe : 1re année du Cours élémentaire et cours préparatoire.
École de quatre classes :	1re classe : Cours supérieur. 2e classe : Cours moyen. 3e classe : Cours élémentaire. 4e classe : Cours préparatoire.
École de cinq classes :	1re classe : Cours supérieur. 2e classe : } Cours moyen. 3e classe : } 4e classe : Cours élémentaire. 5e classe : Cours préparatoire.
École de six classes :	1re classe : Cours supérieur. 2e classe : } Cours moyen. 3e classe : } 4e classe : } Cours élémentaire. 5e classe : } 6e classe : Cours préparatoire.

En réalité, ce n'est pas l'âge d'un enfant qui détermine son classement dans tel ou tel cours, mais bien son degré d'instruction.

Cours préparatoires ou petites classes. — Les cours préparatoires, *ou petites classes*, seront l'objet d'une sollicitude particulière de la part du Directeur, car de leur recrutement dépend, du moins en partie, la prospérité d'une école. Il est même à désirer qu'on ne les confie qu'à des professeurs expérimentés. Le Directeur s'en occupera donc avec grand soin et il en suivra jour par jour le travail. Le premier livre de lecture, la première page d'écriture, la récitation de la première poésie, sont autant d'événements pour la famille : si les progrès sont sensibles, rapides même ; si de plus, grâce aux bons procédés du maître, le jeune élève se plait en classe, l'école est de suite estimée, et volontiers on y envoie les enfants. Dans le cas contraire, les parents se plaignent et les enfants quittent la classe ; son contingent sera peut-être renouvelé, mais sa faiblesse intellectuelle est préjudiciable à toute l'école.

Les enfants ne seront pas retenus trop longtemps aux mêmes exercices. Des leçons courtes et variées, le recours aux procédés intuitifs, des causeries simples et familières, de fréquentes récapitulations excitent l'attention et l'activité intellectuelle du jeune auditoire, facilitent la formation des souvenirs durables, donnent à l'enseignement l'intérêt et la vie.

D'autre part, l'activité physique est un besoin impérieux chez les petits enfants. On leur ménagera donc l'occasion de changer de place, de chanter, de se rendre à la cour de récréation pour y exécuter quelques mouvements d'ensemble.

Aux professeurs des *petites classes*, il faut sans doute le savoir, mais plus encore le savoir-faire qui s'acquiert par l'expérience. Heureux s'ils ont l'art d'intéresser, d'exciter l'émulation, de faire aimer l'école et de la rendre gaie ; la patience pour supporter la légèreté de ces chers petits, le bon sens pour ne pas aller trop vite avec eux dans l'enseignement, l'affection vraie pour gagner leur cœur et l'ouvrir aux salutaires influences de la piété !

II. — PROGRAMMES

Spécialités du programme primaire. — Le programme de l'enseignement primaire élémentaire a pour caractère essentiel d'être pratique, c'est-à-dire de faire apprendre surtout ce qu'il n'est pas permis d'ignorer. Il comprend : l'enseignement religieux et moral ; la lecture et l'écriture, la langue maternelle (grammaire et analyse, orthographe et rédaction), l'arithmétique, le système métrique et ses applications à la géométrie pratique, l'histoire et l'enseignement civique, la géographie, les leçons de choses et les premières notions des sciences, des notions d'agriculture, les éléments du dessin et du chant, les exercices de gymnastique et, pour les jeunes filles, l'enseignement ménager et les travaux de couture.

Le programme s'est beaucoup accru depuis trente ans ; d'aucuns estiment qu'il est trop complexe, surtout parce que la durée de la scolarité tend à diminuer. Mais l'instituteur n'attache pas la même importance à toutes les spécialités ; il regarde comme fondamentales l'instruction religieuse, la lecture, l'écriture, l'orthographe et le calcul.

Répartition des programmes. — D'accord avec ses adjoints, le Directeur de l'école arrête le programme particulier de chaque classe, puis il en fait la *répartition mensuelle* pour toute l'année scolaire.

Cette répartition doit : 1º préciser ce qu'il faut faire étudier dans chaque spécialité ; — 2º ne pas trop charger les. deux premiers mois de l'année, et donner une tâche plus forte pour les mois de décembre à mai, où le travail est plus facile ; — 3º prévoir les récapitulations et les revisions, toujours utiles pour fixer dans l'esprit des élèves les notions essentielles, et parfois indispensables pour continuer avec profit la suite d'un cours.

Au commencement du mois, les maîtres déterminent, d'après leur programme, ce qu'ils ont à enseigner par semaine, et même par jour. Toutefois cette réglementation n'est pas tellement stricte, qu'ils ne puissent s'arrêter plus longtemps sur telles ou telles questions qui le réclament, étant donné la moyenne intellectuelle de leur classe.

Interprétation d'un programme. — Le programme d'une classe ou d'un cours est-il à ce point impératif et limitatif qu'il ne tolère aucun écart ? Non. C'est une direction qu'on interprète selon le milieu et les besoins spéciaux des élèves. Interpréter, c'est, en matière de programme, savoir choisir, adapter, appliquer. Mieux vaut faire étudier moins pour obtenir une plus sérieuse assimilation des connaissances.

Adaptation d'un programme unique aux deux cours d'une même classe. — Il n'y a ordinairement qu'un programme dans une classe qui renferme *deux cours différents*. Pour l'adapter à tous les élèves indistinctement, on emploie autant que possible la leçon collective. D'ailleurs, la plupart des spécialités s'y prêtent très bien. Le fond de la leçon est un enseignement accessible aux deux cours ; on y ajoute quelques remarques, quelques détails, quelques faits, qui instruisent les élèves les plus avancés ; les plus intelligents du cours inférieur en profitent également.

Néanmoins, pour quelques spécialités, l'arithmétique par exemple, le maître fera marcher séparément les deux cours : il donnera donc la leçon aux uns, pendant que les autres seront occupés à un devoir écrit.

CHAPITRE II

LE RÈGLEMENT JOURNALIER

Nécessité, rédaction. — Le *règlement journalier*, appelé encore *horaire* ou *emploi du temps*, est une répartition des heures de classe entre les spécialités du programme, suivant leur importance respective. Chacun des maîtres se fait un devoir d'être ponctuel à suivre le règlement de sa classe : ainsi il se garantit lui-même contre les caprices de l'humeur, ou le zèle immodéré à faire progresser les élèves en telle ou telle matière qui aurait ses préférences. Plus que les exhortations, cette constance dans l'assujettissement à l'horaire est, pour les écoliers, une excellente leçon sur les avantages du bon emploi du temps. Toutefois les indications de l'horaire laissent au maître la latitude d'étendre un peu telle leçon ou de raccourcir telle autre, selon le sujet traité et l'attention des élèves.

Les horaires présentés ici ne figurent qu'à titre d'indications générales ; c'est au Directeur à déterminer celui qui convient à l'école. Pour en fixer les détails, il a égard au plus grand profit des élèves et aux exigences raisonnables de la majorité des familles. Il s'inspire des principes suivants :

1o Disposer la succession des exercices de manière qu'une même faculté de l'élève n'en soit pas surmenée, pendant que les autres demeurent dans une inaction relative. En général, répartir les exercices scolaires d'après des motifs d'ordre physiologique, psychologique et pédagogique.

2o Donner à chaque spécialité un temps en rapport avec son importance éducative, ses difficultés et son utilité locale.

3o Mesurer la durée des exercices d'après l'âge des élèves et leur puissance d'attention : plus ils sont jeunes, plus souvent il faut varier l'objet de leur étude pour éloigner la fatigue, l'ennui, le dégoût.

L'horaire ne prévoit ni les petits arrêts qui rafraîchissent l'attention ; ni les récapitulations si nécessaires, ni les compositions ou les examens. Sur les horaires proposés par notre *Manuel,* ne sont pas indiquées les courtes prières autres que les prières du matin et du soir, parce qu'elles varient suivant les usages locaux.

I. — TYPE D'HORAIRES POUR UNE ÉCOLE DE QUATRE CLASSES

Voici un spécimen d'*Emploi du temps* pour une école de quatre classes, dont la première suivrait le programme du *cours supérieur*.

Messe, à laquelle les élèves assistent en certains jours, autant que possible avant l'entrée en classe. Ils se réunissent directement à l'église.

HORAIRE DE LA PREMIÈRE CLASSE

Matin.

8 *heures.* — Prière du matin et chapelet (une dizaine). — Appel et visite de propreté[1].
8 *h.* 1/4. — Catéchisme.
8 *h.* 3/4. — Histoire ou géographie.
9 *h.* 1/2. — Repos, gymnastique.
9 *h.* 3/4. — Langue française : correction des devoirs, puis leçon et applications[2].
11 *heures.* — Prière et sortie.

Soir.

1 *heure.* — Appel. — Interrogation sur une leçon de la veille.
1 *h.* 1/4. — Arithmétique, géométrie élémentaire. (Leçon et applications.)
2 *h.* 1/4. — Chant ou morceaux choisis (explication et lecture expressive). Une fois par semaine, leçon de politesse.
2 *h.* 3/4. — Repos, gymnastique.
3 *heures.* — Lecture.

---

[1] D'ordinaire, les leçons seront récitées et les devoirs expliqués au début de la classe à laquelle ils se rapportent. Certains maîtres font toutefois réciter le matin ou à 1 heure les poésies ou une leçon qui pourrait prendre un temps trop considérable pendant la classe.

[2] Un jour chaque semaine, la rédaction est préparée, puis faite pendant ce temps ; un autre jour, elle est corrigée en commun.

3 *h.* 1/2. — Écriture. — Deux fois par semaine, dessin de 3 à 4 heures.

4 *heures.* — Sciences [1], puis une brève explication des devoirs à faire pour le lendemain.

4 *h.* 1/2. — Prière du soir et sortie.

HORAIRE DE LA SECONDE CLASSE

Matin.

8 *heures.* — Prière du matin et chapelet. Appel et visite de propreté.

8 *h.* 1/4. -- Catéchisme.

8 *h.* 3/4. -- Langue française.

9 *h.* 1/2. -- Repos, gymnastique.

9 *h.* 3/4. -- Lecture.

10 *h.* 1/4. -- Leçons de sciences.

10 *h.* 3/4. — Écriture ou chant.

11 *heures.* — Prière et sortie.

Soir.

1 *heure.* — Appel. Interrogation sur une leçon.

1 *h.* 1/2. -- Calcul, arithmétique.

2 *h.* 1/4. -- Histoire ou géographie, alternativement.

2 *h.* 3/4. — Repos, gymnastique.

3 *heures.* — Lecture expliquée et lecture expressive ; récitation de textes. Une fois par semaine, leçon de politesse.

3 h. 1/2. -- Écriture.

4 *heures.* --- Dessin, puis une courte explication des devoirs à faire pour le lendemain.

4 *h.* 1/2. — Prière du soir et sortie.

HORAIRE DE LA TROISIÈME CLASSE

Matin.

8 *heures.* — Prière du matin et chapelet. Appel et visite de propreté.

8 *h.* 1/4. — Catéchisme.

---

[1] Plusieurs maîtres préfèrent placer à 4 heures le catéchisme quotidien. Certains des horaires qui suivent sont ainsi distribués.

8 *h.* 3/4. — Langue française.
9 *h.* 1/2. — Repos, gymnastique.
9 *h.* 3/4. -- Lecture.
10 *h.* 1/4. — Leçons de choses.
10 *h.* 3/4. — Écriture ou chant.
11 *heures.* — Prière et sortie.

Soir.

1 *heure.* — Appel et interrogation sur une leçon.
1 *h.* 1/2. — Calcul, arithmétique.
2 *h.* 1/4. — Histoire ou géographie, alternativement.
2 *h.* 3/4. — Repos, gymnastique.
3 *heures.* — Lecture expliquée ; récitation de textes.
3 *h.* 1/2. — Écriture. Une fois par semaine, leçon de poli-
        tesse.
4 *heures.* — Dessin, puis explication des devoirs à faire
        pour le lendemain.
4 *h.* 1/2. — Prière du soir et sortie.

HORAIRE DE LA QUATRIÈME CLASSE OU PETITE CLASSE

Matin.

8 *heures.* — Prière, chapelet ; appel et visite de propreté ;
        interrogation sur une leçon.
8 *h.* 1/2. — Catéchisme.
          (1e Section : Lecture.
9 *heures.* { 2e Section : Copie d'exercices très élémentaires
          (d'orthographe.
9 *h.* 1/2. — Repos, gymnastique.
9 *h.* 3/4. — Exercice d'élocution.
           (2e Section : Lecture.
10 *heures.* { 1e Section : Dessin, ou écriture sur l'ardoise
           (de lettres, mots, chiffres déjà lus.
10 *h.* 1/2. — Exercice de mémoire ou chant alternativement ;
        une fois par semaine, leçon de politesse.
11 *heures.* — Prière et sortie.

Soir.

1 *h.* 1/2. — Appel, visite et calcul oral.
          (1e Section : Lecture.
1 *h.* 50. { 2e Section : Calcul écrit.
          (
2 *h.* 1/4. — Histoire ou géographie, alternativement.

2 *h.* 3/4. — Repos, gymnastique.

3 *heures.* { 1o Section : Calcul.
{ 2e Section : Dessin, travail manuel ou copie.

3 *h.* 1/2. — Explication des principes d'écriture.

4 *heures.* { 1re Section : Leçons de choses.
{ 2o Section : Leçons de choses ou dessin.

4 *h.* 1/2. — Prière du soir, visite de propreté[1], sortie.

II. — TYPE D'HORAIRES (A) POUR UNE ÉCOLE DE TROIS CLASSES

A certains jours, Messe avant l'entrée en classe.

HORAIRE DU COURS MOYEN

Matin.

8 *heures.* — Prière, chapelet (une dizaine). Appel et visite de propreté.

8 *h.* 1/4. — Classe de français : correction du devoir ou interrogation sur une leçon; explication de règles de grammaire et applications.

9 *heures.* — Lecture.

9 *h.* 1/2. — Repos.

9 *h.* 3/4. — Classe d'arithmétique : correction du devoir ou interrogations sur les leçons précédentes. Explication de la question du jour ; applications.

10 *h.* 1/2. — Chant, ou leçon de politesse, ou récitation de textes littéraires.

11 *heures.* — Prière et sortie.

Soir.

1 *heure.* — Appel. Lecture expliquée. — Leçons de choses ou notions de sciences, instruction civique.

2 *heures.* — Classe d'histoire ou de géographie.

2 *h.* 3/4. — Repos.

---

1 Dans les classes de tout jeunes enfants, une visite de propreté serait opportune avant leur renvoi dans les familles.

3 *heures*. — Notions élémentaires de géométrie ou dessin ;
préparation des devoirs et de leçons de mé-
moire pour le lendemain.
3 *h*. 1/2. — Écriture (3 jours); dessin (2 jours).
4 *heures*. — Catéchisme.
4 *h*. 1/2. — Prière du soir et sortie.

HORAIRE DU COURS ÉLÉMENTAIRE

Matin.

8 *heures*. — Prière, chapelet. Appel et visite de propreté.
8 *h*. 1/2. — Classe de français : correction du devoir écrit
ou récitation des règles grammaticales de la
veille; exposition des règles du jour, analyse, courte dictée ; exercices oraux ou
écrits.
9 *h*. 1/2. — Repos.
9 *h*. 3/4. — Classe de calcul : correction du devoir écrit,
ou interrogation sur les définitions et règles
des leçons précédentes; tables de calcul;
exposition et résolution des questions du jour,
avec exercices d'application.
10 *h*. 1/2. — Lecture. — Un jour par semaine, leçon de
politesse.
11 *heures*. — Prière et sortie.

Soir.

1 *heure*. — Appel et visite de propreté. — Chant. — Lecture expliquée et leçons de choses.
2 *heures*. — Classe d'histoire ou de géographie.
2 *h*. 3/4. — Repos.
3 *heures*. — Préparation du devoir écrit et de la leçon de
mémoire. Récitation des textes littéraires.
3 *h*. 1/2. — Écriture (3 jours), dessin (2 jours).
4 *heures*. — Catéchisme.
4 *h*. 1/2. — Prière du soir et sortie.

HORAIRE DU COURS PRÉPARATOIRE

Matin.

8 *heures*. — Prière du matin abrégée, appel et visite de
propreté.
8 *h*. 1/4. — Lecture avec courtes explications.

8 *h.* 3/4. — Exercice de langage et de grammaire; copie ou petite dictée.

9 *h.* 1/2. — Repos.

9 *h.* 3/4. — Calcul : dire, écrire et lire des nombres; apprendre et répéter les tables de calcul; opérations au tableau et sur l'ardoise.

10 *h.* 1/2. — Exercice de récitation. — Chant. — Un jour par semaine, leçon de politesse.

11 *heures.* — Prière et sortie.

Soir.

1 *heure.* — Appel, lecture ou leçon de choses.

1 *h.* 1/2. — Dessin sur l'ardoise. ·

2 *heures.* — Petits récits d'histoire sainte ou d'histoire nationale. ·

2 *h.* 25. — Notions de géographie locale, puis de géographie nationale.

2 *h.* 3/4. — Repos.

3 *heures.* — Lecture et préparation des leçons à étudier hors de l'école.

3 *h.* 1/2. — Exercice d'écriture.

4 *heures.* — Étude et répétition des prières, explication et répétition de deux ou trois questions du petit catéchisme.

4 *h.* 1/2. — Prière du soir, visite de propreté et sortie.

III. — TYPE D'HORAIRES (B) POUR UNE ÉCOLE
DE TROIS CLASSES

A certains jours, Messe avant l'entrée en classe.

HORAIRE DE LA PREMIÈRE CLASSE (COURS MOYEN)

Matin.

8 *heures.* — Prière du matin, chapelet (une dizaine), interrogation sur une leçon, correction d'un devoir ou courte composition. Appel et visite de propreté.

8 *h.* 1/2. — Catéchisme.

9 *heures.* — Lecture expliquée.

9 *h.* 20. — Leçon de langue maternelle[1].
10 *heures.* — Repos. — Histoire ou géographie. — Une fois par
semaine, leçon de politesse à 10 heures et demie.
11 *heures.* — Prière et sortie.

Soir.

(La classe du soir est supposée ne s'ouvrir qu'à une heure et demie.)

1 *h.* 1/2. — Prière, appel. — Chant, lecture expliquée ou
leçon de sciences.
2 *heures.* — Arithmétique et applications, ou notions de
géométrie pratique.
3 *heures.* — Dessin.
3 *h.* 1/2. — Repos.
3 *h.* 3/4. — Écriture.
4 *h.* 1/4. — Explication des leçons et devoirs pour le lendemain.
4 *h.* 1/2. — Prière du soir et sortie.

HORAIRE DE LA SECONDE CLASSE (COURS ÉLÉMENTAIRE)

Matin.

8 *heures.* — Prière du matin, chapelet, appel et visite de
propreté. Quelques interrogations et une correction de devoir, ou une courte composition.
8 *h.* 1/2. — Catéchisme.
9 *heures.* — Lecture.
9 *h.* 1/2. — Dessin.
10 *heures.* — Repos, leçon de langue maternelle.
11 *heures.* — Prière et sortie.

Soir.

1 *h.* 1/2. — Prière, appel. — Chant, lecture expliquée ou
leçons de choses.
2 *heures.* — Arithmétique. — Récitation de poésies.
3 *heures.* — Histoire ou géographie.
3 *h.* 1/2. — Repos.
3 *h.* 3/4. — Écriture.
4 *h.* 1/4. — Explication des leçons et des devoirs pour le
lendemain.
4 *h.* 1/2. — Prière du soir et sortie.

---

[1] Dans cette leçon de langue maternelle se placent l'exercice de rédaction
et le compte rendu de la rédaction précédente.

HORAIRE DE LA TROISIÈME CLASSE OU PETITE CLASSE
(COURS PRÉPARATOIRE)

Matin.

8 *heures.* — Prière, chapelet. Visite de propreté et récitation de leçons.
8 *h.* 1/2. — Catéchisme.
9 *heures.* — Lecture.
9 *h.* 1/2. — Appel et récréation[1].
9 *h.* 3/4. — Écriture, copie.
10 *h.* 1/4. — Deuxième exercice de lecture, puis calcul.
10 *h.* 3/4. — Chant, exercice de récitation ou leçon de politesse.
11 *heures.* — Prière et sortie.

Soir.

1 *h.* 1/2. — Appel, récitation, chant.
2 *heures.* — Lecture et exercices d'élocution.
2 *h.* 1/2. — Calcul oral.
2 *h.* 3/4. — Repos
3 *heures.* — Exercices de mémoire : poésies enfantines, conjugaison des verbes, table de multiplication.
3 *h.* 1/2. — Écriture ou dessin.
4 *heures.* — Calcul, puis explication de la leçon à étudier pour le lendemain.
4 *h.* 1/2. — Prière du soir, visite de propreté et sortie.

IV. — TYPE D'HORAIRES POUR UNE ÉCOLE
DE DEUX CLASSES

HORAIRE DE LA PREMIÈRE CLASSE (COURS MOYEN)

Matin.

8 *heures.* — Prière, chapelet, appel, visite de propreté.
8 *h.* 1/4. — Langue française.
9 *heures.* — Histoire ou géographie, alternativement.
9 *h.* 1/2. — Repos, gymnastique.
9 *h.* 3/4. — Lecture expliquée. — Deux jours par semaine, rédaction ou correction de la rédaction.

---

[1] Les petits enfants ont assez souvent des excuses à leurs retards : l'appel serait bien placé, pour eux, vers le milieu de la classe du matin.

10 *h.* 1/2. — Leçons de choses, instruction civique, politesse.
11 *heures.* — Prière et sortie.

Soir.

1 *heure.* — Appel. Interrogation sur une leçon.
1 *h.* 1/4. — Arithmétique, calcul, géométrie pratique; applications.
2 *h.* 1/4. — Chant ou morceaux choisis.
2 *h.* 3/4. — Repos, gymnastique.
3 *heures.* — Écriture ou dessin.
3 *h.* 1/2. — Préparation des leçons et des devoirs pour le lendemain.
4 *heures.* — Catéchisme.
4 *h.* 1/2. — Prière du soir et sortie.

HORAIRE DE LA SECONDE CLASSE (COURS ÉLÉM. ET PRÉPAR.)

Matin.

8 *heures.* — Prière, chapelet, appel, visite de propreté (on peut la placer avant la sortie).
8 *h.* 1/4. — Langue française : alternativement, un cours reçoit une dictée ou une leçon, pendant que l'autre fait un devoir.
8 *h.* 3/4. { 1re Section : Lecture.
{ 2º et 3e Sections : Copie après explication.
9 *h.* 1/2. — Repos, gymnastique.
9 *h.* 3/4. — Leçon de choses.
10 *heures.* { 2º et 3º Sections : Lecture et calcul alternativement (quand une section lit, l'autre fait du calcul).
{ 1er Section : Dessin ou écriture.
10 *h.* 1/2. — Exercice de mémoire ou chant, alternativement.
11 *heures.* — Prière et sortie.

Soir.

1 *h.* 1/2. — Appel, calcul oral.
1 *h.* 50. { 1re Section : Lecture.
{ 2º et 3º Sections : Calcul écrit.
2 *h.* 1/2. — Histoire ou géographie. alternativement.
2 *h.* 3/4. — Repos, gymnastique.
3 *heures.* { 1re Section : Calcul écrit ou copie.
{ 2e et 3e Sections : Lecture.

3 h. 1/2. — Principes d'écriture.
4 heures. — Catéchisme.
4 h. 1/2. — Prière du soir et sortie.

V. — TYPE D'HORAIRE POUR UNE ÉCOLE D'UNE SEULE CLASSE

Matin.

8 heures. — Prière, chapelet, appel, visite de propreté.

8 h. 1/4.
- Cours moyen.
- Cours élémentaire.
  } Catéchisme.
- Cours préparatoire. } Sous la surveillance d'un moniteur, copie de réponses du catéchisme précédemment écrites au tableau ; — étude ou récitation.

8 h. 3/4.
- Cours moyen.
- Cours élémentaire. } Étude ou devoir.
- Cours préparatoire : Catéchisme.

9 heures.
- Cours moyen.
- Cours élémentaire. } Opérations ou problèmes par écrit.
- Cours préparatoire : Leçon de lecture.

9 h. 1/4.
- Cours moyen.
- Cours élémentaire. } Leçon d'arithmétique et lecture, alternativement.
- Cours préparatoire. } Petites opérations sur l'ardoise, tables de calcul à l'aide d'un moniteur.

9 h. 3/4. — Repos, récréation.

10 heures.
- Cours moyen.
- Cours élémentaire. } Dictée à une division par un enfant, pendant que le maître donne une leçon de grammaire à l'autre. Après la dictée, leçon ; après la leçon, devoir de grammaire ou d'analyse.
- Cours préparatoire. } Petite dictée ou copie au tableau à l'aide du moniteur, puis leçon par le maître.

Le reste du temps est occupé par des récitations à l'aide de moniteurs, le maître interrogeant lui-même tantôt un groupe et tantôt un autre.

11 *heures.* — Prière et sortie.

Soir.

1 *heure.* — Appel, récitation des leçons avec l'aide de moniteurs, ou chant.

1 *h.* 1/4.
Cours moyen.
Cours élémentaire.
Leçon de choses ou dessin.

Cours préparatoire.
Lecture à l'aide de moniteurs. Ce cours suit la leçon de choses, si le sujet le permet.

1 *h.* 3/4. — Histoire ou géographie : leçon commune, puis étude pour les cours moyen et élémentaire. Explications et interrogations pour le cours préparatoire.

2 *h.* 1/4.
Cours moyen.
Cours élémentaire.
Lecture courante et expliquée.

Cours préparatoire.
Dessin avec l'aide d'un moniteur.

2 *h.* 3/4. — Repos, récréation.

3 *heures.* — Écriture : Pendant qu'on explique les principes aux cours moyen et élémentaire, le cours préparatoire écrit sous la surveillance d'un moniteur, puis à son tour il reçoit une leçon sur les principes d'écriture.

3 *h.* 1/2. — Explication des leçons et devoirs pour le lendemain.
Un jour par semaine, correction de la rédaction; un autre jour, leçon de politesse (alors la leçon d'écriture dure 20 minutes).

4 *heures.* — Prière du soir et sortie.

CHAPITRE III

REGISTRES ET CAHIERS SCOLAIRES

I. — REGISTRES A L'USAGE DU MAITRE

Les *registres tenus par le maître* sont : le registre matricule, le registre d'appel, le tableau ou registre des compositions, le journal de classe, les cahiers de préparation de classe et le catalogue de la bibliothèque scolaire.

Registre matricule ou d'inscription. — Le *registre d'inscription* est tenu par le Directeur de l'école. Chaque enfant s'y trouve inscrit avec ses nom et prénoms; le nom, la profession et le domicile de ses parents ou tuteurs; la date de sa naissance et celle de son entrée à l'école.

On y inscrit aussi la date et le motif de sa sortie de l'école, ainsi qu'une appréciation très sommaire, modérée, prudente, de sa conduite et de son travail pendant qu'il a fréquenté les classes.

Registre d'appel. — On se sert du *registre d'appel* pour marquer les absences. Les enfants y sont inscrits par ordre alphabétique; les absences sont indiquées par un trait vertical pour le matin, un trait horizontal pour le soir, et par une croix pour la journée entière. Un signe particulier indique les absences non justifiées. Les motifs invoqués par les parents sont consignés dans une colonne spéciale; ils sont le relevé du billet d'absence, conservé pendant un mois.

Dans les classes peu nombreuses et bien disciplinées, un coup d'œil sur les places laissées vides suffit pour constater les absences : ainsi l'on est dispensé de faire l'appel nominal.

Registre ou tableau des compositions. — La destination du *registre des compositions* indique suffisamment la manière de le préparer et de le tenir. Une première colonne contient, par ordre alphabétique, la liste des élèves; à chaque spécialité, on réserve une large colonne pouvant être divisée en autant de colonnes secondaires qu'on se propose d'enregistrer de compositions (au.moins une par mois).

Les données de ce tableau servent à établir la répartition des prix distribués aux élèves à la fin de l'année scolaire.

Journal de classe et cahiers de préparation. — Le *journal de classe* est un registre sur lequel on indique les leçons à donner dans le courant de la journée, ainsi que les notes et références fournies par une préparation sérieuse de ces leçons. Il fait éviter les hésitations et les pertes de temps, toujours préjudiciables à la discipline et aux progrès.

On peut aussi ne consigner sur le journal de classe que le sujet de la leçon, de la dictée ou de la rédaction, et renvoyer, pour les détails complémentaires, à des *cahiers de préparation de classe*. Ce sont des registres spéciaux que le maître consacre à chacune des spécialités; il les complète et les renouvelle chaque année, selon ses études, ses lectures et son expérience personnelles.

Catalogue de la bibliothèque scolaire. — Il indique le titre des ouvrages, leur provenance et leur nature. Si des prêts sont faits aux élèves, un registre spécial renseigne sur les dates de sortie et de rentrée des volumes.

II. — CAHIERS A L'USAGE DES ÉLÈVES

Nombre des cahiers. — On ne peut fixer le nombre des cahiers différents sur lesquels les élèves rédigent leurs devoirs; c'est au Directeur à prescrire ce qui convient. Trop nombreux, les cahiers se rempliraient très lentement et seraient exposés à se salir avant d'être achevés.

Lorsque les enfants inscrivent sur un même cahier tous les exercices qu'ils ont à faire pendant le jour, ce cahier unique est nommé *cahier-journal* ou *cahier de devoirs journaliers*. Ils peuvent en avoir deux exemplaires : ils travaillent sur l'un pendant que le maître visite l'autre.

Les avantages que présentent les cahiers distincts, au point de vue de la tenue et de la correction, les font souvent préférer au cahier-journal. Pour le cours moyen, ces cahiers distincts sont généralement au nombre de trois ou quatre, et l'on réunit sur le même les spécialités connexes.

Les *cahiers au net* sont-ils nécessaires? Sauf peut-être au cours élémentaire, on préfère s'en passer. Aux cours moyen et supérieur, il faut que les devoirs dits *au brouillon* soient aussi bien faits que s'ils étaient mis au net.

Dans certaines écoles, les élèves du cours supérieur se servent des cahiers suivants :

1º Un cahier pour les divers exercices de langue maternelle qui se font en classe : dictées, analyses, exercices de lexicologie et de phraséologie.

2º Un cahier de rédaction.

3º Un cahier de calcul, pour les exercices faits en classe : problèmes raisonnés d'arithmétique et de système métrique, exercices de tracé géométrique.

4º Un cahier pour les devoirs dans la famille, sur lequel sont faits les exercices de français, les problèmes d'arithmétique, les exercices d'histoire et de géographie. Ce cahier est parfois en double exemplaire, afin d'en laisser toujours un à la disposition du maître qui doit vérifier les devoirs précédemment corrigés en classe.

5º Un cahier d'écriture.

6º Un cahier de dessin.

Cahier de roulement. — Le *cahier de roulement,* commun à toute une classe, est tenu dans plusieurs écoles aux cours moyen et supérieur.

Les élèves s'en servent à tour de rôle, une journée chacun, pour y écrire leurs dictées, rédactions, problèmes, etc. Il remplace, ce jour-là, leurs cahiers de devoirs journaliers et on le corrige de la même manière.

En commençant la classe, matin et soir, l'élève indique sur le cahier de roulement le jour de la semaine avec le quantième du mois. Il y mentionne l'objet des leçons orales qui n'ont pas donné lieu à un travail écrit, de manière que ce cahier puisse renseigner, heure par heure, sur l'emploi du temps de la journée entière. Ainsi, par exemple, entre un sujet de rédaction et un problème d'arithmétique, l'élève écrit : *Une heure et demie, Leçon de lecture dans... Chapitre... traitant de...* A la fin de la journée, le travail est signé, puis remis sur le bureau du maître.

Tenue des cahiers. — Sans doute, de « beaux cahiers » ne constituent pas le plus important des résultats dans une classe; toutefois leur bonne tenue forme les enfants à l'ordre, à l'écriture soignée. — Par ses avis et par des visites régulières, sanctionnées au moyen de bons points ou de bonnes notes, le maître s'efforce d'obtenir :

1º Que tous les cahiers soient très bien écrits, propres, non froissés ni pliés ;

2º Que les écoliers remplissent les pages; qu'ils n'en déchirent ou n'en laissent en blanc aucune ;

3º Qu'ils ne posent pas le cahier directement sur la table en écrivant, mais sur un papier qui le protège, et qu'ensuite le tout soit rangé dans un carton ou une serviette.

IIᵉ SECTION

MÉTHODOLOGIE GÉNÉRALE

La méthodologie générale précise le but et les qualités d'un
bon enseignement; elle en étudie les modes et les procédés.

CHAPITRE Iᵉʳ

GÉNÉRALITÉS SUR L'ENSEIGNEMENT PRIMAIRE

L'école primaire se borne à enseigner les premiers éléments
de l'instruction, le minimum des connaissances qu'il est utile
de posséder. A beaucoup d'enfants, cet enseignement élémentaire suffit; pour d'autres, il constitue une première base,
indispensable à des études plus élevées. Mais la communication de ces connaissances est-elle bien le vrai but de l'enseignement?

I. — BUT DE L'ENSEIGNEMENT PRIMAIRE

En réalité, l'enseignement primaire n'a qu'un but : donner
à l'enfant une formation intellectuelle aussi complète que le
comportent son âge, ses aptitudes et la situation sociale où il est
appelé à vivre.

Dans une école catholique, trois éléments concourent à cette
formation : l'acquisition des connaissances ou instruction,

la culture des facultés, le soin de vivifier l'enseignement par l'esprit chrétien.

L'*instruction* est un ensemble de connaissances précises, progressivement coordonnées, que l'élève s'assimile par un travail personnel. Elle doit aboutir, non à un savoir artificiel, simplement logé dans la mémoire, mais à un ensemble de vérités bien comprises, qui s'organisent dans l'esprit et font en quelque sorte corps avec lui.

Parce que, selon le mot de Joubert, « la formation de l'esprit importe plus que son progrès », l'école formera l'enfant, non pour les examens et les concours, non pour la satisfaction de vanités individuelles ou collectives, mais pour lui-même et la vie sociale. Le maître cherchera donc à rendre le plus éducatif qu'il est possible chacun des exercices scolaires, à enseigner avec toute son âme, pour mieux saisir et façonner l'âme des élèves.

Enfin l'école communique non seulement des vérités d'ordre littéraire et scientifique, mais des connaissances d'ordre moral et chrétien. Une école catholique doit s'y appliquer, sous peine de faillir à sa mission.

II. — CARACTÈRES D'UN BON ENSEIGNEMENT PRIMAIRE

Un bon enseignement primaire est :

Méthodique, par le soin que prend le maître de suivre les méthodes et d'employer les procédés les mieux adaptés aux facultés de l'enfant;

Rationnel plus que mnémonique, c'est-à-dire plus soucieux de développer l'esprit que de meubler la mémoire;

Dogmatique et *positif*, par des affirmations établies, et non par des discussions critiques, très opposées aux vrais besoins de l'enfant;

Mis à la portée des élèves, par le choix et la simplification des notions utiles, le rejet de celles qui encombreraient la mémoire des écoliers sans l'enrichir, et par la variété des exercices scolaires où, le plus souvent, on procédera du concret à l'abstrait, des exemples à la règle;

Coordonné, par le soin de ramener chaque leçon à quelques idées claires, logiquement unies entre elles, et rattachées aux leçons précédentes;

Vivant et actif, par l'entrain et l'ardeur communicative

que le maître donne à sa parole; par le souci constant d'exciter, au moyen d'interrogations, l'intelligence des enfants; par l'art de leur faire chercher, trouver les notions à leur portée, en un mot de les faire coopérer à l'enseignement qu'ils reçoivent;

Lentement progressif, dans l'étude des notions se rapportant à une même spécialité; attentif à fortifier les souvenirs par des revisions, des récapitulations fréquentes;

Pratique, sans prétentions encyclopédiques, mais circonscrit aux notions utiles selon la position sociale des enfants et les besoins régionaux;

Moral et chrétien, par le choix des manuels scolaires, et la préoccupation de faire servir, avec zèle et prudence, les divers exercices à l'éducation des élèves;

Appliqué, c'est-à-dire suivi d'études et de devoirs en rapport avec les leçons données; puis *contrôlé* par des interrogations, des compositions, des examens, et la correction régulière des devoirs.

Ne pouvant développer ici chacun de ces caractères, du moins insisterons-nous sur l'un d'eux : *l'enseignement doit être actif*. Il le devient dans la mesure où le maître réussit auprès des enfants à les faire regarder, réfléchir, raisonner, parler et composer.

Faire regarder par l'enfant, si facilement distrait, c'est développer son pouvoir d'observation; c'est l'habituer à fixer son regard avec attention sur les objets pour en saisir l'ensemble et les détails, afin de multiplier ainsi ses idées et enrichir son vocabulaire. Les leçons de choses, l'explication de gravures murales ou des illustrations des manuels, les exercices de géographie locale, de dessin d'après nature, sont très favorables pour rendre l'enfant observateur.

L'enfant n'associe guère ses idées avec logique; il faut le *faire réfléchir*, le *faire juger*, le *faire raisonner*, oralement et par écrit. Il y éprouve d'abord de grandes difficultés qui s'atténuent peu à peu; ensuite il y prend goût et le sérieux de son caractère s'accroît d'autant. Toutes les spécialités peuvent servir à cette formation active du jugement, mais surtout l'instruction religieuse, l'histoire, l'arithmétique et les notions de sciences.

Faire parler l'enfant, — non le laisser parler, — est l'un des meilleurs services à lui rendre. Plus tard, ce lui sera très utile de savoir exposer clairement et avec force ses propres idées. Cette initiation se fait par les interrogations et les exercices d'élocution.

Il faut aussi, — nous allions dire surtout, — *faire composer*, c'est-à-dire faire développer avec bon sens et agrément quelques idées sur un sujet donné. L'occasion s'en présente dans les devoirs d'histoire ou de morale, et les rédactions proprement dites.

Cet enseignement actif donne les meilleurs résultats et les plus durables. Il est aussi le plus apprécié des enfants : il les fait davantage collaborer à leur éducation intellectuelle, et il satisfait les tendances propres de leurs facultés. On le pratiquera donc, — avec des modifications sans doute, — à l'égard de tous les élèves, même des plus jeunes. Lui seul peut combattre la passivité des uns, l'étourderie excessive des autres, et rendre sérieuse pour tous la première initiation au travail personnel de l'esprit.

CHAPITRE II

MODES ET MÉTHODES D'ENSEIGNEMENT

Nous appelons *modes* les diverses manières de donner l'enseignement aux élèves d'une même classe; — et *méthodes* ou *formes*, la voie suivie par le maître dans ses leçons.

On distingue quatre *modes* appelés aussi *enseignements :* le mode *individuel*, le mode *simultané* ou *collectif*, le mode *mutuel* et le mode *simultané-mutuel*.

I. — MODES D'ENSEIGNEMENT

Mode individuel. — Le maître qui instruit ses élèves en donnant une leçon à chacun d'eux en particulier, leçon à laquelle les autres enfants ne prennent aucune part, suit le *mode individuel.*

Cé mode ne peut être employé que pour une éducation particulière; il a été banni des écoles publiques, à cause de la perte de temps et du désordre qu'il occasionnerait.

Mode simultané. — Le maître enseigne selon le *mode simultané* ou *collectif* lorsque, donnant une leçon, il s'adresse à tous les élèves de la classe. C'est encore à ce mode qu'il recourt si, la classe étant divisée en plusieurs sections, tous les élèves d'une section reçoivent la même leçon, pendant que leurs condisciples s'occupent à un autre travail.

Les avantages attachés au mode simultané sont incontestables, pourvu que le maître ne perde pas de vue chaque élève en particulier et vise à produire le meilleur effet individuel qu'il est possible. L'enseignement est plus rapide, l'émulation plus active, l'étude plus fructueuse.

Mode mutuel. — Le maître suit le mode *mutuel*, ou système de Lancaster, s'il groupe ses élèves en un certain nombre de sections auxquelles il fait donner des leçons par d'autres élèves plus instruits, appelés *moniteurs*. En ce qui le concerne, il se borne à surveiller l'ordre général.

Les inconvénients du mode mutuel, appliqué strictement dans une classe, sont graves : 1º le maître demeure pour ainsi dire un étranger au milieu de ses élèves, en ce sens qu'il n'a pas ou n'a que très peu de rapports avec eux; — 2º les bons moniteurs sont rares, et presque toujours les enfants exerçant ce rôle ne donnent qu'un enseignement puéril et sans valeur éducative; — 3º malgré une surveillance très active, l'influence morale des moniteurs sur les élèves est parfois funeste. C'est pourquoi le mode mutuel, après avoir fait la vogue des écoles lancastériennes, est à peu près abandonné.

Mode simultané-mutuel. — Dans certaines classes nombreuses et comprenant plusieurs cours distincts, le maître est obligé de se faire suppléer pour quelques répétitions par des moniteurs, tandis que, pour la plupart des leçons, il emploie le mode simultané. Ce mode mixte est qualifié de *simultané-mutuel*. Toutefois il est à remarquer que le rôle des moniteurs, dans le mode simultané-mutuel, est différent de celui qu'ils remplissent dans le mode mutuel : ici, ce sont les seuls professeurs; là, ce ne sont que des répétiteurs. Les inconvénients sont donc atténués.

Surtout dans une *école d'une seule classe,* ii est impossible
de donner toujours la leçon aux cours moyen, élémentaire et
préparatoire en même temps. Si l'on y réussit pour l'écriture,
le chant, certaines leçons de choses et l'hygiène, cela n'est
pas pratique pour le français, l'arithmétique, le catéchisme.
D'autre part, le cours préparatoire est incapable d'un travail
personnel : il faut donc recourir aux moniteurs. On leur confie
des exercices de lecture, d'écriture, de copie; quelques dictées, des conjugaisons orales, des récitations; des exercices
de calcul au tableau. En un mot, les moniteurs ne peuvent
utilement que continuer des leçons commencées par le maître,
ou surveiller des exercices d'application déjà expliqués par lui.

Les moniteurs sont choisis dans le cours supérieur à celui
où on les emploie; ils sont préparés avant la classe à leurs
fonctions et surveillés pendant qu'ils les exercent. Le maître
seul donne les leçons proprement dites et, cela va de soi, il
se réserve ce qui touche à l'éducation morale.

II. — LA MÉTHODE ET LES MÉTHODES DANS L'ENSEIGNEMENT

Définitions, distinctions. — En général, on donne le
nom de *méthode* à un ensemble de moyens combinés en vue
d'atteindre une fin précise. Par *méthode en pédagogie,* on
entend les manières diverses d'approprier l'enseignement
à l'état intellectuel des élèves, c'est-à-dire de *donner les
leçons.*

Toute bonne méthode pédagogique doit être active,
attrayante et naturelle. Elle fait agir l'enfant, excite sa curiosité intellectuelle et développe ses facultés en s'adaptant à leurs
lois propres. Elle évite au maître nombre de tâtonnements et
d'insuccès. « Un boiteux dans le droit chemin, dit Bacon,
arrive avant un coureur qui s'égare. »

La connaissance et l'emploi des bonnes méthodes sont nécessaires à l'instituteur pour ne pas dérouter l'esprit de: élèves,
pour leur apprendre à bien apprendre, pour n'aborder les questions que dans un ordre logique, enfin pour mettre à profit le
temps de la scolarité, si court et souvent morcelé dans les
classes primaires.

Il est faux que la meilleure méthode soit celle que, de toutes pièces, le professeur s'est faite à lui-même. D'ailleurs est-ce réalisable? Pour un maitre, la meilleure méthode est une de celles que l'expérience consacre, et à laquelle, par l'exercice, il imprime le cachet de sa propre personnalité. Dans ce cas, il est vrai de dire que les méthodes valent peut-être moins par ce qu'elles sont, que par l'application qui en est faite.

Principales méthodes d'enseignement. — Quant à la vérité qu'elle fait connaître, la méthode est *analytique* ou *synthétique*. — Quant aux élèves auxquels il s'adresse, le maitre procède, soit par la méthode *d'invention* ou de *recherche*, soit par voie *d'exposition* et de *démonstration*. Dans le premier cas, la méthode use beaucoup de l'*intuition sensible*, de l'expérience et de l'induction; dans le second cas, elle suit de préférence une voie déductive.

Un tableau rendra plus claires encore ces distinctions.

Quant à la manière { Méthode analytique ou analyse.
d'aboutir à la vérité. { Méthode synthétique ou synthèse.

Quant aux élèves
à instruire.
{ Méthodes
d'invention
ou de recherche.
{ Intuition sensible (avec un fréquent usage de l'induction).
Méthode socratique.
{ Méthode d'exposition et de démonstration (usage fréquent de la déduction).

Méthode analytique ou analyse. — L'analyse peut s'appliquer aux êtres (matériels ou spirituels); — aux faits (historiques, personnels, ou d'ordre naturel); — aux idées, pour en étudier l'expression, l'enchainement, la valeur scientifique ou morale.

A l'école primaire, l'analyse ne s'attache qu'aux choses concrètes : décomposer des mots en syllabes et en lettres, une phrase en ses éléments, un tout matériel en ses parties; faire énumérer les êtres et objets divers qui se trouvent dans un lieu donné; rechercher dans une lecture les idées principales et les idées secondaires.

Méthode synthétique ou synthèse. — La synthèse complète l'étude analytique : elle reconstitue en un tout les parties que l'analyse avait mentalement dissociées; elle apprend à considérer les ensembles. En voici quelques applications pour l'école primaire : dans une lecture expliquée, après avoir

montré les parties d'une *description* ou d'un *récit*, faire
reconstituer oralement cette description ou ce récit; — après
un exercice de géographie locale dans lequel on aura étudié,
un à un, les divers accidents et particularités du pays, faire
décrire le pays. A l'école primaire, il ne saurait guère, — sauf
pour le catéchisme, — être question que de synthèses groupant
des éléments concrets.

Méthode intuitive. — Parfois les expressions *méthode
intuitive, intuition sensible, enseignement par l'aspect,* sont
rapprochées comme à peu près équivalentes; c'est à tort. Ces
trois termes renferment une idée commune : le recours au
concret pour donner l'intelligence de l'abstrait; mais leur
signification n'est pas identique.

La *méthode intuitive* (du latin *intuitio,* contemplation) est
l'ensemble des procédés par lesquels on donne à l'enfant des
idées claires et comme immédiates, principalement par le
recours aux notions concrètes.

L'intuition est dite *intellectuelle* si l'on fait appel surtout à
la raison, au jugement des élèves, pour les conduire de
l'exemple à la règle, de l'effet concret à sa cause, puis à la
loi abstraite qui le régit.

Il y a intuition *morale* si le procédé s'adresse à la conscience de l'enfant, auquel on expose un fait pour le lui faire
apprécier, en appliquant une règle morale[1].

L'intuition est appelée *sensible* si l'on présente un objet à
voir, entendre, toucher, sentir. La connaissance aura pour
point de départ les sensations diverses, perçues à l'occasion de
l'objet. Ainsi donc *l'intuition sensible* est une application de la
méthode intuitive. Elle cherche à donner au moyen des sens,
— tous à la fois s'il est possible, — la perception directe de
l'objet à étudier. Son application la plus ordinaire est la *leçon
de choses.*

Dans *l'enseignement par l'aspect,* l'intuition sensible se
trouve réduite au seul sens de la vue. C'est l'enseignement

---

1 L'intuition intellectuelle et morale ne serait pas définie, en philosophie,
comme nous venons de le faire pour la pédagogie. En philosophie, on nomme
intuition intellectuelle la perception immédiate d'une vérité, d'un axiome, sans
raisonnement ni discussion; l'intuition morale est la perception immédiate des
axiomes pratiques, ou principes régulateurs de la conscience morale.

par les yeux. Il convient surtout aux cours élémentaire et préparatoire des classes primaires, où il y a si grand avantage à montrer les choses, objet des leçons, en nature ou en reproduction. Les images et gravures, les modèles de dessin, et la plupart des spécimens du musée scolaire sont la matière de l'enseignement par l'aspect.

Cette manière de procéder fixe l'attention, écarte en partie le danger d'un enseignement plus verbal que réel; mais elle risque d'arrêter l'enfant à l'image et de n'être plus qu'un sujet de distraction, d'amusement. L'image, l'objet, doivent être expliqués, car leur rôle est de conduire aux idées.

Méthode socratique ou inventive. — Dans la méthode d'invention, le maître procède par des questions convenablement ordonnées; il fait appel à la sagacité des enfants, il les amène à s'expliquer sur ce qu'ils savent déjà, du moins incomplètement ou confusément.

Autant qu'il se peut, et surtout dans les cours élémentaire et moyen, l'enseignement est donné de préférence sous la forme inventive. Les questions du maître tiennent les jeunes écoliers en éveil, piquent leur curiosité et les provoquent à l'effort intellectuel; elles les habituent au raisonnement, développent en eux l'esprit de recherche et d'observation.

Il est essentiel de remarquer que les *interrogations socratiques*, dont il s'agit ici, diffèrent des *interrogations de contrôle*, qui ont pour but de s'assurer que les élèves ont compris une leçon, retenu un principe ou une définition. Les interrogations de contrôle s'adressent spécialement à la mémoire; les interrogations socratiques ou investigatrices font surtout appel à la réflexion, pour faire trouver et comprendre.

La méthode inventive, employée avec avantage dans l'enseignement élémentaire, n'est pas d'une application aussi facile que la méthode expositive; d'ailleurs elle ne suffit pas comme moyen de progression dans la connaissance. Exclusive, elle transformerait la leçon en une causerie sans intérêt, car on ne peut faire parler un enfant sur ce dont il n'a pas une notion préalable. Aussi les deux méthodes sont-elles employées alternativement dans la même leçon, ou après une étude. C'est la pratique de l'enseignement qui donne au maître une certaine habileté pour passer de l'une à l'autre, suivant le sujet traité et les dispositions des élèves.

Méthode d'exposition ou de démonstration. — Si, pour donner une leçon, le maître en explique la matière sous forme de discours suivi, puis interroge les élèves pour s'assurer qu'ils ont compris et retenu, il emploie la *méthode d'exposition.*

On se sert peu de cette forme expositive avec les tout jeunes enfants ; leur mobilité d'esprit se concilie mal avec l'attention que réclame un exposé, une description, un raisonnement d'une certaine durée. Par contre, on y recourt d'autant plus fréquemment qu'on s'adresse à des élèves plus âgés ; mais l'exposé de la leçon est toujours coupé de questions.

Dans l'usage qu'on en fait, on tient compte des efforts d'attention que raisonnablement on peut demander ; — de la nature de certaines spécialités, qui permettent ou exigent même de donner plus à l'exposition qu'à l'interrogation ; — de l'étendue des programmes, qui réclament des procédés d'autant plus expéditifs que les questions à enseigner sont plus nombreuses: or, mieux que toute autre, la méthode expositive va directement au but.

III. — LE MUSÉE SCOLAIRE

Les diverses collections groupées dans le musée scolaire sont les éléments indispensables des procédés intuitifs. Ces *collections sont formées de spécimens qu'on n'a pas toujours* sous la main, alors qu'on veut les utiliser pour l'enseignement : objets en nature, surtout ceux qu'on a recueillis dans la région ; gravures, images claires, suffisamment grandes et coloriées avec harmonie ; échantillons réduits de machines *et instruments fort simples. Voici les principaux objets que* peut **renfermer** ce musée :

Pour le calcul et la géométrie pratique. — Bâtonnets, petits cubes, boulier; menus objets isolés ou groupés en paquets de dizaines et centaines, pour l'étude des nombres; — principales mesures effectives du système métrique; pièces de monnaie; décimètre cube; feuille de papier mesurant un mètre carré divisé en décimètres carrés; — surfaces planes en carton; solides en bois ou carton; — une balance; — quelques instruments d'arpentage.

Pour la géographie. — Série de cartes et croquis pour la géographie locale, régionale, nationale et générale; — globe terrestre; — collections de gravures et cartes postales représentant des sites et des monuments.

Pour l'histoire. — Gravures, cartes postales, ou vues représentant des personnages historiques, des costumes, armures, statues, monuments, ruines.

Pour l'agriculture. — Collections de plantes, d'insectes utiles ou nuisibles, de petits animaux naturalisés, recueillis dans la région; — collection des principales espèces de terres provenant de la zone agricole où l'on se trouve; collections de céréales et graines; — épis malades et sains; — échantillons en nature pour les greffes et tailles en formes diverses; plans de vergers et potagers; — images ou photographies des meilleures races d'animaux domestiques.

Pour l'hygiène et les notions élémentaires de sciences. — Spécimens de denrées alimentaires; — gravures représentant l'estomac d'un fumeur invétéré, d'un alcoolique, comparé à celui d'un individu sain; — plantes vénéneuses et plantes médicinales de la contrée.
Fil à plomb, niveaux, leviers, baromètres et thermomètres, lampes, tubes, ballons, mortiers et creusets.

Pour le dessin. — Surfaces planes, coloriées ou non; — solides géométriques en bois, carton ou fil de fer; — objets divers en réduction, moulages; — collection de feuilles murales pour le dessin et l'étude des couleurs.

CHAPITRE III

PROCÉDÉS D'ENSEIGNEMENT

La méthode réputée meilleure en théorie produit peu si l'on n'y joint des *procédés* justifiés par l'expérience, adaptés au caractère, aux dispositions du maître et des écoliers.
Par procédés d'enseignement, on entend des moyens pra-

tiques de rendre les leçons plus claires, plus intéressantes et plus fructueuses. Il s'en faut que tous puissent être indiqués. Plusieurs sont plutôt des « trucs » pédagogiques qui valent surtout pour leur inventeur. Parmi les procédés généraux, certains sont employés pendant la leçon : ce sont les *procédés d'exposition;* d'autres s'appliquent aux études et aux exercices auxquels la leçon donne lieu : ce sont les *procédés d'application* et de *contrôle.* Le maître fait choix de ceux dont il sait tirer le meilleur profit.

I. — PROCÉDÉS D'EXPOSITION

Les procédés ordinaires d'exposition sont, avec les procédés intuitifs dont il sera parlé à propos de l'enseignement des diverses spécialités, l'usage du tableau noir et les tableaux synoptiques.

Usage du tableau noir. — Le maître et les élèves font un usage très fréquent du tableau noir ; c'est le livre commun à toute une classe. L'écriture avec ses principes et ses modèles; l'arithmétique avec ses démonstrations et calculs; l'histoire et la géographie avec les tableaux synoptiques, cartes et plans ; la correction de la dictée, de la rédaction et des problèmes, le dessin, toutes les spécialités, en un mot, réclament l'emploi du tableau noir. C'est au tableau noir que, très souvent, les élèves se rendent pour répondre aux interrogations par lesquelles le maître s'assure qu'ils ont compris, étudié, retenu ce qu'il leur a enseigné.

Le tableau noir contribue à rendre concret l'enseignement; par l'attrait, il soutient l'attention des élèves, pourvu toutefois que le professeur ait acquis une certaine habileté dans le tracé des croquis, modèles d'écriture et dessins qu'il y présente.

Tableaux synoptiques. — Les tableaux synoptiques sont des résumés suggestifs qui montrent la coordination logique d'idées se rapportant à un même sujet. Elles s'y trouvent disposées de telle sorte qu'on puisse en considérer l'ensemble presque d'un seul coup d'œil.

Ces tableaux ont pour avantages : de réclamer d'abord une analyse complète du sujet étudié ; — de faire considérer ensuite les notions dans l'ordre simultané, par une vue d'ensemble;

— de montrer les vraies relations entre les notions connexes, et de créer des associations logiques entre les souvenirs.

Les tableaux synoptiques sont particulièrement utiles aux élèves des cours moyen et supérieur. Le maître s'en sert pour disposer au tableau noir le plan de sa leçon, pour analyser une fable, un récit, pour ordonner un exercice d'observation.

On peut aussi, lorsque les enfants sont initiés à ce travail, en prescrire comme devoirs : par exemple, faire analyser sous cette forme une description, une lettre, un chapitre d'histoire ou d'instruction religieuse, une poésie à apprendre.

Projections lumineuses. — On a parfois recommandé les projections lumineuses comme moyen de revision générale, pour les spécialités qui se prêtent à l'enseignement par l'aspect (histoire sainte, histoire nationale, géographie, agriculture). Les séances auraient lieu, non pendant les heures de classe, mais en dehors et sous forme de conférences semi-récréatives. Ce procédé paraît impraticable pour l'école primaire, car il faudrait, soit faire venir les enfants le soir, soit opérer dans une salle où l'obscurité fût faite en plein jour ; trouver des vues intéressantes et variées, appropriées aux divers sujets ; les expliquer, et en même temps assurer la surveillance des élèves pendant la séance de projections. Or ces diverses conditions, et d'autres encore, sont très difficilement réalisables.

II. — PROCÉDÉS D'APPLICATION ET DE CONTROLE

Les procédés d'application et de contrôle sont des exercices oraux ou écrits par lesquels le maître s'assure que les notions enseignées sont comprises et retenues.

Ces procédés sont : 1o l'interrogation sur la leçon du jour ou sur des récapitulations ; — 2o les devoirs écrits et leur correction ; — 3o les compositions ; — 4o les examens.

Interrogations. — Les interrogations de contrôle sont nécessaires : pour permettre à l'instituteur de se rendre compte du travail quotidien et des progrès de ses élèves ; pour donner occasion de redresser les erreurs qu'ils émettent, et de corriger leurs défauts d'élocution ; pour maintenir dans la classe l'intérêt et l'émulation.

C'est un art de savoir interroger; quelques remarques en facilitent la pratique.

Les interrogations du maître. — 1º Toute question doit être claire, courte, circonscrite à un seul objet, relativement facile et mise à la portée des enfants. Il arrive parfois qu'un jeune maitre, après avoir posé une question dont la forme ne le satisfait pas, en adresse immédiatement une seconde, puis une troisième pour la remplacer : cette manière irréfléchie jette le trouble dans l'esprit des élèves.

2º En formulant les questions, le maître a soin de bien prononcer chaque mot, appuyant même un peu sur celui qui exprime l'idée principale.

3º Pour que l'esprit des enfants soit tenu en éveil, il convient que les interrogations se succèdent assez rapidement.

4º Parfois le maître suit l'ordre des tables, en interrogeant les élèves; mais afin de prévenir l'inattention, il adresse le plus souvent les questions tantôt à un enfant, tantôt à un autre, principalement aux plus faibles et à ceux qui paraissent distraits.

5º Pour le même motif, on recommande de poser la question à toute la classe, et d'attendre un instant avant d'indiquer l'élève qui doit y répondre.

6º On évite les formules d'interrogation qui n'exercent pas assez l'intelligence des élèves, celles, par exemple, auxquelles il suffit de répondre *oui* ou *non*.

7º Les interrogations doivent être variées quant à leur forme, et quant à la nature des réponses qu'elles provoquent. Il est préférable qu'elles se suivent dans un certain ordre logique, si elles se rapportent à un même sujet; mais on peut s'écarter de cette règle dans les récapitulations.

8º Les maîtres expérimentés ne manquent pas de poser, à chaque leçon, plusieurs questions sur quelque partie du programme précédemment enseignée : par ces retours en arrière, les notions acquises se gravent mieux dans l'esprit des enfants.

9º Il est utile d'interroger parfois de la manière suivante, principalement sur la géographie et l'arithmétique : trois ou quatre élèves sont envoyés aux tableaux noirs, où chacun résout une question; le premier qui a écrit une solution en donne lecture et dit pourquoi il l'a formulée ainsi; toute la classe ou la division écoute, et la correction se fait en commun.

Faut-il laisser les élèves s'interroger entre eux? — On le peut parfois, et dans les récapitulations seulement : cela met quelque variété dans la classe et l'émulation en profite. Mais on doit craindre les questions banales, obscures, le manque d'exercice vrai pour le jugement des écoliers et, parmi eux, un peu ou beaucoup de désordre. Les maîtres dont l'autorité est bien établie devraient seuls employer ce procédé.

Les réponses des élèves. — 1. Il faut habituer les élèves à ne pas répondre précipitamment, mais à réfléchir auparavant sur la question qui leur est adressée.

2. On les accoutume, sans exagération néanmoins, à faire entrer la question dans la réponse.

3. On exige qu'ils parlent assez haut pour être entendus de leurs condisciples; qu'ils prononcent les mots correctement et sans bredouiller; qu'ils articulent bien et surtout qu'ils parlent avec bon sens et justesse.

4. Loin de tenir opiniâtrément à une forme de réponse plutôt qu'à une autre, on se montre satisfait lorsque celle qu'ils donnent est exacte, précise. On est toutefois plus exigeant sur les termes employés, s'il s'agit de principes et de définitions, surtout pour le catéchisme et l'arithmétique.

5. Puisque, par l'interrogation, on cherche à *faire parler* les élèves, on les laisse exposer à loisir leur pensée sur la question proposée. Le maître se garde donc de trop les aider à s'exprimer, en faisant lui-même une partie de la réponse, ne laissant aux enfants interrogés que la peine de terminer une phrase par deux ou trois mots.

Dans l'appréciation qu'il fait de la réponse obtenue, le maître se demandera : quand elle est entièrement juste, si les termes en sont compris; — quand elle est complètement fausse, si la question a été bien posée, entendue, comprise; — si elle est en partie juste, comment il la fera rectifier. N'obtient-on aucune réponse, il y a lieu d'examiner si le mutisme a pour cause la timidité, la paresse, ou si la question n'est pas au-dessus de la portée intellectuelle de l'enfant interrogé.

Récapitulations. — Pour l'ordinaire, la mémoire des enfants est prompte, mais leurs souvenirs sont fugitifs. C'est par des récapitulations fréquentes et méthodiques qu'on arrive à graver des notions précises dans leur esprit.

Des récapitulations seront placées à la fin de chaque mois, et

plus souvent même si l'âge des enfants l'exige ; — après l'étude
d'une série de questions formant un tout complet, en catéchisme, en histoire, en géographie, en arithmétique ; — à la fin
de l'année scolaire, et cela moins pour assurer le succès d'un
examen, que pour accroître la fixité des souvenirs en ceux des
élèves qui vont quitter l'école.

Au début d'une leçon, il convient d'adresser quelques questions sur la leçon précédente, afin enchainer entre elles les
notions exposées.

Devoirs écrits. — Trop prolongé, l'enseignement oral
épuiserait la santé du maitre ; il ne laisserait chez les élèves
qu'une empreinte fugitive et ne les formerait guère au travail
personnel. S'il est nécessaire de souvent redire les mêmes
choses à l'enfant, il l'est aussi de les lui faire écrire pour
qu'elles se gravent en son esprit. Autre raison, secondaire
celle-là, en faveur des devoirs : dans une classe qui renferme
deux cours distincts, le travail écrit auquel on exerce l'un
permet au maitre de s'occuper de l'autre.

Les devoirs rédigés à l'école ou dans la famille tiennent
une place notable dans l'enseignement. Comment les rendre
très utiles ?

1. Les faire toujours précéder d'explications précises, suffisantes pour que les enfants attentifs ne s'engagent pas dans
une fausse voie.

2. Ne pas y présenter de trop grandes difficultés, ne pas les
imposer trop longs et ne pas anticiper sur le programme à étudier. — Pour les tout jeunes enfants, par exemple, le devoir
consisterait à *faire chercher* et *copier*, dans le livre de lecture, des mots de trois, quatre, cinq lettres ou syllabes ; des
verbes, si l'enfant sait ce qu'est un verbe ; des mots exprimant une action ou désignant un être.

3. Varier les devoirs d'un jour à l'autre. Autant que possible, les choisir tels qu'ils soient en même temps *instructifs*,
éducatifs et intéressants.

4. Exiger que les écoliers les exécutent entièrement, qu'ils
soignent l'écriture et l'orthographe, quelle que puisse être la
nature du travail.

5. Les faire corriger chaque jour, et les visiter régulièrement.

Devoirs à faire hors de l'école. — Que de plaintes ces devoirs occasionnent de la part des maîtres, des écoliers et des parents eux-mêmes ! Faut-il donc y renoncer ? Non ; mais on évitera les choix inintelligents, et l'excès dans la difficulté ou la longueur. A tous autres devoirs on préférera ceux qui constituent une répétition, une application, un résumé de ce qui a été vu en classe. — Comment assurer leur bonne exécution ? Pas d'autre moyen que de beaucoup encourager les enfants et de développer en eux l'amour de l'étude.

Les cours élémentaire et préparatoire n'auront pas de ces devoirs, mais seulement des leçons à étudier dans la famille.

Correction des devoirs. — Le plus possible, ce sont les élèves qui corrigent eux-mêmes leurs devoirs ; le maître visite chaque jour les cahiers et *vérifie* ces corrections. Cela est indispensable.

Les élèves modifient leur propre travail d'après une *correction collective*, qui est, ou orale, ou écrite au tableau noir. Un enfant, désigné par le maître, fait au tableau une partie du devoir donné ; puis, au moyen d'une série d'interrogations, on en corrige les fautes. Les élèves n'ont plus alors qu'à rectifier leur propre travail, selon ce qui vient d'être écrit devant eux. — Si le maître doit demander le nombre des fautes faites, celui des réponses ou des problèmes exacts, les élèves corrigent au crayon leurs propres devoirs : la vérification est facile et il y a moins de danger pour la tricherie.

Ce procédé de correction collective s'applique aux exercices grammaticaux et lexicologiques, à la dictée, aux opérations d'arithmétique et, dans les cours élémentaire et moyen, parfois à la rédaction.

Visite et appréciation des devoirs. — La visite des devoirs par le maître porte sur le travail et sur la manière dont il a été corrigé par l'enfant lui-même. Le visa consiste en une note appréciative (de 1 à 5 ou à 6), et parfois en une annotation, courte, précise, toujours convenable, quelle que soit la négligence avec laquelle le devoir est rédigé.

Compositions. — Les compositions sont une forme d'interrogation qui exige des réponses écrites. On a dit qu'elles entraînent parfois des inconvénients : fatigue de la préparation, rivalités, déloyauté ; ne peut-on y remédier ? Leurs avantages sont tels, relativement à l'émulation, que la pratique vaut d'en être maintenue.

Les questions formant une composition ne doivent pas être, ni si nombreuses qu'il soit impossible de les résoudre toutes dans le temps donné, ni si difficiles qu'elles soient abordables aux seuls premiers élèves de la classe. On les choisit telles que la plupart des élèves puissent, sinon y répondre parfaitement, du moins écrire quelque chose d'exact sur chacune; qu'elles exigent d'ordinaire, non pas seulement un mot ou une date pour réponse, mais au moins une phrase, et le plus souvent un développement de plusieurs phrases.

On veille à ce que les enfants ne copient pas les uns sur les autres, et ne se servent pas clandestinement de livres ou de notes. Par précaution, on met entre eux quelque distance, ou bien on les range de manière que les concurrents rivaux soient rapprochés l'un de l'autre.

Les compositions sont appréciées : en comptant les fautes, s'il s'agit d'orthographe, et en diminuant, d'après leur nombre, le maximum des points; — en affectant un maximum de points à chaque réponse pour l'arithmétique, l'histoire, la géographie; — en comparant les feuilles entre elles, s'il s'agit d'écriture ou de dessin, et en les appréciant par un chiffre.

Examens. — Il serait utile que, chaque mois, le Directeur examinât les écoliers sur les principales spécialités du programme. Et parce que les compositions, jointes aux interrogations, contribuent à renseigner plus exactement sur un élève, l'examen comporterait aussi quelques devoirs écrits, corrigés par l'examinateur lui-même.

Pour ce qui est des leçons de mémoire, on ne se borne pas à faire réciter simplement ce que les élèves ont appris, mais on leur adresse des questions variées, pour s'assurer qu'ils comprennent ce qu'ils disent.

Afin de diminuer la fatigue causée par un tel examen, et de gagner du temps, l'examinateur pourrait écrire d'avance les questions sur des billets tirés au sort par chaque élève, au moment d'y répondre.

Examens oraux de fin d'année scolaire. — Durant les deux mois qui précèdent immédiatement les examens que les élèves subissent devant un jury, — certificat d'études ou autre,

— il est utile d'établir des examens oraux pour les candidats.

Le Directeur indique un programme récapitulatif pour chaque semaine ; au jour fixé, les candidats sont interrogés par un maître non chargé de leur classe. Les enfants s'habituent ainsi à répondre ; ils sont moins désorientés en présence d'examinateurs inconnus.

CHAPITRE IV

LA LEÇON DU MAITRE

Comment le maître doit-il préparer ses leçons et les donner ? Quel usage faire des livres scolaires ? — En réponse à ces questions, nous grouperons quelques conseils, déjà connus sans doute, mais toujours opportuns à redire.

I. — PRÉPARATION DE LA LEÇON

Nécessité de la préparation. — Une leçon qui n'est pas préparée est ordinairement mal donnée. Elle n'a guère d'attrait pour le maître, qui alors s'abandonne à la routine, ni d'intérêt pour les élèves, qui cherchent leur plaisir dans la dissipation. S'agit-il d'une classe à plusieurs cours, les inconvénients sont encore plus graves. Si tout n'y est pas prévu, l'indécision du maître fait perdre le temps aux élèves, et du désœuvrement naît bientôt le désordre.

Les ouvrages désignés sous le nom de *livres du maître* aident, mais ne suppléent pas à la préparation de la classe ; il en est de même des journaux pédagogiques. Parmi les matériaux qu'on y trouve, il faut choisir ce qui convient au milieu où l'on exerce, pour l'approprier par un travail spécial d'adaptation. Ajoutons que ce n'est pas au moment de les donner que le maître avisé prépare ses leçons. La classe est pour lui l'occupation, la préoccupation principale ; il la prépare à peu près constamment.

Nature de la préparation. — La préparation spéciale ou prochaine d'une leçon comprend : la préparation du sujet, la préparation pédagogique et la préparation matérielle.

La *préparation du sujet* a pour but de le choisir d'après le programme de la classe et la répartition mensuelle ; — d'en limiter l'étendue, suivant l'intelligence des élèves et le temps que doit durer la leçon ; — d'en préciser tous les détails et de l'enchaîner avec ce qui a fait le sujet de la leçon précédente.

Une dictée ne peut être prise au hasard ; la solution d'un problème doit être prévue, si l'on veut éviter les tâtonnements et les obscurités au moment de la correction. Les leçons d'histoire et de géographie réclament, de la part des maitres même les plus instruits, une préparation immédiate : c'est un tracé à faire, auquel il est utile de s'exercer ; un récit historique qu'il est bon de relire, dont les détails donnent de l'intérêt à l'enseignement, fixent dans l'esprit des élèves tel ou tel passage de leur manuel.

Le résumé de ce travail se trouvera consigné, sous forme de plans succincts ou d'esquisses, dans le *journal de classe*, ou sous forme de plans détaillés, dans les *cahiers de préparation de classe.*

• La *préparation pédagogique* consiste, pour le maitre, à déterminer par quelle méthode, quels procédés et quelles industries il donnera la leçon, étant connues les aptitudes, les dispositions de ses élèves, et quelles applications il en pourra prescrire.

La *préparation matérielle* a pour fin de rassembler les objets qui serviront pendant la leçon : gravures à expliquer, croquis et cartes, spécimens pour les leçons de choses, modèles de dessin, de manière à n'être pas obligé de quitter la classe, faute d'avoir suffisamment prévu ce dont on aurait besoin.

II. — LA LEÇON PROPREMENT DITE

Bien donner les leçons constitue le grand talent d'un maitre, et ce talent s'acquiert surtout par l'expérience. Il faut pour cela bien savoir ce que l'on enseigne, être méthodique dans l'exposé qu'on en fait, et beaucoup interroger les élèves.

La leçon méthodique. — Un maître est méthodique dans une leçon :

1º S'il y suit un ordre logique, depuis le point de départ jusqu'aux applications ; — 2º s'il donne peu de principes à la fois, mais s'il les explique clairement et en fait faire des applications immédiates ; — 3º s'il s'assure, après l'exposé d'une partie du sujet, qu'il a été compris ; — 4º s'il cherche à tirer le meilleur parti possible de chacun des exercices scolaires, non seulement pour la spécialité dont il s'occupe, mais encore pour les autres matières du programme. Ainsi, il exige que les élèves s'appliquent à l'écriture en rédigeant tous leurs devoirs ; qu'ils évitent les fautes d'orthographe en transcrivant des problèmes, un résumé de leçon, en faisant une composition quelconque.

Les interrogations pendant la leçon. — Quelle que soit la méthode employée, il est nécessaire d'interroger fréquemment pendant une leçon. En vain les élèves seraient-ils silencieux et garderaient-ils une attitude correcte : si le maître les réduit à un rôle passif, s'il ne provoque pas leur activité intellectuelle, leur attention se lasse, leur esprit s'égare et l'enseignement demeure à peu près stérile.

Alors même que la leçon ne serait pas donnée par la méthode inventive, elle est coupée d'interrogations *suggestives* qui font collaborer les enfants à l'exposé du sujet. On leur demande le sens d'un mot, une explication, le rappel d'un fait ou d'une notion en rapport avec ce que l'on dit. Ainsi la leçon devient intéressante, familière et vivante.

Le langage du maître. — Pendant la leçon, le langage du maître doit être correct, simple, clair, calme, sans la précipitation qui fatigue et déroute, ni la lenteur exagérée qui provoque la somnolence et les distractions.

Le langage est clair si les expressions sont à la portée des élèves, et si l'on explique toutes celles qui seraient nouvelles pour eux. Souvent un maître croit n'employer que des termes connus des enfants, alors qu'il demeure incompris parce qu'il se sert de mots dont le sens reste confus pour eux. Il lui aurait été utile de se figurer les élèves deux ans plus jeunes qu'ils ne sont en réalité, et de régler son langage d'après cette supposition.

Si la parole d'un maître est froide, monotone, les élèves se laissent facilement distraire; au contraire, la variété des intonations, une certaine animation, l'entrain, excitent l'intérêt.

Marche d'une leçon aux différents cours. — Une leçon comprend d'ordinaire, mais non obligatoirement, cinq parties :

1. La revision de ce qui a fait l'objet de la leçon précédente, et cela est nécessaire, autant pour enchaîner les notions qui composent le programme, que pour les graver dans l'esprit des enfants. On procède à cette revision, soit par des interrogations, soit par la correction du devoir qui a servi d'application à la leçon.

2. L'exposition de la leçon du jour, selon la méthode et avec les procédés choisis.

3. Le résumé final que font oralement les élèves, pour reproduire l'essentiel de la leçon.

4. L'indication de l'étude à faire dans le manuel.

5. L'explication sommaire d'un devoir à rédiger, choisi en rapport avec la leçon.

Cours préparatoire et élémentaire. — Avec les jeunes enfants, les leçons consistent en exercices très courts (vingt minutes), variés, propres à éveiller l'esprit pour le préparer à l'acquisition des connaissances. Le maître multiplie et varie les interrogations et recourt aux procédés qui rendent concret l'enseignement.

Le devoir rédigé en classe, excepté s'il s'agit de calcul, est assez souvent la copie de ce qui a été écrit au tableau ou lu dans le livre de lecture pendant la leçon, mais en ayant soin, pour fixer l'attention des élèves, d'employer différents procédés, par exemple, pour le cours préparatoire : faire écrire les mots de deux, de trois syllabes; faire placer sous chaque mot un chiffre indiquant le nombre de syllabes ou de lettres; — pour le cours élémentaire : faire copier et désigner par un trait ou une initiale les noms, les mots masculins, les verbes.

Cours moyen. — Par la leçon le maître se propose deux résultats : 1° développer les facultés de l'enfant au moyen de très fréquentes interrogations; — 2° exposer les différentes questions du programme, au moyen d'explications toujours simples, appuyées sur beaucoup d'exemples.

Au lieu d'aller de la définition et de la règle à l'exemple où

ces formules abstraites sont appliquées, on a soin de faire
sortir la règle et la définition de plusieurs exemples expliqués.

En théorie, la leçon au cours moyen dure trente minutes :
on en pourrait consacrer vingt à la leçon proprement dite, et
employer le reste aux interrogations de contrôle et à l'indication des exercices d'application.

Cours supérieur. — On suit, pour les leçons, la marche
exposée plus haut; mais on cherche à familiariser davantage
les écoliers avec les notions abstraites. Dans ce but, on part
plus souvent de la règle, expliquée avec soin, pour présenter
ensuite et faire découvrir des exemples où cette règle se
trouve appliquée.

La leçon commune. — On appelle *leçon commune* celle
que le maître donne simultanément à deux cours. Rarement la
leçon commune s'adresse aux trois cours, réunis dans une
école à une seule classe.

La leçon commune offre de grands avantages, puisqu'elle
économise le temps, diminue la fatigue du maître et rend plus
facile la surveillance; mais il s'en faut qu'elle soit toujours
pratique, que la matière y soit proportionnée à l'ensemble de
ceux qui l'écoutent. Elle peut être adoptée pour l'instruction
morale et religieuse, les notions de sciences, l'histoire, la géographie et l'écriture.

Quelques industries la rendent plus fructueuse : s'adressant
à tous les élèves, insister sur les idées principales du sujet
traité; — prévenir quand certaines explications s'adressent
aux plus avancés des enfants; — soutenir l'intérêt par des
questions successivement appropriées aux divers groupes; —
faire étudier chaque cours en des manuels distincts.

Les résumés de leçons. — Les résumés de leçons, disent
ceux qui les conseillent, donnent un relief plus accusé à ce
que renferme le livre et à ce que le maître y a modifié. Nous
croyons que le mieux serait d'en faire rarement et de très
courts. Dans ce but, on choisit des manuels où les résumés
sont bien composés, et assez complets pour que des additions
et modifications deviennent à peu près inutiles. Dicter des
résumés, c'est distraire un temps précieux, mieux employé à
l'étude ou à des exercices d'application.

Examen personnel après la leçon. — Un maître sérieux porte en ses propres actes l'esprit de réflexion qu'il cherche à développer en ses élèves. Scrutateur de la conduite d'autrui, il l'est d'abord de la sienne. Lui conseiller de s'examiner très souvent lui-même sur la manière dont il donne ses leçons, n'a donc rien que de naturel. Comment se perfectionner dans son art, s'il ne se rend pas un compte précis de son action professorale? et comment s'en rendre compte, s'il ne revient, par la pensée, sur ce qu'il a dit en classe, et sur la manière dont il l'a dit?

Voici quelques questions qu'il pourrait se poser, surtout relativement aux leçons dont il serait d'ordinaire moins satisfait :

La leçon était-elle suffisamment préparée?

Était-elle prise dans le programme mensuel de la classe? adaptée au développement intellectuel des élèves? bien reliée à la leçon précédente?

Quelle part légitime ai-je faite à l'exposition? aux interrogations?

Ai-je suffisamment fait parler les enfants? exercé leur jugement?

La leçon était-elle moralement et socialement éducative?

Les exercices d'application, études et devoirs, étaient-ils bien choisis, et en rapport avec la leçon?

III. — LES MANUELS SCOLAIRES

Les manuels sont nécessaires. — Sans doute le véritable enseignement est la leçon du maître; mais cette leçon finie, comment l'élève étudiera-t-il, sans manuel, ce qui en a fait l'objet? Dans les notes qu'on lui aura dictées? Le système n'est pas applicable pour les classes primaires. C'est exposer l'enfant à n'étudier que les résumés, à se contenter d'une sorte de *comprimé* historique ou géographique, d'un *savoir en pilules,* comme on l'a dit, non sans justesse.

Quels manuels choisir? — Quant aux doctrines morales et religieuses, l'école catholique exclut les manuels « neutres », et à plus forte raison tous ceux où l'impiété, habilement déguisée, constitue un danger pour la foi des enfants. Quant à la valeur pédagogique, il faut préférer les ouvrages écrits avec simplicité, clarté, intérêt; les ouvrages méthodiques, mis à la portée des élèves, illustrés avec goût si la matière le comporte, adaptés à la classe et aux cours auxquels on les destine.

Comment se servir des manuels? — Les manuels sont un secours, un guide pour le maître : il n'y asservit pas son enseignement. Il en explique, interprète et anime le texte; il le simplifie ou le complète au besoin, mais s'en tient toujours assez proche pour que les enfants y retrouvent sans peine la substance des leçons orales.

Les termes du manuel ont besoin d'être expliqués quant à leur sens littéral : que de fois des enfants apprennent des mots qu'ils n'entendent pas! Si le manuel est illustré, les gravures deviennent l'objet d'exercices d'observation, d'élocution et même de rédaction : c'est en partie leur raison d'être.

CHAPITRE V

LES EXERCICES DE MÉMOIRE

Il fut un temps, — pas très éloigné, — où les exercices de mémoire étaient impitoyablement condamnés par un certain nombre de maîtres. Sans doute, un réel abus existait dans les études textuelles, mais, sous prétexte d'y remédier, il ne fallait pas les proscrire. Depuis, on a compris qu'une sage mesure, en cela, conduit à la solution véritablement pratique.

I. — CONSIDÉRATIONS GÉNÉRALES

Nature des exercices de mémoire. — Par exercices de mémoire, on entend les études prescrites aux élèves après les leçons orales, et l'explication du texte des manuels qui sont à leur usage. Tantôt ces études sont littérales ou textuelles ; tantôt elles n'ont pour objet que les idées exprimées et leur enchaînement.

Les élèves apprennent *à la lettre* le texte des prières, du catéchisme diocésain, du saint Évangile, et les morceaux littéraires qui servent d'exercices de diction. Ils reproduisent *presque littéralement* les règles et les définitions en grammaire, en arithmétique et en géographie, ainsi que les sommaires ou résumés d'histoire, d'instruction civique et de leçons de choses. Pour les études non textuelles, ou *quant au sens,* il suffit que les enfants répondent avec exactitude aux questions, en exposant les idées développées dans leurs manuels.

On évite de donner aux enfants, pour les apprendre textuellement, des leçons trop longues et trop difficiles; peu à peu on augmente la longueur ou la difficulté, sans toutefois excéder.

Importance des exercices de mémoire. — Bien que l'essentiel, dans l'enseignement, soit de former le jugement des élèves, il faut néanmoins attacher une importance convenable aux exercices de mémoire. La mémoire se développe vite chez la plupart des enfants, surtout par des exercices gradués, variés et intéressants. On profite de cette disposition, mais on ne fait apprendre *textuellement* que ce qui est utile. L'étude *quant au sens* habitue l'enfant à s'attacher surtout aux idées, à les suivre dans leur enchaînement logique, à les exposer avec méthode et même avec un certain cachet personnel.

L'étude des leçons est d'une absolue nécessité : un enseignement purement oral fatiguerait le maître à l'excès et presque en pure perte, car il ne laisserait dans l'esprit des élèves que des souvenirs vagues et fugitifs.

II. — ÉTUDES TEXTUELLES OU LITTÉRALES

Explication des leçons à étudier littéralement. — Il est indispensable de toujours faire précéder l'étude par des explications relatives aux *idées* et au sens des mots un peu difficiles. Des questions permettent de s'assurer ensuite que les enfants ont compris ce qui a été expliqué.

Procédé pour étudier littéralement un texte. — Le maître fera remarquer aux élèves que la bonne manière d'étudier n'est pas de lire la leçon d'un bout à l'autre, et de la recommencer sans cesse. On peut leur conseiller de procéder ainsi :

1. Lire tout le texte deux ou trois fois avec une grande attention, pour en saisir l'idée générale et le plan ;

2. Apprendre de mémoire d'abord un premier ensemble de propositions où se trouve développée une idée;

3. Quand on sait bien ces quelques lignes, en apprendre encore autant et les réunir aux précédentes ;

4. Lorsque, par ce moyen, on est parvenu à retenir un alinéa, une strophe, les répéter plusieurs fois sans regarder **le livre, et passer à un autre fragment pour l'étudier de la même manière.**

Il convient de ne pas laisser étudier à haute voix dans les classes. Sans doute, les enfants apprennent plus vite en articulant les mots qu'en lisant seulement des yeux ; mais pour le bon ordre, on leur recommande de prononcer sans trop se faire entendre.

Étude textuelle des leçons, dans les petites classes. — Lorsque les enfants ne savent pas suffisamment lire pour étudier eux-mêmes, soit les prières, soit les autres leçons, on les leur fait apprendre par l'une des formes suivantes du *procédé auditif,* après que le texte a été bien expliqué.

1. On réunit en groupe les écoliers qui apprennent la même prière, la même poésie, les mêmes réponses d'histoire ou de géographie ; le maître ou un moniteur en récite une petite partie, cinq ou six mots par exemple, que tous répètent ensemble deux ou trois fois, lentement et distinctement ; lorsqu'ils les savent bien, le maître ou le moniteur y ajoute quelques autres mots formant une nouvelle proposition, et il fait répéter le tout de la même manière.

2. Au lieu de faire répéter de suite par tous les élèves chacun des éléments étudiés, plusieurs maîtres les font d'abord dire par les enfants les plus intelligents, puis par tous à la fois, enfin par quelques-uns des plus faibles.

III. — ÉTUDE DES TEXTES CHOISIS

Au nombre des exercices de mémoire que l'on propose aux élèves dans toutes les classes, il faut placer l'étude des morceaux littéraires : fables et poésies enfantines, pour les commençants ; fragments en prose ou en vers, pour les élèves plus avancés.

Si les morceaux sont choisis avec discernement, et bien à la portée des enfants qui les apprennent, cette étude est très avantageuse. Elle enrichit le vocabulaire, orne la mémoire, suggère des pensées délicates et nobles, et fait retenir des phrases correctement construites. La diction expressive, qui accompagne la récitation de ces textes, habitue l'enfant à parler avec aisance, naturel et distinction.

Avec les tout jeunes élèves, on recourt d'ordinaire au procédé auditif, comme il est dit au paragraphe précédent. Dans les autres cours, le maître commence par lire le texte emprunté à l'un des manuels qu'ont en main les écoliers. Il l'explique quant aux idées et aux mots[1] ; il en fait lui-même une lecture expressive, divisée en fragments, puis répétée par plusieurs élèves.

---

[1] Dans la *Méthodologie de la Langue maternel'e*, voir la méthode de *Lecture expliquée* et d'*Explication des textes littéraires* (chap. V).

IIIᵉ SECTION

MÉTHODOLOGIE SPÉCIALE

La méthodologie spéciale ou particulière traite de l'enseignement des spécialités inscrites au programme primaire. Elle indique pour chacune les procédés généraux qui conviennent aux divers cours, la marche des leçons, quelques-unes des difficultés qui se rencontrent et la manière de les résoudre.

CHAPITRE Iᵉ

ENSEIGNEMENT DE LA RELIGION

Dans une école catholique, l'enseignement de la religion comprend le catéchisme et les prières, l'Évangile et l'histoire sainte, ainsi que des développements spéciaux sur certains points de morale.

I. — DIRECTIONS GÉNÉRALES SUR LE CATÉCHISME

Importance du catéchisme. — Pour former les enfants à la vie chrétienne, il est indispensable de les instruire sérieusement des vérités dogmatiques et des vérités morales que renferme le catéchisme. De fortes convictions, une foi profonde et simple, sont la meilleure sauvegarde contre les sophismes, les préjugés, les préventions qui altèrent ou détruisent l'esprit chrétien dans les âmes.

Le but des leçons de catéchisme est : 1º de communiquer aux enfants les connaissances indispensables au salut éternel ; — 2º d'ajouter à ce minimum, autant que le permettent les dispositions intellectuelles de ceux auxquels on s'adresse ; — 3º de faire aimer la religion et tout ce qui s'y rapporte ; — 4º de faire mettre en pratique ses préceptes.

Puisque telle est l'importance du catéchisme, on ne négligera rien de ce qui peut assurer le succès de cet enseignement : préparation consciencieuse, recours aux industries qui répandent dans les leçons l'intérêt et la vie, explication de gravures murales, récapitulations et revisions, examens et compositions.

Préparation du catéchisme. — L'obligation de ne donner aucune leçon sans préparation immédiate s'impose surtout pour l'instruction religieuse, dont l'objet est si vaste, si relevé.

Pour bien préparer un catéchisme, il faut : en déterminer l'objet précis, dans le manuel qu'il s'agit d'expliquer aux élèves ; — préparer les sous-questions par lesquelles on donnera l'intelligence des termes et des propositions du texte à étudier ; — prévoir les développements succincts qui sont naturellement suggérés par le traité ; — rechercher des traits historiques et des passages de l'Écriture sainte qui se rapportent à la leçon ; — trouver des comparaisons familières, des exemples qui fassent comprendre aux enfants ce qui, pour eux, serait trop abstrait ; — prévoir la résolution pratique à proposer comme fruit du catéchisme.

Établissement des programmes. — Sauf les modifications justifiées par la situation spéciale des établissements, les statuts diocésains et les règlements paroissiaux relatifs à la première communion privée et à la communion solennelle, la répartition des programmes pourrait se rapprocher de celle que voici.

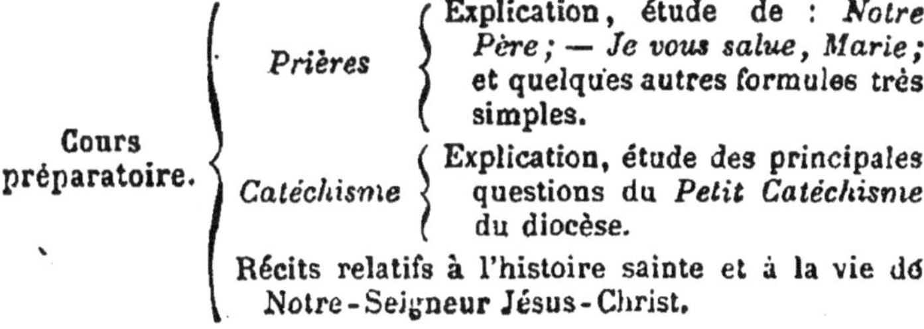

Cours élémentaire.	*Prières*	Prières usuelles, en français.
	Catéchisme	Explication, étude textuelle du *Petit Catéchisme* du diocèse et préparation à la première Communion privée.
	Histoire sainte.	Récits.
Cours moyen.	*Prières*	Prières du matin et du soir. Prières usuelles en latin. Réponse de la sainte Messe.
	Catéchisme	Explication, étude textuelle du *Catéchisme du diocèse* pour la préparation à la Communion solennelle.
	Évangile	Récits tirés de la vie de Notre-Seigneur Jésus-Christ. Explication, étude textuelle de fragments évangéliques.
	Histoire sainte	Étude d'un manuel donnant la suite abrégée des événements.
Cours supérieur.	*Catéchisme*	Revision du *Catéchisme du diocèse*, explications plus développées.
	Histoire sainte	Revision (insister sur les prophéties messianiques). Grands faits de l'histoire de l'Église.
	Évangile	Explication, étude textuelle des évangiles des dimanches et fêtes.

II. — LA LEÇON DE CATÉCHISME

Les leçons d'instruction religieuse ont pour sujet le texte même du catéchisme diocésain. D'ordinaire, on suit le même ordre que dans les paroisses.

Manière de faire le catéchisme. — Tous les procédés qui peuvent rendre une leçon claire, intéressante et fructueuse, sont employés pour l'enseignement du catéchisme.

Au début de l'exercice, le maître fait rendre compte, par deux ou trois enfants, de ce qui a été l'objet de la leçon précédente ; puis il formule une première question, telle qu'elle est dans le catéchisme du diocèse, au chapitre qu'on va expliquer.

La question posée, on désigne un enfant pour répondre ;

puis un ou deux autres répètent ce qu'il a bien dit. Si le premier élève ne sait pas la réponse exacte, le maître la fait donner par un des plus avancés, ou il la donne lui-même et la fait répéter ensuite. On procède de la même manière, et pour les sous-questions qui élucident la formule du catéchisme, et pour chacune des questions du chapitre, objet de la leçon.

C'est donc par interrogations socratiques, et non par un discours continu, que le maître explique le catéchisme. Mais s'il aborde une notion entièrement nouvelle pour les élèves, il ne peut la leur faire découvrir par des questions; dans ce cas, il l'expose en un très court développement, réduit aussitôt en une brève formule, que répètent deux ou trois des auditeurs.

Environ cinq minutes avant la fin du catéchisme, le maître récapitule par interrogations les principales explications qu'il a données; il les fait répéter par quelques élèves, et termine l'exercice en suggérant, ou mieux en faisant trouver une pratique pieuse qui se rapporte au sujet traité.

Sous-questions et développements. — Les *sous-questions*, ou interrogations posées dans le but de mieux faire comprendre les termes d'une réponse du catéchisme, seront claires, simples, à la portée de tous les élèves.

Si le texte d'une réponse est complexe, c'est-à-dire s'il est formé de plusieurs idées réunies en une même phrase, on commence par les faire distinguer les unes des autres, avant de les expliquer isolément par des sous-questions.

Les *développements*, par lesquels le maître expose ce qu'il ne saurait faire trouver au moyen de questions socratiques, seront limités chacun à très peu d'idées, et ne devront jamais transformer le catéchisme en discours.

Exemples, conseils. — Les *exemples* que l'on cite durant le catéchisme, à l'appui des vérités enseignées, ont le grand avantage d'exciter, de soutenir l'attention des enfants et de fortifier l'enseignement. On les emprunte à la vie des saints, à la sainte Écriture et surtout au saint Évangile. Après les avoir rapportés, le maître s'assure, par des questions, que les élèves ont compris le trait en lui-même et la doctrine dont il est comme l'illustration.

Les *conseils* et les *réflexions pratiques* sont à leur place dans un catéchisme, puisqu'il s'agit non seulement d'exposer la vérité , mais encore d'exciter les enfants aux vertus chrétiennes. Toutefois ces réflexions et ces conseils seront en petit nombre, brefs et adaptés à la vie des écoliers. On les présente pendant le catéchisme, après une explication qui les amène naturellement, ou à la fin, en manière de très courte exhortation. Dans l'un et l'autre cas, il est préférable que, par des questions, les élèves soient conduits à trouver euxmêmes la résolution pratique.

Étude du texte du catéchisme. — L'étude textuelle du catéchisme est d'importance capitale. C'est le seul moyen de fixer dans la mémoire des enfants les vérités dogmatiques et les vérités morales qu'un chrétien doit connaître.

Mais quand se fait cette étude textuelle? Avant ou après l'explication? — Il ne faut jamais faire apprendre dans le catéchisme un *texte nouveau* sans l'avoir expliqué au moins sommairement. Si donc il s'agit d'un chapitre que les élèves n'ont jamais étudié, une explication doit précéder l'étude; si le chapitre a déjà été expliqué puis étudié, la nouvelle étude, qui en somme n'est qu'une revision, pourra précéder la leçon au cours de laquelle le texte sera développé plus complètement qu'il ne l'avait été jusqu'alors.

Marche d'une leçon de catéchisme. — Les explications sont plus ou moins complètes, selon le développement intellectuel des élèves; mais, dans les différents cours, on procède d'après la marche suivante :

1º Récapitulation sur la leçon de la veille, en demandant à quelques élèves de dire ce qu'ils en ont retenu.

2º Explication du chapitre, ou fragment de chapitre du catéchisme diocésain qui fait le sujet de la leçon du jour. On y procède selon la manière indiquée plus haut, au moyen de sous-questions, de transformations de termes, d'exemples, et de très courts développements.

3º Récapitulation portant sur les principales explications données; brève exhortation et indication de l'étude à faire.

Défauts à éviter dans un catéchisme. — La foi et le zèle d'un maître chrétien ne suffisent pas pour lui faire éviter tout ce qui affaiblirait l'efficacité de l'enseignement catéchistique. Quels sont les défauts dont il doit se garder?

1º Parler un langage trop abstrait, au lieu de se servir d'expressions imagées, concrètes, intelligibles aux enfants;

2. Ne pas interroger assez les élèves; les laisser passifs, parce qu'on se perd en explications trop longues;

3. Se contenter de l'à peu près, au lieu d'exiger beaucoup de précision dans les formules apprises textuellement;

4. Manquer d'énergie, de zèle ou de cœur en parlant des vérités religieuses. Les enfants, qui ont en cela un flair très sûr, ne sentiront pas la sincérité des convictions dans ce langage sans chaleur; peut-être arriveront-ils à s'ennuyer pendant le catéchisme, à le tenir pour une leçon « comme les autres », au lieu de le désirer, de l'écouter avec un recueillement pieux.

5. Donner des détails imprudents, puérils, inexacts; se servir de comparaisons triviales; citer des exemples sans authenticité ou intérêt, dont ne se peut tirer aucune conséquence pratique.

6. Discuter des objections au-dessus de la portée des enfants, et faire perdre au catéchisme son caractère d'enseignement affirmatif.

III. — REMARQUES RELATIVES AUX DIFFÉRENTS COURS

Le catéchisme au cours préparatoire. — Avec les tout jeunes enfants, la leçon a pour but l'explication et l'étude de quelques réponses très élémentaires du *Petit Catéchisme*. On y emploie surtout deux procédés : les récits et les gravures murales.

Emploi des récits. — Le maître commence par raconter un fait biblique ou une histoire édifiante, en rapport avec une ou plusieurs questions du petit catéchisme qu'il veut graver dans l'esprit des enfants. Après cette narration simple et familière, il aborde le texte à étudier.

1º *Si les enfants savent déjà lire,* on peut écrire au tableau noir la réponse à étudier, et la faire lire individuellement, puis simultanément d'une manière très distincte. On en souligne ensuite tous les mots importants, et l'on en fait trouver le sens ou on le donne d'une manière très simple, en se servant d'exemples et de comparaisons.

Pour faire *étudier* cette réponse : on la fait lire sur le tableau un certain nombre de fois, jusqu'à ce qu'elle soit retenue ; — ou encore, après l'avoir fait lire, on supprime des parties de mots, on réduit certains mots à leurs initiales, et les enfants reproduisent la phrase de mémoire.

2o *Si les enfants ne savent pas lire,* on emploie le procédé auditif. Le maître prononce lentement la question et la réponse qu'il veut faire apprendre. Il en explique avec soin les mots importants ; il fait répéter le texte individuellement d'abord, puis par groupe, jusqu'à ce que la formule soit retenue.

On fait apprendre ainsi les deux ou trois questions qui composent la leçon, et l'on adresse quelques interrogations sur le sens des mots expliqués.

3o Alors même que les petits enfants savent lire, on peut faire apprendre parfois le texte comme il vient d'être dit, par simple audition.

Explication de gravures. — Une gravure murale d'assez grandes dimensions étant placée devant les élèves, le maître la leur fait observer, puis interpréter, en dirigeant ses interrogations sur les personnages, les lieux et les faits représentés : c'est l'analyse de la gravure. Ensuite il raconte la scène dont il s'agit, et il aborde le texte du petit catéchisme qui s'y rapporte.

Ce texte est expliqué, appris, suivant l'une des manières exposées ci-dessus.

Le catéchisme au cours élémentaire. — C'est le texte du *Petit Catéchisme* diocésain qu'il faut faire comprendre et apprendre. Tantôt on a recours à quelques-uns des procédés indiqués pour le cours préparatoire, tantôt l'explication est faite suivant la méthode ordinaire, en ayant soin, autant que possible, d'amener le sujet au moyen d'un récit qui captive l'attention. La division des réponses en leurs éléments constitutifs, l'explication des mots et des propositions, l'emploi de termes très simples et de comparaisons familières, la répétition des explications par plusieurs élèves, rien ne sera négligé pour qu'aucune obscurité ne subsiste dans les jeunes intelligences. Quand les questions et les réponses qui forment la leçon du jour ont été ainsi expliquées, on les fait relire dans le manuel.

Le catéchisme préparatoire à la première communion privée. — C'est aux familles et au clergé qu'incombe surtout le devoir de préparer les enfants désignés pour la première communion privée. Le rôle du maître consistera dans quelques catéchismes spéciaux sur l'Eucharistie. Il procède de façon fort simple; et se sert autant que possible de l'un des Manuels rédigés dans ce but.

Catéchisme préparatoire à la communion solennelle. — Le programme du catéchisme préparatoire à la communion solennelle comprend tout le catéchisme diocésain. Les enfants doivent en savoir très exactement la lettre, et retenir au moins l'essentiel des explications données, surtout celles qui ont rapport à la vie de Notre-Seigneur Jésus-Christ et aux sacrements de Pénitence et d'Eucharistie.

Le catéchisme après la communion solennelle. — Le programme comprend : 1º la revision du catéchisme diocésain, avec interrogations sur le texte et les explications données dans les classes précédentes; — 2º des explications plus approfondies de ce texte; — 3º des récapitulations fréquentes sur les principaux mystères et les principales vérités pratiques; — 4º une étude plus particulière de la vie de Jésus-Christ, de sa personne, de ses enseignements et de ses miracles. Faute d'en avoir été instruits ainsi qu'il l'aurait fallu, combien d'adolescents, même chrétiens, regardent le Sauveur presque comme un personnage légendaire, mythique, dont l'existence n'appartient-pas à l'histoire !

La leçon suit la marche que nous avons dite. Il est important de faire saisir aux élèves de ce cours, et l'enchaînement des questions qui constituent chaque chapitre, et la liaison des chapitres entre eux. Après la récapitulation du catéchisme précédent, on aura soin de montrer, s'il y a lieu, les rapports entre le sujet qui va être traité et ce qui a été déjà étudié.

Développements spéciaux et rédactions sur certains points de morale pratique. — Dans une école catholique, l'enseignement de la morale et celui de la religion ne peuvent être étrangers l'un à l'autre. Le catéchisme instruit l'enfant sur ce qu'il doit pratiquer, comme sur ce qu'il doit croire, et le dogme chrétien fournit à la morale sa vraie base et ses sanctions. C'est par le catéchisme, par des exhortations familières, ainsi que par d'opportunes réflexions que l'instituteur inculque aux élèves les idées morales. S'il suit un ordre méthodique, chaque année il leur rappelle ainsi les devoirs envers Dieu, envers le prochain, envers eux-mêmes. Toutefois, parce qu'un certain nombre de questions de morale figurent aux programmes des examens primaires et peuvent faire le sujet de rédactions, il sera bon de les prendre pour sujets de leçons spéciales.

Aucun élève des écoles catholiques ne doit ignorer l'essentiel sur les questions suivantes : *Devoirs envers les parents, envers les frères et sœurs, envers les vieillards, les malades et les faibles ; devoirs de l'écolier ; l'honnêteté*, la *probité*, la *loyauté* et le *mensonge*, la *bonté*, la *charité* et la *solidarité*, la *politesse*, la *bienveillance dans les relations sociales*, le *courage* et la *lâcheté*, la *patrie* et le *patriotisme*, la *tempérance* et l'*alcoolisme*. L'enseignement ordinaire du catéchisme et les exhortations, — à la paroisse et à l'école, — donnent sur ces points des notions exactes ; mais cela ne suffit peut-être pas pour habituer les enfants à coordonner rapidement leurs idées et à les développer en des rédactions bien composées.

C'est pourquoi il serait utile, dans l'année où ils subissent un examen public d'insister sur les questions du programme, de les développer d'après des plans écrits au tableau noir, puis recopiés, et d'en faire la matière d'interrogations et de rédactions.

IV. — ÉTUDES CONNEXES AU CATÉCHISME

Histoire sainte. — Pour les tout jeunes enfants du *cours préparatoire*, le programme d'histoire sainte se borne au récit des faits les plus saillants.

Si l'on dispose d'une collection de gravures murales de grand format, on s'en sert très avantageusement pour fixer l'esprit mobile des enfants. Alors la leçon comprend :

1º Une série d'interrogations sur ce que l'enfant peut découvrir par l'observation des personnes, des actions et des lieux que représente la gravure ;

2º L'exposition du fait par le maître ;

3º La reproduction orale par quelques élèves, d'abord en réponse à des interrogations, puis sous forme de récit continu ;

4º L'indication de quelques réflexions morales qui découlent du sujet, et qui soient bien pratiques pour le jeune auditoire

Si l'on ne se sert pas de gravures et que les enfants ne sachent pas lire, on leur fait apprendre le récit par audition. Le récit est divisé en plusieurs parties, dont chacune est reproduite par quelques élèves; puis on demande aux plus intelligents de raconter le fait en entier.

Aux *cours élémentaire et moyen*, les élèves ont un manuel d'histoire sainte; la leçon est donnée comme la leçon d'histoire nationale. On n'oublie pas de se servir d'une carte de Palestine, et d'expliquer les gravures que renferme le manuel.

Évangile. — Rien ne forme un tempérament chrétien comme la connaissance et l'amour de l'Évangile. L'explication et l'étude de ce Livre divin pourraient-elles donc être négligées dans une école catholique? L'Evangile renferme la vie, les exemples, la doctrine de Jésus-Christ; ses règles de conduite ont, pour tous les âges, des applications pratiques.

Aux jeunes enfants, les scènes évangéliques peuvent être apprises sous forme de récits que l'on fait répéter comme il a été dit, ou sous forme d'explication de gravures. Dans ce dernier cas, on suit la marche indiquée plus haut pour l'histoire sainte.

On n'impose jamais pour tâche à des élèves d'apprendre l'évangile du dimanche, sans le leur avoir expliqué précédemment. Voici comment on peut procéder :

1º Replacer le fait évangélique dans la vie du Sauveur ;

2º Raconter ce fait, en y mêlant quelques détails qui rendent le récit plus compréhensible et plus intéressant ;

3º Faire ressortir le caractère des personnages qui sont acteurs dans la scène, et surtout celui de Notre-Seigneur ;

4º Mettre très simplement en lumière les vérités doctrinales et les enseignements pratiques qui découlent du récit ;

5º Beaucoup insister sur la réalité historique de la vie et de la mission de Notre-Seigneur, ainsi que sur le caractère obligatoire de ses divins enseignements.

Dans la récitation, on exige la reproduction littérale du texte et l'on questionne sur les explications. qu'il comporte.

Étude des prières. — Les élèves doivent savoir par cœur les prières qui se font en classe. Lorsqu'ils sont interrogés sur ces formules, ils les récitent sur un ton naturel. avec netteté et avec une lenteur convenable.

On ne manque pas de leur expliquer le sens des mots qui composent les prières, afin qu'elles soient récitées avec intelligence. Autant qu'ils en sont capables, on expose aux écoliers le sens spirituel de ces formules, c'est-à-dire les sentiments et les demandes qu'elles renferment, afin qu'ils prient par le cœur en même temps qu'ils le font des lèvres.

Jamais on ne fait étudier une prière en latin, sans que les élèves en aient d'abord lu la traduction dans la langue maternelle.

On enseigne aux élèves à réciter le chapelet. Il serait à désirer que les plus intelligents et les plus pieux fussent initiés à la méditation des mystères du rosaire.

Étude des prières au cours préparatoire. — Lorsque les enfants ne savent pas suffisamment lire pour étudier eux-mêmes les prières, on les leur fait apprendre par le procédé suivant :

Après une courte introduction et explication familière sur la prière dont il s'agit, le maître prononce une proposition en articulant bien, et il la fait répéter d'abord par quelques élèves des plus avancés, puis par tous ensemble; ensuite par les plus faibles. Il continue ainsi, en joignant une nouvelle partie du texte à ce qui est déjà étudié, jusqu'à ce que la prière soit bien sue. Alors il l'explique à nouveau, pour la rendre encore plus intelligible. Ainsi seraient étudiés le *Notre Père*, demande par demande; *Je crois en Dieu*, article par article.

CHAPITRE II

ENSEIGNEMENT DE LA LECTURE

L'enseignement de la lecture comprend : 1º la *lecture élémentaire*, ou initiation des jeunes enfants à la lecture matérielle; — 2º la *lecture courante*, qui admet, en proportions variables suivant les classes, des exercices de lecture matérielle, et une explication sommaire du texte; — 3º la *lecture expressive*.

I. — LES MÉTHODES DE LECTURE ÉLÉMENTAIRE

La lecture est la base nécessaire de tout enseignement, puisqu'on ne peut appliquer d'une manière sérieuse un enfant à l'étude, tant qu'il ne sait pas lire couramment. Il importe donc, dès son entrée à l'école, de l'initier au mécanisme de la lecture. Or la rapidité des progrès résulte non seulement de l'intelligence des élèves et des qualités pédagogiques du maître, mais encore de la valeur des méthodes employées.

L'enfant qui apprend à lire décompose le mot. Suivant que cette analyse porte sur les lettres ou sur les syllabes, il y a épellation ou syllabation : de là, différentes méthodes en usage pour l'enseignement de la lecture élémentaire. On peut les ramener à trois principales dont deux, la *méthode ancienne* et la *méthode moderne*, emploient l'épellation, tandis que l'autre, la *méthode phonique*, procède directement par syllabation. Quant à l'enseignement de la lecture par le *procédé phonomimique*, c'est moins une méthode qu'une industrie adaptée, souvent avec succès, à l'enseignement dans les écoles maternelles ou les « jardins d'enfants ».

Méthodes par épellation : méthode ancienne et méthode moderne. — La méthode *ancienne* et la méthode *moderne* sont connues sous le nom de « méthodes par désignation des lettres ». L'une et l'autre décomposent le mot en lettres, et conduisent à la lecture courante par l'épellation et la syllabation. Les différences essentielles qui les caractérisent portent sur la manière d'exprimer les consonnes : la méthode ancienne se sert de l'épellation alphabétique ou nominale, et la seconde de l'épellation phonique.

Ainsi b, p, f, r, s, t, se prononcent :

bé, pé, effe, erre, esse, té, dans la méthode ancienne ;
be, pe, fe, re, se, te, dans la nouvelle.

Pour épeler les syllabes : **SA — TI — NÉ**, par exemple, on dira :

Par la méthode ancienne } esse.a : **SA** — té.i : **TI** — enne.é : **NÉ**

Par la méthode nouvelle } se.a : **SA** — te.i : **TI** — ne.é : **NÉ.**

Or, en réalité { té   et i font **TÉI**   et non pas **TI**;
{ enne et é font **ENNÉ** et non pas **NÉ.**

De même   { te   et i font **TE.I**   et non pas **TI**;
{ ne   et é font **NE.É** et non pas **NE.**

Mais en épelant **te.i** et **ne.é**, l'élision toujours facile de l'e muet (**te**, **ne**) conduit assez naturellement à la prononciation usuelle, ce qui n'a guère lieu quand on dit **té.i** et **enne.é.**

L'épellation des syllabes inverses telles que **ab**, **of**, **ir**, **us**, établit mieux encore la supériorité de la méthode moderne sur l'ancienne, à ce point de vue. Ainsi l'on dit :

Par l'ancienne épellation : o.effe : **OF** — i.erre : **IR.**
Et par la nouvelle :   o.fe   : **OF** — i.re   : **IR.**

Or il est évident que, pour l'enfant, i et erre font **IERRE** et non pas **IR**; tandis que i et re le conduisent très facilement, par l'atténuation de l'e muet, à la prononciation véritable.

Dans les syllabes renfermant des consonnes diphtongues, telles que : **ble**, **fle**, **stre**, la nouvelle épellation est encore préférable. Dire **se.te.re.e**, c'est approcher beaucoup de **STRE**; il n'en est pas de même quand on dit : **esse.té.erre.é.**

L'épellation des voyelles ou sons à représentation polygramme, comme **on**, **in**, **an**, donne des résultats aussi peu satisfaisants par une méthode que par l'autre. Mais la nouvelle méthode ne les décompose pas; ainsi elle fait dire à l'enfant : **be. on : BON**; — **fe. in : FIN**; — **bre. un : BRUN.**

Remarquons d'ailleurs que l'ancienne appellation offre, elle aussi, plusieurs avantages sérieux. Elle est conforme à l'usage : on l'emploie dans l'enseignement des sciences et dans le langage courant. De plus, en donnant à chaque lettre un nom spécial, elle prépare à l'épellation orthographique, et prévient la confusion qui résulte de l'emploi d'un même son articulé pour plusieurs consonnes différentes : **que**, par exemple, pour désigner **k**, **q**, **c**; **fe**, pour désigner **f** et **ph.**

En résumé, malgré les efforts pour rendre tout à fait logique la lecture élémentaire, il y reste beaucoup de convention et d'habitude mécanique. N'est-ce pas inévitable ? Nous préférons la méthode moderne et nous en avons dit les raisons. Cependant le maître qui l'emploie doit, lorsque les élèves savent parfaitement syllaber ou même lire couramment, reprendre l'étude des consonnes et faire quelques exercices d'épellation d'après l'ancienne méthode. Ce travail, qui demande peu de temps et d'efforts, prépare à l'épellation des devoirs d'orthographe.

Méthode phonique ou sans épellation. — La méthode phonique, considérant le mot comme formé d'éléments vocaux indécomposables, procède par syllabation immédiate. Elle est caractérisée par la manière d'exprimer les consonnes, qu'elle réduit à de simples articulations d'une faible résonance. Beaucoup de maîtres la regardent comme plus expéditive que les précédentes, car tout en étudiant isolément les voyelles et les consonnes, elle évite l'épellation et conduit directement à la lecture. Il va sans dire qu'elle ne dispense pas de la lecture des lettres isolées, à mesure qu'on étudie des groupements nouveaux.

Pour lire les lettres **b**, **f**, **r**, **s**, par la méthode phonique, on ne dira pas **bé**, **effe**, **erre**, **esse**, non plus que **be**, **fe**, **re**, **se**; mais on produira un effet vocal qui ne peut s'écrire, et qu'on obtiendrait en essayant de prononcer **be**, **fe**, **re**, **se**, sans faire entendre l'e muet.

S'agit-il, par exemple, de lire les syllabes **fa**, **fo**, **fi**? Après avoir étudié les lettres **a**, **o**, **i**, l'élève s'exerce à l'articulation indiquée par **f**, puis il passe immédiatement à la lecture.

Au premier exercice, il met une courte interruption entre le sifflement prolongé de la consonne et la voyelle; il dit . **fff... a — fff...o — fff...i.** Au deuxième, il accélère la réunion des deux sons, et la consonne vient, cette fois, se perdre dans la voyelle : **fffa — fffo — fffi.** Enfin arrive la prononciation normale : **fa — fo — fi.**

On dit de même successivement : **sss...on — ssson — son.**

Certaines consonnes ne se prêtent pas à ces exercices de décomposition, et ne s'articulent qu'en prononçant la voyelle à laquelle elles sont jointes. Ainsi, pour lire les syllabes **pa**, **po**, l'élève prépare l'articulation de la lettre p en pinçant convenablement les lèvres, lesquelles, sollicitées par l'air comprimé de la bouche, s'ouvrent brusquement en frappant la voyelle; ex. : **pppa — pppo.**

On a de même : **ttta — ttton — tttin.**

Peu à peu cessent les hésitations des débuts, et l'enfant passe avec facilité de la consonne à la voyelle, et réciproquement.

Comment procédera-t-on par cette méthode? 1º On étudie les voyelles simples et quelques consonnes simples à prononciation invariable ; on combine ces éléments en syllabes *lues directement*, puis en mots lus, copiés et dictés ; — 2º on aborde l'étude des consonnes à prononciation variable (c, g, s) combinées avec des voyelles, en syllabes *lues directement*, puis en mots lus, copiés et dictés ; — 3º on étudie de même des voyelles composées et combinées avec des consonnes simples ; — 4º on étudie, toujours par la même marche, les voyelles nasales, les consonnes composées séparables (bl, gl) ou inséparables (ch, gn), les consonnes redoublées, et toujours la lecture des syllabes est immédiate.

Choix d'une méthode. — Le Directeur fait choix, pour son école, d'une des méthodes indiquées ci-dessus, employées en des syllabaires qui procèdent par l'enseignement simultané de la lecture, de l'écriture et de l'orthographe. Une méthode étant adoptée, elle est maintenue malgré le changement d'un adjoint : c'est indispensable aux progrès des élèves.

II. — LA LEÇON DE LECTURE AUX DÉBUTANTS

Marche d'une leçon de lecture élémentaire. — Quelle que soit la méthode adoptée, voici la marche qu'on pourrait suivre pour une leçon de lecture élémentaire. Elle comprendrait cinq phases ou parties :

1º Étude de l'exercice fondamental au tableau noir ;
2º Étude du même exercice au tableau de lecture ou au livre-tableau, et préparation syllabique[1] ;
3º Suspension de la leçon, écriture, exercices divers ;
4º Reprise de la leçon pour la syllabation ;
5º Écriture et copie, ou dictée de syllabes.

Soit, par exemple, à étudier *par la méthode phonique* les voyelles a et o, ainsi que les consonnes b et p, pour arriver aux combinaisons ba, bo, pa, po.

---

[1] Nous appelons *tableaux de lecture* des cartons séparés portant, en gros caractères, les exercices du syllabaire ; ils sont accrochés au mur de la classe. Par *livre-tableau*, nous désignons un grand in-folio qui présente, reliés ensemble, ces tableaux de lecture ; il est posé sur un chevalet placé devant les enfants.

1° *Exercice fondamental au tableau noir*. — Par un mot ou un signe, le maître attire l'attention des élèves. Montrant ensuite une lettre qu'il a tracée en grandes dimensions au tableau noir, en caractères typographiques et en caractères calligraphiques, il fait remarquer sa forme. Il en exprime l'effet vocal, et il insiste sur le jeu des organes qui concourent à le produire. Après ces courtes explications, données en termes très simples, il fait redire deux ou trois fois de suite, et par tous les élèves ensemble, la lettre étudiée. Il procède de même pour les autres lettres, objet de la leçon[1].

Par leurs fortes proportions, les caractères tracés à la craie frappent davantage le regard de l'enfant, dont les facultés se trouvent ainsi concentrées sur l'étude qu'on lui propose.

Après cette préparation, le travail au livre-tableau ou à la carte de lecture se trouve simplifié.

2° *Étude au livre-tableau ou au tableau de lecture*. — Le maître indique, sans ordre déterminé, les quatre lettres **a-o-b-p** : il les fait répéter d'abord à quelques élèves des plus intelligents, puis à ceux qu'il sait moins bien doués ou qu'il a vus inattentifs.

Remarque. — Ici l'exercice du livre-tableau n'est qu'une répétition de celui qu'on a fait au tableau noir; mais il n'en est pas toujours de même.

S'agit-il par exemple d'étudier les articulations polygrammes **bl, pl, fl**? On peut tracer au tableau noir la consonne **fl**, puis

---

1 Au lieu de montrer d'abord aux enfants une lettre et de les exercer ensuite à la bien prononcer, un certain nombre de maîtres estiment plus logique de prononcer d'abord eux-mêmes une voyelle, ou d'articuler une consonne, et de faire répéter cet élément vocal par les élèves. Seulement après avoir obtenu une prononciation correcte du son, ils passent à sa représentation graphique.

La marche de la leçon est la suivante :

1. Adresser aux enfants une ou deux questions, pour les amener à prononcer un mot renfermant le son nouveau que l'on va étudier;

2. Décomposition de ce mot en syllabes, s'il y a lieu; et décomposition de la syllabe renfermant le son nouveau;

3. Prononciation du son nouveau par le maître, puis par les élèves;

4. Écriture de la lettre au tableau noir par le maître, et remarques sur sa forme;

5. Écriture de la lettre par les élèves;

6. Combinaison de la lettre avec d'autres lettres déjà connues : lecture de syllabes et de mots, au tableau noir, et sur livre-tableau ou tableau de lecture.

aligner verticalement quelques voyelles comme a-e-i-eu-ou...
Le maître indique la manière d'articuler fl et de former les
syllables fla, fle... flou; puis il remplace fl par bl et obtient
bla, ble... blou, etc. Cet exercice de préparation syllabique,
clef de la leçon du jour, est forcément limité à quelques
exemples; mais il est complété au livre-tableau par d'autres
exercices plus nombreux et plus variés.

3° *Suspension de la leçon.* — Dès que l'attention des
élèves paraît se lasser, il est à propos d'interrompre la leçon,
et de les appliquer à l'écriture des lettres qu'ils viennent
d'étudier. Pendant ce temps, le maître pourra s'occuper d'une
autre section, s'il y a lieu.

4° *Syllabation.* — La deuxième partie de la leçon aura
pour objet la lecture des syllabes formées avec les quatre
lettres étudiées.

Le maître expliquera la manière d'associer les articulations
b et p à des voyelles déjà connues. Ensuite il fera lire collectivement d'abord, puis individuellement, les syllabes ba, bo,
pa, po, ainsi que les mots baba, bobo, papa.

5° *Écriture et dictée.* — Après les exercices au livre-tableau,
les élèves s'occuperont à copier les lettres et les syllabes qui
s'y trouvent en caractères calligraphiques. Après un certain
temps, on pourra leur en dicter quelques-unes.

Procédés pour soutenir l'attention des enfants. — L'enseignement de la lecture aux petits enfants présente plus
d'une difficulté. Il est aride, peu varié, et même ennuyeux.
Sans doute une bonne méthode est un précieux auxiliaire; mais
seule, elle ne suffit pas pour assurer le succès. Captiver l'attention des élèves, la soutenir par toutes sortes d'industries
et spécialement par l'intérêt que produit la variété des moyens,
telle doit être la préoccupation du maître, s'il veut obtenir
des progrès rapides.

1. Lorsque le maître donne la leçon et fait lire les enfants
au tableau de lecture ou au tableau noir, les lettres, syllabes
et mots seront montrés au moyen d'une baguette. Quand les
élèves ont un syllabaire, ils indiquent tous du doigt, sur le
livre, ce que l'un d'eux lit tout haut.

2° Pour éviter la monotonie, on écrit au tableau noir des

exemples un peu différents de ceux que contient le syllabaire.
Autant que possible, on y groupe les mots en petites phrases.

3o Dès que le maître constate de la lassitude chez les jeunes
enfants, dès que leur attention n'est plus suffisante, il interrompt la leçon par des exercices d'écriture ou de mémoire,
par une occupation récréative qui devient comme un complément de la leçon de lecture. Par exemple, si les élèves ne sont
pas trop nombreux dans la classe ou la section, on peut leur
distribuer un certain nombre de petits cartons sur chacun desquels se trouve, en gros caractères, une lettre de l'alphabet. On
fait aligner sur la table les cartons marqués de telle lettre désignée, puis écrite au tableau noir. Après quelques instants, on
en indique une autre qui sert à former une seconde rangée.
Peu à peu, on fait composer ainsi des syllabes et des mots
étudiés dans la leçon du jour.

Ce moyen, et d'autres similaires, seront employés pendant
quelques jours, concurremment avec les exercices d'écriture
destinés à les remplacer.

Exercices d'écriture et de dictée. — Il est reconnu
comme très avantageux de faire apprendre simultanément les
caractères typographiques et les caractères calligraphiques, et
d'initier les jeunes élèves à tracer ces derniers sur l'ardoise ou
sur le papier. Après quelques exercices préparatoires, ils par-
viennent bientôt à reproduire les lettres et même les mots étudiés. Sans doute, les débuts sont bien imparfaits ; mais avec
de courtes indications, données chaque jour au tableau noir,
le maître obtient peu à peu des résultats satisfaisants.

A propos de ces premiers exercices de copie, voici deux
remarques importantes : 1o Il est préférable de faire écrire tout
de suite, non sur l'ardoise, mais sur le papier. Quand ils écrivent
sur l'ardoise, les petits enfants crispent leurs doigts, écra-
sent les lettres, sans distinction entre les pleins et les déliés,
défauts graves qu'ils conservent longtemps. — 2o *Il est nécessaire* que, dès avant leur premier exercice de copie, ces débutants soient initiés à bien tenir la plume, et à bien faire les
mouvements des doigts d'où résultent les pleins ; sans quoi ils
contractent des habitudes dont on ne peut ensuite les corriger
entièrement, et qui nuisent à la beauté de l'écriture.

Un autre exercice, celui de la dictée, intéresse beaucoup les
élèves. On n'y consacre d'abord que très peu de temps, et

trois ou quatre lettres suffisent pour les premiers essais, d'après le procédé suivant. On dicte une lettre que les enfants ont déjà étudiée, tous l'écrivent, puis, sur un signe, ils retournent leur ardoise vers le maître : celui-ci jette un coup d'œil rapide, encourage, indique une deuxième lettre, puis une troisième et donne quelques bons points. Plus tard, il pourra dicter des syllabes, des mots, et les corriger par le même procédé. C'est ainsi qu'il initiera les enfants à l'orthographe.

Remarques sur la leçon de lecture élémentaire. — 1. Il est essentiel de ne passer à une leçon nouvelle que si les précédentes sont parfaitement sues. Chaque jour, on reviendra rapidement sur l'un des exercices déjà étudiés : c'est nécessaire pour les derniers élèves et très avantageux pour les autres.

2. La *lecture collective* peut être d'une certaine utilité quand il s'agit d'entrainer les élèves, de *lancer* pour ainsi dire un exercice de syllabation; mais elle ne doit pas être prolongée, car elle est généralement peu profitable. Bientôt l'enfant ne lit plus que d'une manière machinale et distraite, souvent imparfaite ou fausse, et qui, sauf pour les chefs d'attaque, rend tout progrès difficile. Le procédé s'emploie parfois dans les classes très nombreuses. Ponr qu'il y produise des résultats satisfaisants, il faut que les syllabes soient nettement détachées, avec beaucoup d'ensemble et des pauses communes; que le *maître exige une prononciation franche et distincte de chacune d'elles*, sans permettre que l'exercice se transforme en une sorte de psalmodie trainante, chantée ou criée. Cet exercice collectif est toujours suivi de la lecture individuelle.

3. En donnant un soin couvenable au jeu des organes vocaux qui concourent à la prononciation exacte de chaque syllabe, le maître s'efforcera de corriger les défauts de prononciation que les enfants auraient contractés.

4. À la lecture et à l'écriture, il est très utile de joindre des exercices d'élocution. Dès que les enfants sont capables de lire des mots sur le livre-tableau, on leur en fait donner la signification, et, par quelques interrogations, on les exerce à former oralement de petites phrases à propos de ces mots.

5. On évitera de trop multiplier les sections de lecture, afin d'avoir le moins possible recours aux moniteurs. Dans les petites classes qui ne comportent que le seul cours préparatoire, on pourrait se borner à un ou deux groupes au com-

mencement de l'année, et à deux ou trois vers la fin. Le premier comprendrait les élèves qui sont à la lecture courante; le deuxième, les plus avancés dans les exercices de la méthode; le troisième se composerait des enfants peu développés qui sont restés en arrière, et de ceux qui sont entrés à l'école depuis peu. Souvent le maître pourra réunir ces deux dernières sections, opérer sur les premières leçons avec les élèves les moins avancés, et sur les suivantes avec ceux qui ont fait plus de progrès. Il pourrait aussi confier les plus faibles à un moniteur, pendant qu'il s'occuperait lui-même des autres, et réciproquement.

6. L'étude des premiers éléments de la lecture présente, quoi qu'on fasse, de sérieuses difficultés pratiques, surtout dans les classes nombreuses. Pour les atténuer, il importe de se ménager le concours des parents. Comment l'obtenir efficace? — On peut ébaucher en classe la lecture de quelques exercices dans le petit syllabaire, et promettre un bon point aux enfants qui les étudieront chez eux de manière à les très bien lire le lendemain. Lorsqu'on a su, par ce moyen, exciter et entretenir l'émulation parmi les jeunes élèves, ils sollicitent eux-mêmes l'aide de leurs parents; et grâce au concours des familles, les progrès des enfants sont beaucoup plus rapides.

Syllabaire et premiers livres de lecture courante. — Le syllabaire est d'une grande utilité dans l'enseignement de la lecture. Il reproduit les tableaux de lecture ou les pages du livre-tableau; il les complète par des exercices plus nombreux, et insensiblement conduit les élèves à la lecture courante.

Dès qu'une division du cours préparatoire commence à lire couramment, on lui donne un livre autre que le syllabaire. Les enfants moins avancés recommencent les exercices de la méthode.

Avant de remettre aux enfants un livre de lecture imprimé en caractères ordinaires, on se sert avec avantage, et comme période de transition, d'un livre à gros caractères où les mots sont divisés en syllabes, avant de se présenter sous leur forme commune.

Lorsque l'enfant passe du syllabaire au livre de lecture courante, le maître redouble de soins et d'efforts pour l'habituer à *suivre*, c'est-à-dire à ne pas se laisser dérouter.

Quand il s'agit des exercices méthodiques, il faut s'arrêter suffisamment à chacun avant d'aborder les suivants ; étudier une leçon avant de savoir parfaitement celles qui précèdent, c'est compliquer le travail et retarder les progrès. Mais dans la lecture courante, il n'est pas à propos de faire lire plus de deux ou trois fois de suite le même texte pendant la même leçon ; autrement les élèves finissent par le savoir assez pour que tel mot appelle tel autre mot, et, dès lors, il n'y a plus qu'un exercice de mémoire, sans grand effort d'attention ni grand profit de la part des lecteurs.

Enfin, les enfants auxquels on vient de remettre le livre de lecture courante sont exposés à oublier les difficultés réunies dans la méthode ; aussi est-il important de leur faire revoir, au commencement de la leçon, une page du livre-tableau. Pendant ce court exercice, on peut choisir la page qu'étudie la seconde section de la classe, de sorte que tous les élèves sont occupés en même temps.

III. — LA LECTURE AUX COURS ÉLÉMENTAIRE ET MOYEN

La leçon de lecture, aux cours élémentaire et moyen, comprend la lecture matérielle ou courante du texte et son explication très sommaire.

Lecture matérielle ou courante. — Du moins au *cours élémentaire*, il est très utile d'ouvrir la leçon par un exercice de lecture au tableau noir. On y écrit quelques mots du texte dont la prononciation présente une difficulté spéciale ; on les explique et on les fait syllaber plusieurs fois.

Voici un autre exercice préparatoire, également très avantageux, qui peut être employé de temps en temps aux deux cours. Une ou plusieurs phrases du morceau à lire ayant été préalablement écrites au tableau noir, le maître indique par un signe les pauses à observer et les liaisons à faire. Il souligne par un trait certains mots ; il les explique, puis questionne les élèves sur la pensée que renferme la phrase, qu'il lit d'abord lui-même pour la faire lire ensuite par les enfants.

Il est important que le maître commence par lire lentement, ou par faire lire aux meilleurs élèves le texte qui sera l'objet de la leçon de lecture : c'est une sorte de lecture-type plus profitable à l'ensemble de la classe que des observations multipliées. Ensuite il fera lire une fois collectivement, puis chaque élève en particulier, tantôt suivant l'ordre des tables et tantôt sans ordre déterminé.

Le maître s'efforcera d'obtenir des écoliers :
1º Qu'ils lisent sans précipitation, et prononcent bien les voyelles, articulent nettement les consonnes, et lient ensemble les syllabes, sans blésité[1] ni bégaiement;
2. Qu'ils lisent des yeux un ou deux mots plus loin que celui qu'ils prononcent;
3. Qu'ils lisent assez haut pour être entendus de tous ceux qui suivent la même leçon:
4. Qu'ils ne chantent pas en lisant, mais conservent leur ton de voix ordinaire; qu'ils lisent simplement et avec aisance;
5. Qu'ils observent les pauses et fassent les liaisons, évitant néanmoins celles qui seraient dures ou affectées;
6. Au cours moyen, qu'ils fassent ressortir quelques mots de valeur et donnent à certains membres de phrase les inflexions convenables.

Le maître n'atteindra ce résultat que par une très grande application à l'exercice. Pendant la leçon, il sera donc très exact : 1º à veiller sur les écoliers, afin qu'ils suivent avec attention, observent l'ordre et le silence; — 2º à tenir lui-même en main le livre de lecture, et à suivre exactement le texte; — 3º à reprendre les lecteurs toutes les fois qu'ils font une faute.

Explication de la lecture. — Il ne faut pas perdre de vue que le but principal de la leçon de lecture, dans ces deux cours, est la lecture elle-même. On se gardera donc d'y grouper tant d'exercices divers, que la lecture proprement dite passe au second plan. Des questions peu nombreuses sur les idées et les mots sont utiles; mais ces explications lexicologiques, grammaticales ou orthographiques n'interviendront qu'à titre secondaire. Elles ne transformeront pas la lecture courante

---

[1] La *blésité* consiste à mal prononcer certaines consonnes, à dire, par exemple, *sapeau* pour *chapeau*, *jeval* pour *cheval*, *zardin* pour *jardin*. L'enfant fait un moindre effort en substituant une consonne faible ou douce à une consonne forte.

en une *lecture expliquée*, laquelle est surtout un exercice pour l'étude de la langue maternelle.

Au *cours élémentaire*, les explications consistent en questions très simples sur les mots, dans le but d'éveiller l'intelligence des enfants. On leur demande, et on les aide à trouver : 1° le résumé de ce qu'ils viennent de lire ; — 2° le sens de quelques-uns des mots qui se trouvent dans le livre ; — 3° la nature de quelques mots, trois ou quatre seulement, pour ne pas faire de l'exercice une leçon d'analyse.

Au *cours moyen*, les questions, simples et peu nombreuses, portent : 1° sur quelques-unes des idées exprimées ; — 2° sur le sens de quelques mots ; sur un synonyme, un équivalent ou un contraire à trouver ; — 3° sur une explication grammaticale à donner, ou une remarque d'orthographe à signaler ; — 4° sur le résumé du texte lu et expliqué, et sur l'idée principale à retenir.

Les livres de lecture aux cours élémentaire et moyen. — Il ne convient pas que les élèves aient le même livre de lecture pendant deux années de suite : à force d'être lu, le texte est comme récité de mémoire, sans que soient excités ni l'intérêt ni l'attention.

Le texte des livres de lecture doit être simple, clair, intéressant, proportionné au développement intellectuel des enfants. Si les chapitres sont trop courts, le récit manque d'ampleur ; trop longs, l'ensemble n'est pas facilement saisi. Il n'y faut pas de ces mots qui, même expliqués, dépassent trop la portée des lecteurs. Enfin il est à désirer qu'on y trouve un vocabulaire des mots un peu difficiles, ainsi qu'une indication des exercices auxquels le texte donne lieu (questionnaire, conversation, récits oraux, rédactions).

IV. — LA LECTURE AU COURS SUPÉRIEUR

Au *cours supérieur*, la lecture a surtout pour but de cultiver l'intelligence de l'enfant, et d'enrichir son esprit de notions variées ; mais encore ne faut-il pas négliger la lecture matérielle, sous prétexte d'explications. Le maître porte donc son attention sur la lecture courante, les explications et la lecture expressive.

Lecture matérielle ou lecture courante. — Ce n'est pas sans peine et sans de nombreux exercices, que l'élève parvient à donner à sa lecture un ton naturel, ni trop aigu, ni trop grave; — à bien articuler, à faire entendre tous les mots sans aucun défaut de prononciation; — à bannir la précipitation d'où naissent les redites, les méprises et les non-sens; — à faire les liaisons harmonieuses, à éviter celles qui sont forcées; — à respecter enfin les pauses indiquées par le sens, qu'elles soient ou non marquées par un signe de ponctuation.

Le maître commence la leçon par indiquer en quelques mots le sujet développé dans le texte; puis il lit lentement une partie du passage choisi, en donnant à sa lecture les qualités qu'il se propose d'exiger de celle des élèves.

Il fait lire ensuite ce même texte par le plus grand nombre d'élèves possible, et il n'oublie pas qu'il importe moins de lire beaucoup de pages pendant la leçon, que d'en très bien lire quelques-unes.

Explications sur le texte. — Sans toutefois reléguer à l'arrière-plan l'exercice de lecture proprement dit, on peut donner sur un texte des explications intéressantes et variées : 1º recherche des idées principales, et des pensées secondaires qui leur servent de développement; — 2º décomposition d'une phrase en ses éléments, pour en faire saisir la structure; — 3º explication des mots dont le sens est obscur ou ignoré; — 4º décomposition de quelques mots, recherche de leurs racines, indication d'autres mots de même famille; — 5º substitution, à un ou deux mots du texte, d'équivalents ou de synonymes; — 6º remarques sur une expression figurée; — 7º explication de quelques particularités grammaticales, autant que possible en rapport avec les leçons de grammaire.

Le professeur ne cherchera pas à pratiquer tous ces exercices dans chaque leçon de lecture; avec beaucoup de mesure, il fera faire quelques-uns de ceux qui se présentent naturellement.

Lecture expressive. — La lecture expressive consiste à traduire les idées et les sentiments renfermés dans un texte, par les intonations, les inflexions, les pauses et la mise en relief des mots de valeur. Pour y réussir, la première condition est que le maître lise lui-même avec goût, avec un certain art, car la lecture expressive est affaire autant d'audition et d'imitation que d'explication. La lecture expressive suppose l'intelligence des idées et de leur liaison, des sentiments parfois complexes et de leurs nuances : c'est pourquoi elle n'est vraiment pratiquée qu'au cours supérieur. Toutefois, on donne quelques notions aux cours précédents, selon la mesure que comporte l'intelligence des élèves.

Voici la marche d'une leçon de lecture expressive :

1º Lecture courante du fragment, comme il a été indiqué.

2º Lecture expressive par le maître. A chaque strophe ou à chaque phrase, selon le genre du texte, il indique pour quelle raison il a pris telle intonation et varié l'inflexion ; pourquoi il a accentué tels mots, fait telle pause réclamée par le sens, accéléré ou ralenti la lecture, enflé ou affaibli la voix. Il montre comment il a traduit l'exclamation, l'interrogation, l'ironie, le doute ; comment il a rendu sensibles la liaison des membres d'une même période, les ellipses, les incidentes et les inversions de termes. Ces indications peuvent aussi n'être données qu'après la lecture de tout le morceau.

3º Lecture du texte par les élèves, en commençant par les meilleurs lecteurs ; lecture par les autres écoliers, et interrogations pour faire trouver et corriger les fautes qu'ils auraient commises.

4º S'il y a lieu, étude littérale en vue d'un exercice de déclamation, et alors on indiquerait quelques gestes simples et sobres, pour accompagner le texte.

Lecture du latin. — On apprend à lire le latin aux enfants qui savent suffisamment leur langue maternelle, ce qui n'a ordinairement lieu que dans les *cours moyen et supérieur*.

Autant qu'elles sont à leur portée, on leur fait quelques remarques pour les aider à prononcer correctement le latin liturgique, en adoptant la prononciation en usage dans le diocèse.

Lectures faites en classe par le maître. — Aux *cours moyen et supérieur*, il serait utile que le maître fît, une fois par semaine et pendant un quart d'heure environ, une lecture dont il donnerait ensuite un commentaire bref et substantiel. Cet exercice développe chez les enfants le goût des lectures utiles, étend le nombre de leurs idées, enrichit d'autant leur vocabulaire et les prépare à la rédaction ; il leur suggère des pensées morales, et apporte une utile variété dans les leçons.

Ces lectures seront instructives et intéressantes, quant aux idées ; irréprochables, quant au style ; expressives, quant à la diction ; reproduites oralement par quelques enfants, et parfois même suivies d'un résumé écrit.

CHAPITRE III

ENSEIGNEMENT DE L'ÉCRITURE

I. — DIRECTIONS GÉNÉRALES

Les premiers exercices d'écriture. — Avant d'entrer à l'école primaire, les enfants ont en général passé par l'école maternelle, où ils ont écrit sur l'ardoise et sur des cahiers. On peut donc les appliquer tout de suite à une méthode de *lecture combinée avec l'écriture et l'orthographe usuelle.* Nous avons dit comment, dès les premiers exercices d'écriture, on veille à ce que les débutants ne contractent aucune mauvaise habitude. Ce n'est toutefois qu'après plusieurs semaines passées au cours préparatoire que commence, pour ces enfants, le cours normal d'écriture.

But des leçons d'écriture. — Le résultat à obtenir, par l'enseignement méthodique de l'écriture, est de faire acquérir peu à peu, par les élèves, une expédiée lisible, ferme, simple, régulière et élégante.

Pour cela, il faut qu'ils appliquent les principes de la calligraphie, non seulement sur leur cahier d'écriture, mais aussi sur ceux d'orthographe et de devoirs. Sans cette attention, ils perdent en un temps ce qu'ils ont acquis dans un autre, et ils ne font que peu ou point de progrès.

L'enseignement de l'écriture donnera de bons résultats si le maître est méthodique dans son enseignement ; s'il explique au tableau les principes de l'écriture ; s'il corrige avec constance et intelligence les travaux exécutés; enfin s'il est lui-même bon calligraphe.

Les ardoises. — Les *ardoises* sont parfois utilisées pour les exercices des commençants. Aux ardoises naturelles, bien des maîtres préfèrent les ardoises factices réglées : d'un côté c'est, pour l'écriture, une réglure à deux lignes écartées de cinq millimètres; de l'autre, un quadrillage au centimètre, pour le calcul et le dessin.

Au lieu d'ardoise, on emploie aussi un cahier quadrillé à cinq millimètres, sur lequel les enfants écrivent avec un crayon tendre, à mine de plomb.

II. — LA METHODE D'ECRITURE

Ses caractères. — On appelle *méthode d'écriture* la série des exercices que l'on fait suivre à l'enfant pour le former à bien écrire.

Une bonne méthode d'écriture doit :

1º Être sûre, c'est-à-dire faire acquérir les bonnes formes de l'écriture; en présenter des modèles gradués, quant aux difficultés; — 2º être assez variée pour entretenir le goût des élèves; — 3º ne pas passer d'une lettre à une autre, sans un nombre assez grand d'exercices sur la lettre étudiée; — 4º offrir de temps en temps des exercices récapitulatifs.

Les procédés. — Concurremment à la leçon donnée au tableau, quatre procédés principaux sont employés pour former l'enfant à bien écrire : le travail sur papier libre, les modèles lithographiés, le calque intermittent, et les cahiers-modèles.

Copie sur papier libre. — La leçon étant expliquée au tableau, l'écolier en reproduit les éléments sur son cahier de devoirs, et donne aux lettres une hauteur déterminée. Souvent on lui fait écrire les mêmes mots en posée fine, en moyenne et en gros. D'excellents professeurs exercent beaucoup leurs élèves à l'écriture en gros : elle permet une plus facile application des principes relatifs à chaque lettre, et elle donne au coup de plume la sûreté, la fermeté, la hardiesse.

Modèles lithographiés. — Ce procédé consiste à placer le modèle devant l'élève, à gauche de son cahier; à le lui faire copier partie par partie, à visiter ensuite son travail et à lui montrer, par des corrections, en quoi son imitation est défectueuse.

Calque intermittent. — Le procédé du calque consiste à faire écrire par transparence sur un modèle, jusqu'à ce que l'enfant ait acquis les formes du genre; on lui ôte ensuite ce moyen artificiel et l'on place le modèle sous ses yeux, comme précédemment.

Cahiers-modèles. — Les cahiers-modèles présentent, à la première ligne de chaque page et quelquefois au milieu, le modèle lui-même, et au-dessous une esquisse d'abord suffisante pour que l'imitation soit facile, mais devenant ensuite de moins en moins complète, afin que l'enfant s'affranchisse de tout moyen artificiel.

Les cahiers ainsi préparés sont surtout utiles aux débutants. Pour les élèves plus avancés, ils ont l'inconvénient de trop faciliter le travail; sans un contrôle sérieux du maître, les pages sont remplies très rapidement, et sans application ni profit réel. Souvent alors la fin des pages, comme la fin du cahier, est moins bien écrite que le commencement. Pour parer à ce danger, on exige que toute la classe écrive très lentement et à la même page; puis on fait souvent écrire sur papier libre, comme nous venons de le dire.

Dans aucun cas, l'usage des cahiers-modèles ne dispense le maître d'expliquer au tableau noir les principes d'écriture.

Écriture penchée, écriture droite. — Toutes les écritures européennes qui se lisent de gauche à droite furent, jusqu'à ces derniers temps, des écritures *penchées*. La cursive penchée, ou anglaise, se recommande par la fermeté des pleins et la finesse des déliés; à la lisibilité, elle joint l'élégance et la rapidité de l'exécution. Aussi demeure-t-elle adoptée dans la plupart des écoles. Ajoutons que sa pente primitive est diminuée en bien des méthodes récentes.

En France, en Angleterre, en Allemagne et en Suisse, les partisans de l'écriture *droite* affirment que, par elle, on obtient plus facilement une bonne tenue des enfants, et qu'ainsi sont moins fréquents les cas de strabisme, de fatigue visuelle, de scoliose[1] ; que plus vite l'écriture devient nette, les chiffres lisibles, les devoirs mieux faits, les titres mieux disposés.

Si l'on n'avait voulu que répandre l'écriture droite concurremment avec l'écriture penchée, peut-être aurait-on gardé plus de mesure à médire de celle-ci. Mais on prétendait la détrôner ; et l'on fut injuste. Certains enfants ont une écriture droite très nette, très agréable : voilà qui est au moins aussi valable, pour la recommander, que les raisons médicales. La mauvaise tenue, dont on a rendu responsable l'*écriture penchée*, tient surtout au mobilier scolaire, longtemps défectueux, au peu d'espace laissé à chaque enfant pour écrire, à la surveillance insuffisante, et à la manière dont on place le cahier. Mais si l'on n'y veille, les enfants qui écrivent droit appuient beaucoup la poitrine contre la table : condamnera-t-on de ce chef la nouvelle écriture ? Ajoutons qu'il suffirait de faire incliner suffisamment à gauche les cahiers, pour permettre aux enfants de garder la position presque symétrique en s'appliquant à l'écriture penchée.

III. — PRINCIPES GÉNÉRAUX D'ÉCRITURE

Position du corps. — Pour la *cursive penchée* et la *bâtarde*, le corps est tenu presque droit, un peu rapproché de la table, du côté gauche, sans cependant la toucher. La tête ne penche ni à droite ni à gauche. L'avant-bras gauche est posé en entier sur la table, et la main sur le papier, afin de le faire mouvoir selon le besoin ; le milieu de l'avant-bras droit est posé sur le bord de la table, et le coude s'éloigne du corps de quatre à cinq doigts. La main droite, mollement arrondie, est placée de façon que l'extrémité du porte-plume se dirige vers l'épaule ; on obtient cette position en faisant reposer la main sur la dernière phalange des quatrième et cinquième doigts[2].

Pour l'écriture *droite* et la *ronde*, l'élève tient droits le corps et la tête ; il dispose symétriquement les deux bras, les deux coudes restant écartés.

---

[1] Les avis sont loin d'être unanimes sur ce point ; un certain nombre de médecins contestent ces affirmations.

[2] Si le cahier est très incliné à gauche, et si les lignes ne sont pas trop longues, on peut prendre pour l'écriture penchée à peu près la même position que pour l'écriture droite.

Position du cahier. — Pour la *cursive* et la *bâtarde*, le cahier oblique vers la gauche ; pour *l'écriture droite* et la *ronde*, le cahier ne penche ni à gauche, ni à droite. — Par mesure de propreté, il convient de faire reposer le cahier sur une feuille de papier, et non directement sur la table.

Tenue du porte-plume. — Le porte-plume est tenu par les trois premiers doigts de la main : le pouce et le doigt majeur le soutiennent et le dirigent ; l'index, allongé, appuie dessus pour lui faire produire les pleins ; le pouce est posé vis-à-vis la première articulation de l'index ; enfin l'annulaire et l'auriculaire sont tenus courbés, afin de rendre les mouvements des trois autres doigts plus souples et plus faciles. Au début de la leçon, on exerce les élèves à exécuter le va-et-vient du porte-plume par la seule flexion de ces trois doigts.

Certains enfants contractent la mauvaise habitude de laisser tomber le doigt majeur, et de n'écrire plus alors qu'avec deux doigts ; plusieurs crispent leurs doigts raidis sur le porte-plume et suppriment toute flexibilité à la plume : ces défauts, et autres semblables, seront corrigés avec patience et par l'encouragement.

IV. — LA LEÇON D'ÉCRITURE

La leçon d'écriture comprend l'exposé des principes et leur application dans un exercice immédiat.

Explication des principes. — Les principes d'écriture sont expliqués par le maître sur le tableau noir. C'est au tableau noir qu'il écrit pour donner la leçon sur une lettre en particulier, ou attirer l'attention sur un défaut qui tendrait à se généraliser. Par exemple, il explique la forme de chacune des lettres, les principes relatifs au départ et à la rentrée des boucles, à l'écartement des lettres, aux liaisons entre les lettres du même mot.

Marche générale d'une leçon d'écriture. — Faire étudier les lettres dans l'ordre alphabétique serait illogique. On les explique par groupes dérivant d'une même forme radicale : ainsi les analogies et les variantes de forme seront beaucoup mieux comprises. On pourrait commencer par quelques-unes des lettres de forme linéaire (n, m, i, p, j, v, y), puis quelques-unes de forme ovale (c, e, o, a, q, g, d), et l'on compléterait ensuite l'étude de l'un et l'autre groupe. Les majuscules sont de même étudiées par groupes analogues.

Lorsque la leçon a pour objet une lettre en particulier, elle adopte la marche suivante :

1. Tracé, au tableau noir, de la portée ou corps d'écriture, avec indication de la pente; — pour les jeunes élèves, on ajoute des lignes marquant la hauteur de la boucle ou du jambage, s'il y a lieu;

2. Tracé de la lettre, analyse ou décomposition de cette lettre en ses parties, dont on fait observer le point de départ, celui d'arrivée, et leur grosseur relative;

3. Tracé au tableau noir, par un ou deux élèves, de la lettre qui fait l'objet de la leçon. Recherche et correction des défauts du tracé, par comparaison avec la lettre-modèle;

4. Composition de groupes de lettres, ou de mots formés des lettres déjà étudiées; remarques sur la hauteur et la largeur de ces lettres, sur leur écartement entre elles;

5. Reproduction, sur les cahiers, de la lettre et des exercices tracés au tableau;

6. Correction individuelle ou collective.

Manière de corriger l'écriture. — Par un coup d'œil d'ensemble donné au début de la leçon d'écriture, le maître s'assure de la tenue régulière des élèves; cette inspection sommaire est renouvelée de temps en temps au cours de l'exercice. Après avoir, de sa place, réformé ce qui est défectueux dans la tenue du corps, du cahier et de la plume, il commence les corrections particulières, qui ont lieu au moins une fois chaque leçon.

Correction individuelle. — Dans l'examen qu'il fait du travail des élèves, le professeur porte son attention surtout sur les points suivants :

1º La forme des lettres;

2º La régularité dans la hauteur de l'écriture et dans la distance des pleins entre eux;

3º La régularité dans la pente, qui doit être celle du modèle;

4º L'égalité, la netteté des pleins;

5º Les liaisons;

6° La distance laissée entre les mots, comme aussi entre les lettres du même mot, et qui toujours doit être suffisante et régulière;

7° La légèreté, la hardiesse du coup de plume.

Le maître n'écrit pas sur les cahiers une ligne entière, ni même un mot de plusieurs syllabes. Par exemple, si les lettres ne sont pas bien alignées, il tire légèrement, avec la plume ou le crayon, une ligne droite et horizontale qui marque celle que l'écolier aurait dû suivre; — ne sont-elles pas de même hauteur, il trace deux lignes parallèles, dont la distance indique la hauteur uniforme qui devrait être donnée à ces lettres; — si elles ont différentes pentes, ou si les jambages ne sont pas droits, il tire sur les lettres des lignes parallèles indiquant la pente qu'elles doivent avoir. Pour corriger une liaison, il la refait en lui donnant la forme convenable; — pour corriger une lettre mal formée, il l'écrit dans un interligne.

Il ne signale chaque fois aux écoliers que deux ou trois fautes, et les plus considérables : un trop grand nombre partagerait leur attention, mettrait de la confusion dans leur esprit et retarderait les progrès. On poursuit un même défaut chez tous les élèves, jusqu'à ce qu'il ait à peu près disparu, surtout s'il porte sur quelque point important.

Correction simultanée ou collective. — La correction simultanée se fait au tableau noir, pendant la leçon ou à la fin. Le maître trace la lettre, d'abord telle qu'il faut l'écrire, puis avec les défauts relevés sur plusieurs cahiers. Il fait découvrir ces défauts, il les corrige, et indique la manière de les éviter.

Défauts de l'écriture et leurs causes. — Les défauts de l'écriture peuvent provenir de la mauvaise position du corps ou du cahier; de la tenue défectueuse du porte-plume, de sa petitesse ou de sa grosseur; de la position des bras, de la main ou des doigts.

Une écriture est *lourde* et *trop droite*, si l'élève appuie trop sur la plume, ou si le porte-plume dont il se sert est très mince ou trop pesant.

Elle est *maigre* et *trop penchée*, si la plume est très éloignée du bout des doigts, si l'index n'appuie pas assez, ou si le porte-plume est trop gros.

Elle est *raide, anguleuse, cassée*, si le porte-plume est trop serré entre les doigts.

Elle est *striée*, si la plume porte trop sur un seul bec, ou si les doigts sont tenus en crochets.

Elle est *tremblée*, si les mouvements de la main sont trop lents, si l'élève a une position fausse ou génée, soit qu'il appuie la poitrine contre la table, soit qu'il manque d'espace pour écrire.

Enfin *les mots ne suivent pas une ligne droite* et sont tracés de travers, si, au lieu de laisser le bras droit suivre la marche du poignet et de la main, l'enfant appuie trop le bras sur la table, le déplace par mouvements brusques, et le pose alors plus haut ou plus bas qu'il ne faut.

CHAPITRE IV

ENSEIGNEMENT DE LA LANGUE MATERNELLE

I. — Le Vocabulaire et l'Élocution. L'Orthographe.

La connaissance de la langue maternelle est le fondement obligé de toute instruction. Loin que cet enseignement se borne à une simple étude de mots, il veut former les élèves à bien penser. Il éveille en eux le souci de traduire, par des expressions exactes, les idées avec leurs développements et leurs nuances.

Le temps n'est plus où l'on regardait l'orthographe comme l'essentiel, le tout, dans l'enseignement de la langue. Aujourd'hui on estime comme aussi importantes au moins l'étude et l'acquisition des mots, la construction de la phrase écrite ou parlée, l'intelligence d'un texte et la rédaction. On ne cherche pas à encombrer les leçons de nomenclatures et de définitions techniques, mais à les rendre pratiques, c'est-à-dire immédiatement utiles. — Elles comprennent des exercices de vocabulaire et d'élocution, la grammaire et les exercices grammaticaux, l'orthographe, la lecture expliquée, l'explication et l'étude des textes choisis, enfin la rédaction.

Ces divers exercices s'enseignent simultanément, en ce sens que de la lecture on tire des exemples de grammaire, que l'analyse suit comme pas à pas l'étude des règles, que le vocabulaire et la lecture préparent à la rédaction, lui fournissant l'un des mots et l'autre des modèles.

I. — EXERCICES DE VOCABULAIRE ET D'ÉLOCUTION

Le point de départ, dans l'étude de langue maternelle, n'est pas la grammaire, mais le vocabulaire et le langage. Que les enfants acquièrent d'abord des mots nombreux et les idées que ces mots représentent; les règles grammaticales viendront ensuite.

Les exercices de *vocabulaire* proprement dit ont pour but d'accroître le nombre des mots (noms, adjectifs, verbes) dont dispose l'écolier; — les exercices de *langage* ou d'élocution lui font contracter l'habitude de bien parler, selon son âge, des choses qu'il connaît.

Exercices de vocabulaire. — Les exercices de vocabulaire sont très variés et facilement adaptés à l'acquis intellectuel des élèves. En voici quelques-uns :

1º Faire nommer les objets qui se voient à l'école, à l'église, à la campagne, à la ferme, etc. ;

2º Faire énumérer les parties d'un objet, d'un tout, montré à l'enfant ou connu de lui (mobilier scolaire, habitation, animal domestique, plante);

3º Faire énumérer les diverses espèces d'un genre donné (habitations, vêtements, chaussures, aliments, jeux);

4º Faire énumérer des séries d'objets ou d'êtres de même nature (quadrupèdes, oiseaux, plantes, vertus, défauts, etc.);

5º Faire ajouter à un mot une ou plusieurs épithètes qui lui conviennent;

6º Faire énumérer un certain nombre d'adjectifs se rapportant à l'homme, aux aliments, à la couleur, à la vertu, etc.; — des noms ou des verbes relatifs à la parole, aux mouvements, à des professions manuelles ou libérales ;

7° Faire énumérer les actions (*verbes*) auxquelles servent des objets renfermés dans la maison, la ferme, l'atelier de certains artisans;

8° Faire énumérer les actions (*verbes*) familières à l'enfant, à des êtres donnés (hommes ou animaux);

9° Faire indiquer la nature, l'usage d'objets connus;

10° Faire compléter des propositions auxquelles manque un des éléments constitutifs;

11° Faire remplacer un mot (nom, adjectif ou verbe) par un équivalent, plusieurs synonymes, son contraire, une périphrase;

12° Faire trouver, puis expliquer simplement quelques dérivés de mots fondamentaux.

Dans ces divers exercices, on ne se bornera pas à une simple recherche de *mots;* on questionnera beaucoup les enfants sur les *idées* dont ces mots sont les signes.

Exercices d'élocution ou de langage. — Tandis que les exercices de vocabulaire portent sur des *mots* à trouver, les exercices de langage demandent que l'élève s'exprime en phrases suivies : *ils font parler.* De ce nombre sont les exercices d'observation, les exercices d'invention ou de réflexion et les récits oraux.

Dans les *exercices d'observation* ou *de vue directe*, on procède avec une précision et des détails qui varient selon les cours. On questionne les enfants sur ce qu'ils ont pu voir dans l'école, la maison paternelle, une ferme, les champs, les bois, les boutiques ou ateliers de la localité, et non pas seulement pour qu'ils donnent de simples énumérations d'êtres ou d'objets, mais pour qu'ils construisent des phrases dans lesquelles entreront ces énumérations, ou la description sommaire des choses vues.

Les *exercices de réflexion* ou *d'invention* s'adressent à la mémoire et à l'imagination, comme les précédents, mais encore et surtout au jugement.

On provoque la réflexion judicieuse de l'enfant si on lui demande de dire, par exemple, quels sont les défauts et les qualités de l'écolier; — pourquoi la paresse, la dissipation habituelle, le mensonge sont blâmables; — pourquoi les parents travaillent et épargnent; — quelles sont les différences d'aspect entre tels et tels animaux, telles et telles plantes, tels et tels fruits connus dans la région; — quel est le sens de

certains proverbes et s'ils sont justes; — quelle conduite on
devrait tenir en des occasions indiquées. L'enfant formulera
d'abord mentalement sa réponse, puis l'exprimera autant que
possible en termes clairs et corrects.

Les *exercices oraux* sont très fréquents dans les classes :
tels sont les résumés de lectures, de leçons entendues, l'exposé
de faits historiques, les descriptions géographiques, les explications de gravures murales, ou d'illustrations contenues dans
les manuels scolaires.

Les exercices de langage fournissent au maître l'occasion de
corriger l'accent local, les fautes qui tiennent aux habitudes,
ou à la transposition trop littérale, en français, d'expressions
empruntées aux patois régionaux. Mais nombre d'enfants y
éprouvent, surtout au début, de grandes difficultés. On n'oubliera pas que, sans beaucoup de calme et de bonté à les
reprendre de leurs défauts, on les découragerait vite, et leurs
progrès en seraient suspendus ou retardés.

Adaptation des exercices de vocabulaire et de langage.
— Si l'on avait affaire à des élèves ne connaissant qu'un idiome
provincial ou un patois, les exercices du langage n'en seraient
que plus indispensables. Même il serait utile que le maître se
servit des expressions familières aux enfants pour leur faire
comprendre et apprendre les mots français correspondants.

Dans toutes les classes et toutes les régions, il faut apporter
de la méthode dans les exercices de vocabulaire et d'élocution,
pour qu'ils soient pleinement éducatifs.

Au *cours préparatoire*, on demande le nom, la qualité des
choses que les enfants connaissent, l'énumération des parties
formant un objet vu; puis on questionne sur les mots, on fait
faire de petites phrases très simples et on récapitule. Telle est
la marche à suivre pour ces premières leçons.

Le *cours élémentaire* étudie des listes de mots fournis par
un manuel, ou mieux par l'observation directe et par l'observation d'images. Des phrases sur ces mots, une description
orale de locaux et de sites vus, ou de gravures expliquées,
rendent éducatifs les exercices de vocabulaire. Comme exercices écrits, on fait compléter des propositions et des phrases.

Au *cours moyen*, les mots étudiés, les phrases à transformer, les résumés oraux de textes sont de préférence choisis
dans le livre de lectures courantes ou même dans les autres

manuels scolaires. On y ajouté des notions très simples sur les familles de mots, des exercices de synonymie, des exercices sur le sens propre ou naturel des mots, leur sens dérivé ou détourné, leur sens figuré, les idiotismes, les définitions de mots ou de choses. Les exercices de langage prennent toutes les formes qui viennent d'être indiquées : exercices d'observation, de réflexion, et récits oraux.

II. — LA GRAMMAIRE

Principes généraux. — Il est fort à souhaiter que l'enseignement grammatical ne s'écarte pas des principes suivants :

1o La grammaire est un moyen d'apprendre à parler et à écrire ; elle cherche à corriger chez les enfants les multiples défauts de langage provenant, ou des patois, ou des mauvaises habitudes locales. Elle ne s'enseigne pas *a priori*, par des règles, des définitions plus ou moins abstraites et logiques, mais par le langage même, par des exemples écrits ou parlés dont on déduit quelques règles utiles, quelques définitions bien comprises.

2o Ce serait un grave abus de perdre le temps à exposer des règles et des subtilités syntaxiques peu applicables dans le langage courant, au lieu d'insister sur les formes verbales, les parties de la proposition et leurs rapports entre elles.

3o La grammaire ne s'apprend pas par pages entières et successives dans un manuel ; — les règles à expliquer, à faire étudier et appliquer doivent être en rapport avec les exercices d'orthographe du jour, ou tout au moins avec ceux de la semaine.

4o Il faut n'aborder les exceptions à une règle que si les enfants savent bien appliquer cette règle, et on sera toujours très sobre dans l'énoncé des exceptions.

5o En interrogeant les élèves sur la grammaire, on leur fait trouver des exemples d'application différents de ceux que donne leur manuel ou qui ont été écrits au tableau noir ; puis, par des questions variées, on s'assure qu'ils ont l'intelligence des règles apprises.

Marche d'une leçon de grammaire. — La marche logique est, non d'expliquer une définition ou une règle par des

exemples, mais de conclure à la définition, à la règle par
l'examen de plusieurs exemples. On procède donc, non par
déduction, mais par induction, et de la manière suivante :

1º S'il y a lieu, faire rappeler les règles connues que complète la nouvelle leçon;

2º Écrire au tableau des exemples où soit appliquée la règle
à étudier; puis faire trouver par les élèves le thème de la
leçon, c'est-à-dire ce que les exemples proposés renferment
de spécial; attirer l'attention sur les mots qui sont l'objet de la
règle;

3º Faire formuler la règle, et rectifier ce qu'il y a d'inexact
ou d'incomplet dans la réponse des élèves;

4º Faire trouver et écrire au tableau, par les élèves, deux
ou trois autres exemples analogues et significatifs, au sujet
desquels on pose quelques interrogations;

5º Recourir au manuel, qui donne le texte précis de cette
règle; le faire lire et l'expliquer encore: c'est la formule dont
les élèves retiendront le sens exact ;

6º Donner un devoir écrit, en rapport avec la leçon.

Au *cours supérieur*, on procède parfois à l'inverse : on formule d'abord la règle, et l'on fait trouver ensuite des
exemples d'application.

Enseignement de la grammaire aux jeunes enfants.
— Les premiers éléments de la grammaire ne s'enseignent
pas au moyen d'un manuel; ils se déduisent de textes que les
enfants viennent de lire dans leur livre de lecture, d'exemples
écrits au tableau, et de phrases qu'on leur a fait construire.

Dès que les élèves commencent à copier assez fidèlement
dans le livre de lecture, on leur donne la notion du nom, du
nombre et du genre, du verbe et de l'adjectif. Voici comment
le maître procéderait pour arriver à la définition du nom :

Montrant aux enfants un objet connu, il le fait nommer,
puis il fait écrire au tableau le mot qui le désigne, et de même
pour trois ou quatre autres objets. « Ces mots que voici, et
que vous venez de lire au tableau, dit-il, s'appellent des *noms,*
parce qu'ils servent à désigner, à *nommer des objets.* » C'est
la définition à répéter et à retenir. On fait trouver ensuite des
noms d'objets qui se trouvent dans l'école ou à la maison;
puis, pour devoir, on demande aux élèves de souligner, dans
la copie de leurs leçons de lecture, les *noms de choses.*

La définition du nom se complète, à la suite d'exercices analogues sur des noms d'animaux et de personnes.

De même, après avoir donné aux enfants, par des exemples concrets, l'*idée de qualité*, on leur fait comprendre que l'adjectif est un mot désignant une qualité, ou un défaut, d'une personne ou d'une chose. L'idée de *nombre* sera présentée par la distinction pratique du singulier et du pluriel, au moyen d'un, puis de plusieurs objets montrés ; — celle du *genre*, par la distinction que fait le langage entre le masculin et le féminin ; — celle du *verbe*, par l'indication de termes qui marquent ce qu'on est, et surtout ce qu'on fait. Le maître enseignera ainsi aux débutants des notions sans doute incomplètes, mais exactes et réfléchies, sur les termes grammaticaux.

Exercices de conjugaison. — On a jadis abusé des exercices de conjugaison ; surtout on les a prescrits de façon peu intelligente. Était-ce un motif valable pour les condamner? Dans tous les cours, la conjugaison des verbes est fondamentale pour l'étude de la langue. Il faut insister sur les formes verbales et la concordance des temps, non d'une manière mécanique, machinale et monotone, mais par des procédés qui en fassent un exercice vivant. Ainsi le maître ne fait pas conjuguer tous les temps de suite, mais certains temps et même certaines personnes ; il se sert des verbes rencontrés dans la dictée, la lecture, pour faire conjuguer un temps, un mode.

Les plus jeunes élèves sont exercés à la conjugaison orale de quelques verbes familiers, dès les premières leçons de langue maternelle, avant même toute définition grammaticale. Ainsi et par le procédé auditif, on fait conjuguer certains temps d'un verbe auxiliaire suivi d'un attribut ou d'un complément. Le maître énonce la première personne : *Je suis attentif, J'ai travaillé ;* il indique, ou mieux fait trouver comment se forment les autres personnes et, après une courte répétition, les enfants achèvent le temps commencé.

Au *cours élémentaire*, les élèves apprennent à distinguer les temps ; ils sont ainsi préparés aux exercices sur les différentes conjugaisons. Mais ils étudient surtout les auxiliaires *avoir* et *être.*

Au *cours moyen*, on insiste beaucoup sur les conjugaisons modèles, que les enfants doivent posséder imperturbablement ;

puis on aborde les plus fréquemment employés des verbes
irréguliers.

Le *cours supérieur* récapitule et complète cette étude.

On pourra donner, pour *devoir écrit,* quelques temps et
même parfois un verbe entier, afin de graver dans la mémoire
la suite des formes verbales. Il sera utile de faire conjuguer
ensemble trois ou six verbes, un pour chaque personne. On
recommande de faire conjuguer par propositions, c'est-à-dire
en ajoutant.au verbe un complément ou un attribut donné,
que l'on répète à chaque personne; de faire conjuguer simultanément deux verbes : *Quand je mens, j'offense Dieu; —
je ne volerai pas, car je ne veux pas offenser Dieu: — si
j'étais riche, je viendrais en aide au malheureux.*

Exercices grammaticaux. — Pour donner aux enfants
l'occasion d'appliquer leurs connaissances grammaticales, et
de se les graver ainsi dans la mémoire, on leur fait faire oralement un grand nombre d'exercices analogues aux suivants :

Dans une phrase donnée, faire précéder un nom de l'adjectif
possessif ou d'un qualificatif qui lui convient;

Dans un texte, indiquer le radical des verbes et leur terminai-
son ; les verbes ou les compléments de nature donnée;

Traduire par le pluriel des phrases données au singulier;

Ajouter un second sujet dans une phrase, et la modifier;

Transformer des phrases données, en changeant les verbes de
temps ou de personnes;

Dans une phrase, changer le genre ou le nombre du mot principal, et faire les modifications qui doivent en résulter.

III. — L'ANALYSE

Un texte peut être soumis à plusieurs sortes d'analyses :
l'analyse grammaticale étudie les mots quant à leur nature
et à leurs rapports dans la phrase; — *l'analyse logique*
s'attache à la pensée; elle montre la nature et la subordination réciproque des propositions; — *l'analyse étymologique*
met en lumière les éléments constitutifs des mots; — *l'analyse
littéraire* s'applique à l'ordre et à la valeur des pensées, ainsi
qu'aux qualités du style ou de l'expression. Dans ce paragraphe, nous n'étudions que. l'analyse grammaticale et l'analyse logique.

Utilité de l'analyse. — De ce qu'on a parfois abusé de l'analyse, on aurait grand tort d'en proscrire l'usage. Comment, sans l'analyse grammaticale, appliquer les règles de variabilité des mots? Comment, sans l'analyse logique, connaître la valeur respective des propositions?

Pourvu qu'on évite les procédés routiniers, l'analyse est un excellent exercice pour le jugement, puisqu'elle étudie la construction logique des phrases et des alinéas. Parce qu'elle dissèque les phrases, elle est d'une grande ressource pour apprendre à en construire de correctes.

L'analyse n'est pas un procédé d'enseignement, mais un contrôle des connaissances grammaticales de l'enfant, un moyen de s'assurer qu'il comprend ce qu'il lit ou écrit. Quant à sa complexité, elle suit les leçons de grammaire; toujours elle demeure claire, judicieuse, non embarrassée de divisions subtiles ou de termes techniques. Par les mots, elle fait atteindre les idées; c'est, avant tout, un exercice pour le bon sens.

Pratique de l'analyse. — Il n'est pas rationnel de séparer l'analyse logique de l'analyse grammaticale, c'est-à-dire d'attendre, pour initier les enfants à l'analyse logique, qu'ils soient entrés au *cours moyen*. Les deux formes de l'analyse se complètent l'une l'autre; toutes deux sont enseignées simultanément à partir du cours élémentaire, et suivent le développement du programme de grammaire.

L'analyse grammaticale est presque toujours partielle. Le maître en écrit le texte au tableau noir et souligne les mots qui doivent être analysés, puis il fait faire oralement l'exercice. Les mots ne sont pas tous analysés, ou parce que les élèves n'en sont pas capables, ou parce que ce serait une perte de temps. Ainsi donc pas de rabâchage pour faire redire, par exemple, la nature et la fonction de déterminatifs déjà cent fois analysés.

Comment procéder pour l'exercice oral? — Chacun des élèves énonce l'un des mots qui doivent être analysés; il en dit la nature, et en désigne aussi les propriétés et la fonction, autant que le permet ce qu'on a déjà étudié en grammaire. De temps en temps, on interroge les enfants sur les règles dont ils font l'application, pour leur faire raisonner, justifier leur analyse.

Les analyses écrites portent également, non sur des phrases entières, mais sur des mots indiqués dans un texte. Pour

préparer un devoir écrit d'analyse, on fait résoudre oralement
les principales difficultés. Ce texte, choisi en rapport avec les
leçons de grammaire déjà données,·doit être court et sans
subtilité inutile.

On suit, pour l'*analyse logique,* une méthode rationnelle, sans
divisions compliquées ni distinctions minutieuses. Aux élèves
les moins avancés, on fait reconnaître des propositions simples
et leurs éléments, en des textes préparés pour.cet exercice;
progressivement, on propose des phrases plus.complexes à
étudier et avec plus de détails, selon que le permet l'enseignement grammatical. Au cours supérieur, où les enfants ont des
notions générales sur la grammaire élémentaire, le texte d'une
analyse peut être choisi dans le livre de lecture; le maître ne
manque pas de faire remarquer combien l'enchaînement des
propositions, dans la phrase, suit le développement logique
des idées dans l'esprit, et qu'ainsi, pour bien écrire, il faut
d'abord bien penser. Il montrera la relation qui existe entre
l'analyse logique et la bonne ponctuation, qui rend distincte
l'importance relative des idées.

Quand on exerce au tableau noir les élèves à l'analyse
logique, on leur fait distinguer matériellement entre elles, par
un trait vertical, les propositions d'une même phrase. Plusieurs maîtres font ensuite marquer d'une majuscule (A, B, C)
les propositions principales, et d'une minuscule (a, b, c) les
subordonnées; puis l'ensemble des rapports réciproques des
divers éléments de la phrase est rendu sensible dans un graphique, ou tableau de coordination.

On pourrait peut-être donner parfois des devoirs d'analyse
logique et d'analyse grammaticale simultanées. Voici comment
on procéderait alors. Soit à analyser ainsi la phrase : *Deux
voleurs inconnus pénétrèrent ce matin, par effraction, dans
une banque.*

I. — Sujet et verbe.

Sujet | *voleurs :* non commun, masc. pl.
Verbe | *pénétrèrent :* verbe *pénétrer,* 1er groupe, actif, intran-
             | sitif, passé simple, 3e pers. pl.

II. — Déterminatif et qualificatif du sujet.

Déterminatif | *deux :* adj. num. card., masc. pl.
Qualificatif | *inconnus :* adj., masc. pl.

III. — Compléments du verbe.

Circonstanciel de temps .	*matin* : nom comm., masc. sing., précédé de l'adjectif *ce*.
Circonstanciel de manière	*effraction* : nom comm., fém. sing., relié au verbe par la préposition *par*.
Circonstanciel de lieu	*banque* : nom comm., fém. sing., déterminé par l'adjectif *une* et relié au verbe par la préposition *dans*.

IV. — L'ORTHOGRAPHE D'USAGE

L'orthographe d'usage, ou orthographe absolue, consiste à écrire correctement les mots, abstraction faite des variations provenant de leurs relations réciproques dans la phrase. Elle s'apprend par des moyens méthodiques et rationnels qui s'adressent à l'intelligence et à la mémoire.

Le mot à écrire est à la fois un signe d'idée et une image : l'idée sera expliquée à l'intelligence par des exercices de vocabulaire, de dérivation ou de synonymie, par une définition ou le recours au dictionnaire; — l'image sera présentée correcte à la mémoire visuelle par la lecture du mot dans un livre ou sur le tableau noir; à la mémoire auditive, par l'épellation; à la mémoire graphique, par l'écriture du mot, au moyen d'une copie ou d'une dictée. Plus on groupera d'images correctes relativement au même mot, plus il y aura chance de le graver dans la mémoire.

Les enfants du cours préparatoire commencent à étudier l'orthographe d'usage en même temps que la lecture et l'écriture. On leur fait copier, puis on leur dicte des mots où n'entrent que les seules lettres déjà étudiées. Ces mots, écrits au tableau noir, sont copiés sur l'ardoise, puis effacés, dictés et corrigés.

Aux autres cours, il est très utile de faire suivre la dictée de quelques mots rencontrés, le jour ou la veille, dans les manuels scolaires. Les enfants les lisent alors avec plus d'attention.

V. — LA DICTÉE

La dictée n'est qu'un moyen, entre bien d'autres, d'apprendre l'orthographe. C'est surtout un procédé de contrôle; il vaut par l'intelligence du maître qui s'en sert pour faire récapituler et appliquer ce que les enfants connaissent de grammaire, d'analyse et d'orthographe absolue.

La copie. — Pour les tout jeunes enfants, la copie est une sorte d'initiation à la dictée. Cet exercice se prépare comme la dictée pour les plus âgés : on fait lire les mots à copier, on en donne l'explication; puis, le livre étant fermé, on les fait épeler, après quoi ils sont copiés sur le cahier. Dès que les enfants commencent ces exercices, il faut exiger que la copie soit exacte et bien écrite. Non seulement cette application forme les enfants à l'orthographe, mais elle les habitue à travailler avec attention.

Comment on choisit et prépare une dictée. — Le choix d'une dictée porte sur la valeur éducative du texte, sur les mots d'usage qu'il renferme et les règles grammaticales dont il offre l'application. Toute dictée doit être simple, courte, claire, intéressante.

Quand il s'agit d'orthographe usuelle, l'enfant ne peut qu'évoquer des souvenirs de mots ; la dictée est plutôt un contrôle relatif aux mots déjà vus. — Donner une dictée sans l'adapter à l'enseignement grammatical et sans préparer les enfants à l'écrire, c'est une inconséquence et une perte de temps. Jamais la dictée ne doit être un traquenard orthographique où, à chaque phrase, trébuche le meilleur élève. Dans toutes les classes, elle est choisie en vue de faire appliquer les règles étudiées durant les dernières leçons de grammaire, à moins toutefois qu'il ne s'agisse de dictées récapitulatives ; mais ces dernières sont plutôt des compositions.

De temps en temps, dans les écoles rurales, les centres industriels, les localités maritimes, on dicte des textes se rapportant à l'agriculture, à l'industrie, au commerce, à la navigation, à la pêche, aux colonies.

Au *cours préparatoire*, et dès que l'enfant lit quelques mots et les a copiés, on peut les lui dicter lettre par lettre. Puis de la même manière on en dicte d'autres qu'il a lus, non plus dans son syllabaire, mais au tableau noir, et on arrive à de petites phrases très simples et de style familier. Le maître a besoin de beaucoup préparer ces premiers essais, pour que, dans l'esprit des enfants, ne se gravent pas des images incorrectes de mots, qui peut-être seraient difficilement réformables. La dictée aux enfants de ce cours pourrait se borner d'abord à des mots dont l'écriture concorde avec la prononciation ; — puis à des mots dont l'écriture n'est pas indiquée par la prononciation, sans cependant lui être contraire ; — enfin on arriverait à dicter des mots dont l'écriture paraît en contradiction avec la prononciation. Et toujours les termes dictés seraient choisis dans le vocabulaire du jeune âge.

Au *cours élémentaire*, la dictée ne se composera que de textes très simples que les enfants ont préalablement lus, épelés, copiés et corrigés ; autrement elle serait pour eux l'occasion de multiplier les fautes.

Pour préparer une dictée au *cours moyen*, il faut : 1º en lire le texte aux élèves, leur expliquer le sens des mots qu'ils ne connaissent pas et les décomposer au besoin ; — 2º interroger sur le sens de quelques phrases ; — 3º faire rendre compte des accords. Dans cette préparation, faite toujours brièvement et sans les commentaires qui ont leur place après la dictée, le maître se servira du tableau noir ; il y écrira, puis fera lire, épeler même les mots peu usuels.

Comment on donne une dictée. — Voici comment on peut procéder pour une dictée :

1º Lentement et en bien articulant, le maître dicte la première phrase, ou une partie exprimant une idée ; un élève la redit sur le même ton, et tous l'écrivent en silence. On dicte de la même manière jusqu'à la fin du texte. — A partir du cours moyen, il convient de supprimer cette répétition, et d'habituer les élèves à si bien écouter, qu'une seule audition suffise.

2º Pour que la dictée ne devienne pas un exercice monotone, on demande aussi d'en écrire seulement certains mots sur l'ardoise et on corrige par un procédé collectif. A mesure que les enfants ont écrit les mots indiqués, ils retournent leur ardoise sur la table ; à un signal donné, tous la montrent au maître qui fait vérifier ou vérifie en passant dans les tables.

3º Parfois il arrive, au *cours élémentaire*, qu'une partie des élèves sont capables d'écrire sous la dictée plus vite que les autres : les moins avancés ont une copie à faire pendant ce temps. Lorsque les plus habiles transcrivent la dictée corrigée, le maître donne une dictée très lente à la seconde section. On pourrait encore exercer ainsi cette dernière division : prenant en main leur livre de lecture, les enfants liraient, syllaberaient, épelleraient plusieurs fois une ligne désignée ; ensuite tous, excepté un, fermeraient leur livre, et cet écolier reprendrait la ligne étudiée, la lirait lentement à haute voix, pendant que les autres, à tour de rôle, épelleraient les mots à mesure qu'ils seraient prononcés.

4º Une forme rationnelle et intelligente de la dictée consiste à faire souvent reproduire de mémoire, par les enfants des divers cours, quelques lignes d'une leçon qu'ils ont étudiée. Cela les oblige à porter leur attention sur les textes qu'ils apprennent. On peut aussi se borner à dicter quelques mots d'usage choisis dans ces leçons.

5º Il est bon, principalement pour les dictées un peu difficiles, de les donner plusieurs fois de suite, jusqu'à ce que les fautes aient à peu près disparu, c'est-à-dire jusqu'à ce que les formes, les mots, soient comme photographiés dans la mémoire des enfants.

6º La *dictée orale* est plus rapide que la dictée écrite. On peut, en moins de temps, y faire résoudre les difficultés ; elle stimule l'attention et la réflexion. Il serait donc utile de l'employer parfois au lieu de la dictée écrite. Le maître prononce lentement une phrase : à tel élève, il demande l'orthographe absolue d'un mot ; à tel autre, l'application qui a dû être faite d'une règle ; par un troisième, il fait analyser un nom ou un verbe.

Comment on corrige et explique une dictée. — Pour corriger une dictée, on emploie d'ordinaire l'un des procédés suivants :

Premier procédé. — Lorsque la dictée est terminée, le maître prescrit d'en commencer l'épellation. A la rencontre de mots importants ou de difficultés grammaticales, il fait justifier l'orthographe de ces mots, ou questionne sur les règles appliquées.

L'épellation est complète ou partielle, suivant les cours. Les explications portent sur le sens d'expressions un peu difficiles, mais sans transformer l'exercice en une véritable « lecture expliquée ».

Deuxième procédé. — Pendant que le maître dicte le texte à toute la classe, un enfant l'écrit sur un tableau voilé[1], ou tourné de manière que les autres élèves ne voient pas comment il orthographie les mots. Quand le tableau est rempli, on accorde quelques instants pour la revision du travail ; les élèves posent leur plume, et le tableau ayant été découvert ou retourné, le maître procède à l'explication raisonnée du texte. Tous les élèves corrigent ensuite leur propre dictée, selon le modèle écrit au tableau.

Troisième procédé. — Si l'on fait corriger par changement de cahiers, les mots mal écrits sont d'abord rectifiés en marge par le correcteur, lequel ne se sert que du crayon. Chaque élève corrige ensuite lui-même à l'encre ses propres fautes.

Vérification des corrections, dans les dictées et les devoirs d'orthographe. — Pour s'assurer que la correction des devoirs ou de la dictée a été bien faite, on emploie l'un des moyens ci-après :

Premier moyen. — L'épellation étant finie, le maître lève les cahiers, tantôt d'une table et tantôt d'une autre, de manière à les voir tous à peu près un même nombre de fois dans une semaine. Il récompense ou punit suivant que les fautes ont été corrigées ou non.

Deuxième moyen. — Le maître recueille les cahiers, comme il vient d'être dit, et il les fait vérifier par quelques-uns des élèves les plus avancés.

Troisième moyen. — Dans quelques classes, les écoliers forment des camps rivaux : alors chaque élève vérifie le cahier de son émule, et celui des deux qui a le mieux corrigé pen-

---

dant l'épellation reçoit une récompense. Un maître expérimenté modère alors le zèle intéressé de certains correcteurs
qui, hors de propos ou trop facilement, marquent des fautes à
leurs concurrents.

CHAPITRE V

ENSEIGNEMENT DE LA LANGUE MATERNELLE

II. — La lecture expliquée et l'explication des textes choisis.

Deux des exercices les plus éducatifs, dans l'enseignement
de la langue maternelle, sont la lecture expliquée et l'explication des textes à apprendre littéralement. Ils sont parfois négli-
gés faute de temps ou, — ce qui est plus vrai, — faute de préparation de la part des maîtres.

I. — LECTURE EXPLIQUÉE

Nature de l'exercice de lecture expliquée. — L'enseignement de la langue doit faire acquérir aux enfants des idées,
des mots et des locutions usuelles, les initier à écrire avec
simplicité, aisance, correction, et s'il se peut avec une élégance relative. L'aboutissant de ce travail est la rédaction.
Mais un des meilleurs moyens d'y préparer les élèves est la
lecture expliquée, parce qu'elle leur apprend à se rendre
compte de la valeur des mots et des phrases qu'ils lisent, et,
par voie de conséquence, à juger ce qu'ils écrivent eux-
mêmes.

Certes, un maître doit expliquer sobrement tout ce qu'il
fait apprendre; pendant la leçon de lecture, par exemple, des

explications interviennent, très brèves. Mais aux cours moyen et supérieur, il y a encore place pour un exercice spécial, où l'importance principale est donnée, non plus à la lecture mécanique ou matérielle, mais à l'explication des idées, à celle des mots, à l'analyse du texte lui-même : c'est la leçon de *lecture expliquée*.

Marche d'une lecture expliquée. — On pourrait procéder de la manière suivante, pour une lecture expliquée aux cours moyen et supérieur :

1. Résumé très bref, par le maître, du texte qu'on va lire ;
2. Pause pendant laquelle les élèves parcourent des yeux le texte proposé ;
3. Lecture-type faite par le maître, lentement et avec le ton convenable ;
4. Lecture par les élèves, avec explication des idées et des mots, paragraphe par paragraphe.

Explication des idées. — a) Par des questions socratiques, faire trouver les idées principales et les idées secondaires (les disposer au tableau noir sous forme synoptique). Certains maîtres estiment plus pratique de commencer par les idées particulières, desquelles se dégage peu à peu l'idée générale que d'abord les enfants n'avaient pas remarquée.

b) Questionner sur la justesse des idées. S'il y a lieu, donner quelques explications historiques, géographiques ou autres.

Explication des mots. — a) Questionner sur le sens de certains mots. S'il en est que les enfants ne comprennent pas, on les remplace par de plus familiers, puis on en donne le sens et, au besoin, l'étymologie : l'intelligence des mots donne celle des idées ;

b) Faire expliquer certaines locutions usuelles ou caractéristiques ;

c) Provoquer quelques remarques grammaticales et orthographiques ;

d) Attirer l'attention sur la construction de certaines phrases.

Sous prétexte d'explication de mots, on ne s'attarde pas à des digressions scientifiques, historiques ou géographiques.

II. — EXPLICATION, ÉTUDE ET RÉCITATION
DES TEXTES CHOISIS

Dans l'enseignement primaire, l'explication des textes choisis ne diffère de la lecture expliquée que par la nature du fragment étudié. Le *texte choisi* est littéraire ; le plus souvent c'est une poésie qui, après explication, doit être étudiée à la lettre, puis dite avec expression.

Est-il besoin d'insister sur la valeur éducative de cet exercice ? Il éveille le sens littéraire par la culture de l'imagination et du goût ; il grave dans la mémoire des idées justes, des expressions et des phrases correctes ; il forme l'enfant à la bonne diction. Ces résultats ne peuvent être atteints que si les textes sont vraiment *choisis*, c'est-à-dire s'ils sont très bien écrits ; s'ils se rattachent au monde extérieur, intellectuel, moral et religieux dans lequel sont élevés les enfants catholiques ; s'ils sont variés, adaptés à l'âge des élèves.

Mieux que la prose, la poésie convient pour ces études textuelles : les sentiments sont d'ordinaire plus délicats et plus élevés ; les écoliers la retiennent plus vite et la diction en est plus variée.

L'étude des textes choisis comprend : 1º l'explication préalable, selon la manière exposée dans le paragraphe précédent ; — 2º l'exercice de diction ; — 3º la récitation.

Cours préparatoire. — Avec les tout jeunes enfants, l'explication est une causerie très simple, très familière sur le sujet de la poésie. L'étude se fait par audition et, si le sens le permet, vers par vers. Le maître dit le premier membre de phrase, un ou deux vers, avec les inflexions convenables pour son auditoire ; il le fait répéter simultanément par tous, puis par un ou deux élèves seuls, ensuite par des groupes restreints. Il continue ainsi, en ajoutant chaque fois un membre de phrase à ceux déjà étudiés.

Cours élémentaire. — Au cours élémentaire, l'étude se fait par l'audition et la lecture de la poésie. Le plus souvent, la poésie sera divisée en plusieurs fragments, dont chacun suffit à une leçon ; mais avant de faire étudier le premier de ces fragments, on donne une idée de l'ensemble du morceau.

Chaque tâche comprend une ou deux strophes, d'abord expliquées quant aux expressions qui en ont besoin, puis dites par le maître, avec les inflexions et les pauses. La répétition, phrase par phrase, est collective, puis individuelle. On exige une diction lente et bien articulée, des pauses suffisantes, des inflexions naturelles, expressives et variées. Le même passage est répété jusqu'à ce que l'on obtienne un résultat satisfaisant.

Cours moyen et supérieur. — Aux cours moyen et supérieur, on procède ainsi :

1º Première lecture du texte par le maître, pour donner aux élèves un aperçu général des idées et des sentiments qui s'y trouvent exprimés. Si la poésie n'est pas contenue dans un manuel à l'usage des élèves, elle leur est dictée.

2º Explication du texte, comme s'il s'agissait d'une lecture ordinaire. Le texte ainsi expliqué étant d'un bon auteur, on aura l'occasion d'en dégager quelques préceptes de style.

3º Lecture-type, dans laquelle le maître s'efforce de bien faire comprendre les sentiments et les nuances, par les inflexions, les pauses et la mise en relief des mots de valeur. Il donne brièvement la raison des intonations et inflexions diverses ; il indique le motif des pauses, et dit pourquoi tel mot sera détaché avec un soin spécial.

4º Répétition par plusieurs élèves, jusqu'à ce que la diction soit correcte, naturelle et expressive. Les élèves étudient et récitent ensuite textuellement ce qui a été ainsi expliqué.

5º Pour le cours supérieur : indication de quelques gestes sobres et simples, après l'étude textuelle et la récitation du morceau.

La lecture expliquée et l'étude des textes choisis développent, au moins chez les plus avancés des élèves, le goût de la lecture instructive, noble, sérieuse. Si le maître lit et explique très bien les morceaux littéraires, s'il rend intéressant cet exercice, il le fera désirer comme une sorte de récompense, et les écoliers chercheront à retrouver, dans leurs lectures personnelles, le plaisir que leur ont fait éprouver ces lectures faites en classe.

Les récitations facultatives. — Les études textuelles de morceaux très bien écrits ont un double avantage : elles sont un exercice pour la mémoire et elles fournissent, pour la rédaction, des types de phrases bien construites, des mots nombreux, des idées variées. Mais le temps est si court, à l'école primaire, qu'on ne peut en prescrire qu'un petit nombre. Si le professeur sait encourager, entraîner à ce travail, indiquer des études et récitations facultatives, certains élèves s'imposeront à eux-mêmes des tâches supplémentaires, au grand profit de leur éducation intellectuelle.

Ces récitations spéciales se feraient par exemple une fois chaque semaine en classe; elles formeraient comme une séance littéraire très courte, fort goûtée de tous.

CHAPITRE VI

ENSEIGNEMENT DE LA LANGUE MATERNELLE

III. — La Rédaction.

Aucun exercice ne coûte plus aux enfants qu'un devoir de rédaction, parce qu'aucun ne leur demande plus de réflexion et de travail personnel; mais la difficulté qu'ils y éprouvent vient souvent de ce qu'ils n'y ont pas été suffisamment préparés ni encouragés. Attendre qu'il soit entré au cours moyen, et peut-être même au cours supérieur, pour former l'écolier à la rédaction; lui imposer alors ce que l'on est convenu d'appeler un *sujet de style*, et cela sans préparation de longue main, c'est vouloir édifier sans base. Faut-il s'étonner que les résultats soient très médiocres ?

Dans ce chapitre, nous traiterons successivement des exercices préparatoires à la rédaction, de la rédaction elle-même et de la manière de la corriger.

I. — EXERCICES PRÉPARATOIRES A LA RÉDACTION

Un certain nombre de ces exercices ont été mentionnés aux chapitres précédents (IV et V); nous ne faisons que les rappeler ici, en complétant certains d'entre eux.

Cours préparatoire. — Les tout jeunes enfants sont initiés à la rédaction orale, — car il ne saurait être, pour eux, question de rédaction écrite, — par des exercices de vocabulaire, d'observation directe, des explications de gravures et quelques exercices de réflexion (Chap. IV).

Cours élémentaire. — Exercices de vocabulaire, d'observation, de réflexion, explication de gravures et lectures expliquées (Chapitres IV et V), exercices de construction de phrases.

Les exercices de réflexion pourraient, avec les formes déjà mentionnées, prendre les suivantes et d'autres analogues :
Indiquer les propriétés, les usages d'objets familiers; — expliquer le sens de qualificatifs donnés ou trouver leurs contraires; — trouver un nom qui convienne à un adjectif donné, un autre à son contraire; — dire quelles actions peuvent être accomplies par des personnes de professions données, par certains animaux connus.

Au cours élémentaire, on commence les *exercices de construction de phrases*. Par exemple : un verbe étant donné, lui trouver un sujet, un complément convenables, puis deux sujets ou deux compléments; — construire une petite phrase dans laquelle entre un mot donné, comme verbe, sujet ou adjectif.

Cours moyen. — Exercices de vocabulaire, d'élocution et de réflexion, explication de gravures, récits oraux, lecture expliquée (Chapitres IV et V) et construction de phrases.

Voici, entre bien d'autres, quelques *exercices de construction de phrases* pour ce cours :
Faire employer des conjonctions de coordination entre propositions de même nature, puis des conjonctions de subordination entre propositions d'inégale importance; — ajouter un ou deux adjectifs à un nom, un ou deux compléments à un verbe, et construire la phrase dont ils sont un élément; — faire compléter une phrase en y ajoutant un motif, une cause, une condition; — faire

compléter une comparaison; — faire compléter une phrase par
une proposition symétrique ou une proposition inverse (*plus vous
étudiez, plus...; moins vous êtes attentif, plus...*); — faire compléter des phrases de types analogues aux suivants : *il est si
malade que...; vous êtes trop charitable pour...*

Les exercices de construction de phrases sont excellents;
mais ils ne suffisent pas. On doit initier les élèves à grouper,
à enchaîner entre elles plusieurs phrases relatives à un même
sujet. Ce travail fait par écrit est la rédaction proprement dite;
on y achemine les enfants par des exercices de rédaction
orale. On fera donc faire *oralement* de petites descriptions, de
courts récits : décrire un plumier, un bureau, une fleur commune, le crucifix de la classe; — raconter une fable connue;
— décrire une journée de pluie, une partie de pêche, en
employant comme lexique des termes proposés sur le tableau
noir.

Cours supérieur. — Éxercices de vocabulaire, d'observation et de réflexion, lecture expliquée (Chapitres IV et V),
construction de phrases.

Certains exercices d'observation sera'ent des *descriptions
orales*, avec l'aide, puis sans l'aide d'un lexique donné au tableau.
Exemple : un arbre, un atelier, un site vus très souvent; la
montée des voyageurs en wagons; l'arrivée d'un train; le
début ou la fin du marché local.

Entre autres *exercices de réflexion*, on pourrait demander deux,
trois phrases dans lesquelles entrerait la même idée donnée; —
des phrases en chacune desquelles entreraient une idée et son
contraire (*la lumière est agréable, car...; tandis que les
ténèbres...*); — de formuler des impressions personnelles, par
exemple : quelle étude vous plaît (ou vous déplaît) davantage, et
pourquoi? quel caractère vous est le plus antipathique (ou le plus
sympathique), et pourquoi?

Les *exercices de construction de phrases* seront une récapitulation, un complément de tous ceux qu'on a faits au cours
moyen, puis une étude de phrases choisies dans les lectures
et textes expliqués. On peut aussi faire corriger des phrases
défectueuses qu'on relèverait sur les rédactions d'élèves. Au
cours supérieur même, les fautes de construction foisonnent,
dont quelques-unes fort graves, sans que les élèves en soient
choqués; il importe d'attirer leur attention sur ce point.

Aux exercices proposés pour le cours précédent, on en ajouterait d'autres tels que : développement d'une pensée par plusieurs coordonnées, plusieurs incidentes ou plusieurs subordonnées réunies en une même phrase; — transformation d'affirmatives en interrogatives, et réciproquement; — transformation de coordonnées en incidentes, ou en subordonnées à une principale; — introduction du style direct dans un récit; — étude de propositions inverses, elliptiques, exclamatives; — exercices sur la concordance des temps; — changement de temps à opérer dans la principale et les propositions qui en dépendent.

II. — CHOIX ET PRÉPARATION DES SUJETS DE RÉDACTION

Choix des sujets. — Dans les classes primaires, les élèves ne sont guère capables d'aborder la *composition française*, c'est-à-dire de montrer, à propos d'un sujet, s'ils pensent, sentent, imaginent avec une note personnelle. On ne peut proposer que la *rédaction*, c'est-à-dire la construction de quelques phrases correctes, sensées, bien liées, à propos de ce que les enfants ont vu, lu ou entendu exposer. Aussi souvent que possible, les sujets seront choisis dans le domaine du concret : alors les enfants auront à dire des choses qui leur sont familières, ou que les explications du maître leur auront rendues telles. Autant que les élèves peuvent les traiter, on préférera les sujets de circonstance, les descriptions, lettres, narrations, comptes rendus relatifs à la vie d'écolier, aux usages, au commerce ou à l'industrie du pays, aux sites de la contrée, aux célébrités de la province... *Ils permettent aux élèves d'exprimer leurs propres idées, d'écrire avec plus de facilité et de naturel.* Au cours moyen et surtout au cours supérieur, parfois on proposera des sujets d'ordre scientifique, historique ou moral.

Toutefois le souci de maintenir les élèves dans la réalité ne saurait faire dédaigner les sujets d'imagination : récits, descriptions, d'après des modèles lus et expliqués. Décrire, raconter uniquement ce qu'ils ont vu développe sans doute la faculté d'observation chez les enfants; mais si on ne leur suggère des idées, des remarques, combien leurs rédactions sont ternes, sèches, sans vie! Quelques narrations pittoresques, quelques descriptions colorées, des sujets fantaisistes empruntés à de bons auteurs, serviraient utilement de thèmes à imitation. Ils éveillent l'imagination et donnent aux meilleurs élèves le goût de la rédaction.

Les sujets proposés ne seront pas seulement adaptés aux divers cours, mais aussi aux époques de l'année et aux régions où l'école est établie. On ne prescrira pas, en juin, une lettre sur la rentrée des classes, ni en décembre une description de la moisson. A des enfants qui n'ont jamais vu la mer, jamais gravi de montagne, jamais pénétré dans une usine métallurgique, pourquoi donner des sujets qui s'y rapportent? Que pourraient-ils en écrire, sinon des choses tout à fait imaginaires et le plus souvent opposées aux faits?

Préparation de la rédaction. — *Pour le maître*, préparer une rédaction c'est en prévoir le plan, et les questions au moyen desquelles il fera trouver par les enfants les idées de ce plan.

Avec les élèves, la préparation consiste à leur exposer très brièvement le sujet, puis à suggérer la manière de le traiter. Sans cette préparation, l'enfant se borne souvent à reproduire le canevas donné, ou, s'il a quelques idées personnelles sur des sujets familiers, il les exprime en termes secs, banals et incorrects.

Pour mieux stimuler l'activité intellectuelle des enfants, cette préparation se fait en commun, sous la direction du maître. Le sujet étant expliqué sommairement, les élèves sont invités, au moyen de questions, à rechercher des idées qui s'y rapportent; elles sont inscrites par le maître au tableau noir, puis classées et numérotées dans un ordre logique : c'est ainsi que se font la recherche des idées ou l'*invention*, et en même temps la *disposition* ou le plan. — L'*élocution* se prépare de la manière suivante : chacun à leur tour, plusieurs élèves développent oralement un des points du plan; le maître approuve ou corrige leurs réponses, et fait répéter celle qu'il propose comme la meilleure. La rédaction orale étant terminée, on commence la rédaction écrite.

Lorsque les élèves du cours moyen et surtout ceux du cours supérieur sont devenus plus habiles, ils établissent eux-mêmes le plan, en tête de leur devoir. Chacun des numéros du plan donne lieu à un alinéa distinct dans le développement.

Afin de stimuler l'intelligence enfantine, on recommande aussi de préscrire parfois la rédaction d'un sujet dont le développement a été lu préalablement. C'est l'un des meilleurs exercices pour initier les élèves à mettre de la liaison entre les idées. Mais il ne faudrait pas recourir chaque fois à ce procédé attrayant ; car trop faciliter la rédaction aux enfants ne les habitue guère au travail personnel. Pour éviter cet écueil, plusieurs maîtres lisent la veille aux élèves le développement du sujet qui devra être rédigé le lendemain : la rédaction est alors tout autre chose qu'une simple réminiscence.

III. — LA RÉDACTION AUX DIFFÉRENTS COURS

Au *cours préparatoire,* avons-nous dit, la rédaction consiste en des récits oraux et dans la composition orale de petites phrases.

Cours élémentaire. — On ne saurait prescrire aux élèves de ce cours un véritable travail *d'invention.* Ce qui leur convient, ce sont des exercices d'imitation sur des sujets faciles et complètement préparés en classe : une historiette, la description sommaire d'un objet ou d'un être fort connus. Pendant un mois ou deux, les exercices seront purement oraux. Lorsqu'on passe aux exercices écrits, on peut suivre les procédés ci-après.

1. Le maître, ayant écrit sur une moitié de tableau noir trois ou quatre questions, en fait donner les réponses oralement, indique les meilleures qu'il reproduit en face des questions. Les enfants les copient, après que certains mots ont été effacés ou réduits à leur lettre initiale : c'est toute la rédaction.

2. Après un certain nombre d'exercices selon le procédé précédent, on prépare le sujet au tableau noir, puis, les réponses ayant été complètement effacées, les enfants reconstituent le travail au moyen des seules questions.

3. Le maître ayant écrit au tableau noir et expliqué un petit sujet, — sur le *cheval,* par exemple, — il propose un travail d'imitation sur l'*âne,* le *bœuf,* le *mouton.*
Pour cela il dicte des questions, y fait donner oralement des réponses que récapitule un des meilleurs élèves, puis chacun compose la rédaction.

Cours moyen. — Si la première initiation a été méthodiquement conduite au cours élémentaire, les enfants feront

sans trop de difficulté des rédactions de genre très simple :
descriptions, récits, lettres, sujets d'ordre moral, historique
et scientifique.

Descriptions. — Pour mieux faire comprendre aux enfants
comment ils doivent décrire, on commence par leur proposer
la description très courte d'objets usuels, puis des portraits
d'animaux (d'abord isolés, puis groupés); des portraits physiques ne comportant que des sentiments très simples, puis des
portraits à sentiments complexes (l'enfant paresseux, le men-
diant, le moissonneur, le bûcheron). On leur lit des
modèles de chacun de ces genres. On aborde ensuite la
description complexe : un magasin, un marché. Tous ces
sujets et les suivants seraient préparés comme on l'a expliqué
plus haut.

Récits. — S'il s'agit d'un fait, le maître le raconte, et pose
quelques questions pour s'assurer qu'il a été compris; puis il
en fait écrire sommairement au tableau les idées principales.
Le plan de cette narration reçoit aussitôt, par un exercice oral
et collectif, un commencement d'exécution avant le travail
écrit.

Pour cela, le maître s'adresse aux élèves les plus intelligents,
et leur demande de développer oralement la première des
idées que renferme le plan. Il choisit la meilleure réponse,
il la complète, la corrige autant que de besoin, indiquant le
mot propre, l'expression juste que l'élève n'a pu trouver. Il
la fait ensuite répéter, mais sans la faire écrire au tableau.
Une deuxième, une troisième pensée sont développées ainsi,
puis les élèves composent leur rédaction en consacrant un
alinéa distinct au développement de chacun des points du plan.
Un travail ainsi facilité donne à l'enfant du goût pour ce genre
de devoirs, et rend la correction moins laborieuse.

Suivant les progrès des élèves, la difficulté des narrations
augmente : actions courtes et simples, à un seul, puis à plusieurs personnages, avec style direct; — actions plus longues
et plus complexes, à un seul, puis à plusieurs personnages.

Lettres. — On exerce beaucoup les élèves du cours moyen
à la rédaction de petites lettres : lettres de famille ou d'amitié
(jour de l'an, fêtes, deuils), récit de voyage ou d'excursions,
lettres sur un événement local ou un incident de la vie sco-

laire. Elles **sont** préparées oralement, d'après un plan écrit au tableau, et le maître ne manque pas d'indiquer les dispositions matérielles qui constituent le cérémonial des lettres. De temps en temps, il pourrait demander que le devoir lui fût rendu comme si la lettre devait être mise à la poste, cachetée et portant une adresse bien disposée.

Il serait utile d'apprendre aux enfants à rédiger des billets comme ceux-ci : au médecin, pour le prier de venir voir un malade; — à un camarade, pour l'inviter à une promenade; — à l'instituteur, pour lui demander un congé ou pour s'excuser d'une absence; — à un marchand, pour lui demander tel article ou lui faire une réclamation.

Sujets d'ordre moral, scientifique ou historique. — Il est des genres de compositions qui réclament de l'élève plus d'efforts intellectuels qu'une simple narration; ce sont les rédactions sur un sujet moral, scientifique ou historique.

Sujets de morale. — Dieu est le grand bienfaiteur : c'est donc à Lui que doit aller notre amour le plus reconnaissant; — amour et obéissance d'un enfant envers ses parents; — devoirs envers les grands-parents; — la prière : sa nécessité, ses bienfaits; — choix des compagnies; — sobriété et gourmandise; — ordre et désordre; — vertus de l'honnête homme; — pourquoi faut-il être vertueux? — explication d'un proverbe.

Instruction civique. — Pourquoi faut-il aimer la patrie? — les devoirs du bon citoyen; — le drapeau : ce qu'il symbolise et ce qu'il rappelle; — une journée de vote; — passage du percepteur dans la commune; — une journée de tirage au sort.

Histoire de France et géographie régionale. — Sujets divers.

Sciences et hygiène. — L'air pur est indispensable; — comment fonctionne un poêle? — le baromètre; — qu'avez-vous retenu d'une leçon sur le verre? — propreté corporelle et moyens de l'entretenir; — quelles précautions hygiéniques faut-il prendre durant les grandes chaleurs, et pourquoi? — le jardin de l'école; — les animaux de l'étable.

Les rédactions sur des sujets de morale ne peuvent être proposées que si les élèves ont un minimum de notions sur ce qui constitue le fond de ces petits travaux. On leur expliquera et fera étudier des définitions exactes et simples sur l'âme, la *conscience*, l'*ordre moral*, la *loi morale*, l'*obligation*, la *liberté*, la *responsabilité*, la *solidarité*, le *devoir*, le *droit,* le *mérite,* le *démérite.* Les idées justes qu'ils auront acquises les préserveront des erreurs grossières dont fourmillent souvent ces sortes d'exercices.

Les rédactions sur des questions élémentaires de sciences réclament aussi une préparation spéciale. Si un maître proposait à ses élèves le sujet suivant : *la boussole,* et qu'il se contentât de leur donner ces deux idées principales : *description, usage,* il est évident que ces indications seraien insuffisantes pour des enfants du cours moyen. Le travail leur deviendra beaucoup plus utile et plus agréable, s'il est préparé de la manière suivante.

On montre une boussole, et l'on en fait énumérer les *différentes parties.* A tour de rôle, deux ou trois élèves font oralement la description demandée; après quoi, l'un d'eux est envoyé au tableau pour y écrire en quelques lignes la description faite de vive voix. Le maître provoque la critique de cette rédaction : un enfant fera remarquer la répétition trop fréquente d'un même mot; un autre, l'abus des pronoms conjonctifs; un troisième, une faute de ponctuation qui entraine un non-sens ou une équivoque.

Le maitre dirige ce travail de correction, pour le faire porter d'abord sur l'exactitude des pensées exprimées, ensuite sur la construction des phrases, enfin sur la propriété des termes, la recherche des expressions équivalentes. De plusieurs expressions trouvées par différents élèves, pour exprimer la même pensée, il fait connaitre celle qui est préférable et il dit pourquoi. Toujours il questionne pour exciter à la réflexion. Il félicite l'élève qui s'est montré particulièrement heureux dans les réponses; il encourage ceux qui le sont moins, mais font preuve de bonne volonté, et il résout les difficultés qui embarrassent l'ensemble des écoliers.

Le texte primitif, écrit au tableau, ne doit pas disparaitre: on annule ce qui est défectueux, et l'on écrit au-dessus la nouvelle rédaction. Enfin, quand le travail est suffisamment correct pour des enfants, on le fait lire tout haut, puis on l'efface. Les élèves reproduisent ensuite de mémoire, sur leur cahier, le développement de cette première partie.

Ce travail collectif présente de grands avantages et fait faire de rapides progrès. Il n'a porté que sur quelques phrases et a duré une demi-heure; mais il est bien plus profitable aux élèves qu'un devoir beaucoup plus long et pour lequel, pendant le même temps, on les aurait abandonnés à leur propre initiative.

L'autre partie du sujet, *usages de la boussole*, serait préparée de la même manière, en une autre séance; ensuite les élèves devraient rédiger le sujet tout entier. La correction n'en serait ni longue, ni compliquée, ce qui est l'un des grands avantages de ce procédé.

Cours supérieur. — Sauf les exercices très élémentaires, tous les sujets proposés au cours moyen conviennent au cours supérieur, où les élèves devront les traiter moins superficiellement.

On abordera donc les descriptions de complexité variable, les narrations familières et historiques, les lettres sur des sujets divers, le développement de pensées se rapportant à la morale pratique, les questions de sciences. Il serait utile de faire entrer ces divers genres de rédactions dans la répartition mensuelle des spécialités, et de donner, au moment où l'on y exerce les élèves, les principes de style propres à chaque genre. Fréquemment les lettres, narrations, descriptions et autres sujets seront relatifs à la vie scolaire, familiale et sociale, aux usages ou à l'industrie du pays, aux événements du jour, aux sites de la contrée, aux célébrités de la province.

Il est bon d'indiquer parfois, un ou deux jours d'avance, le sujet de la rédaction à traiter : les élèves ont le temps d'y réfléchir et même d'élaborer un plan. La comparaison qu'ils font ensuite de ce plan avec celui qu'on aura composé en classe excite leur curiosité, exerce leur jugement, et les prépare à écrire des rédactions qui ont un cachet quelque peu personnel.

IV. — CORRECTION DE LA RÉDACTION

La correction de la rédaction se fait par des procédés divers. Nous signalons la correction individuelle, la correction collective, puis un procédé de rédaction et de correction simultanées.

Correction individuelle. — La correction individuelle que le maître fait de chacune des rédactions de ses élèves exige beaucoup de temps; il faut supprimer, ajouter, rectifier, sans compter les annotations en marge. On simplifie ce travail : 1º en réduisant le nombre des fautes et des incorrections dans les devoirs écrits, au moyen de la préparation collective du sujet; — 2º en rendant méthodique la correction, c'est-à-dire en la faisant porter principalement sur deux ou trois défauts, que l'on poursuit dans toutes les copies et durant plusieurs semaines ; — 3º en faisant usage de signes conventionnels pour signaler certaines catégories de fautes qui reviennent le plus ordinairement.

Il faut reconnaître que, excepté dans les cours supérieurs, les résultats de la correction individuelle ne répondent pas toujours à la peine qu'elle impose aux correcteurs. Aussi lui préfère-t-on la correction collective.

Correction collective. — La correction collective est un exercice très propre à faire faire de rapides progrès; elle présente le grand avantage d'exciter l'activité intellectuelle de toute la classe. Voici comment on y peut procéder.

1º *Quant aux idées.* — Le maître rappelle le plan qu'on devait suivre, et signale certains défauts relevés dans les copies, puis il donne lecture d'un bon début, d'un médiocre, d'un mauvais, et demande ce qu'il en faut penser. Il procède de même pour le corps de la rédaction et pour la finale.

2º *Quant au style.* — En examinant les devoirs des élèves, le maître a relevé quelques phrases défectueuses; il envoie au tableau un enfant auquel il dicte une de ces phrases, puis il demande quels défauts on y remarque. L'incorrection ou les incorrections étant signalées, tous les élèves s'essayent à donner, sur leurs cahiers, une forme correcte à la phrase. Bientôt, le maître fait lire par quelques-uns le résultat de leur travail; il adopte le meilleur, qu'il modifie au besoin, et le dicte à toute la classe. Il fait transformer ainsi les trois ou quatre phrases qui sont l'objet de la correction générale.

Compte rendu des corrections. — Que la correction des rédactions soit individuelle ou collective, le *compte rendu* des devoirs de rédaction est indispensable. En le faisant, on apprécie certains passages marqués d'avance d'un signe spécial, et dont la lecture présente un intérêt général, soit que ces citations puissent servir de modèles, soit qu'elles se prétent à des remarques pour l'ensemble des élèves. De temps en temps aussi, un sujet tout entier est lu, critiqué, et l'on choisit alors parmi les mieux faits.

Il serait utile et encourageant que, des meilleurs passages choisis en diverses rédactions d'élèves, le maître composât une rédaction-type, bien à la portée de tous.

Rédaction et correction simultanées. — Au cours moyen, on pourrait parfois employer le procédé suivant :

1o Travail d'*invention*. — Le maître annonce le sujet de la rédaction et il recherche, avec le concours des élèves, les principales idées qui s'y rattachent. Toutes les idées justes, présentées par les enfants, sont résumées au tableau noir.

2o Travail de *disposition*. — On marque les chiffres 1, 2, 3, sous les idées à développer en premier, en deuxième, en troisième lieu, et l'on supprime les idées qui font double emploi. Le maître coordonne ensuite ces données en un plan très court, qu'il dicte aux élèves.

3o Travail de *rédaction*, ou *expression*. — Le tableau noir est partagé en deux colonnes par un trait vertical, et les élèves font la même opération sur leur cahier.

Le maître propose de développer la première idée : alors chacun des écoliers écrit, sur un brouillon d'abord, puis dans la colonne de gauche de son cahier, le développement qu'il a trouvé.

Ce travail est aussitôt contrôlé. Le maître fait lire, par quelques enfants, ce qu'ils viennent de composer; il écrit au tableau l'un des meilleurs parmi ces développements, il le critique et le corrige avec le concours des élèves. La phrase ainsi modifiée est reproduite par le maître et par les élèves, dans la colonne de droite, sur le tableau et les cahiers.

On procède de même pour les autres idées du plan, développées et reliées entre elles; la rédaction se trouve corrigée dès que la dernière pensée a été travaillée comme il vient d'être dit.

CHAPITRE VII

LEÇONS DE CHOSES
NOTIONS DE SCIENCES PHYSIQUES ET NATURELLES

I. — GÉNÉRALITÉS SUR LES LEÇONS DE CHOSES

Les leçons de choses sont des entretiens familiers sur des objets en nature ou représentés en images; elles sont une première initiation à l'étude des sciences expérimentales. Sous ce nom générique, on comprend en réalité plusieurs formes d'enseignement.

Trois degrés dans l'initiation aux sciences. — On peut distinguer trois degrés successifs dans l'initiation aux sciences, suivant les sujets et la manière de les traiter : 1º le maître s'en tient-il à des causeries très élémentaires et sans rien de scientifique, sur des objets usuels, c'est la *leçon de choses* proprement dite, destinée au cours élémentaire; — 2º sans cesser d'être familiers, les entretiens présentent-ils, sous forme expérimentale, quelques connaissances scientifiques, c'est encore la leçon de choses, plus raisonnée, adaptée au cours moyen; — 3º sans aborder la science pure, les leçons traitent-elles les sujets d'une façon moins sommaire et moins intuitive, ce sont les *notions de sciences physiques et naturelles*. Cet enseignement convient au cours supérieur.

Au *cours élémentaire*, la leçon a pour objet bien moins de donner des notions précises sur des choses, des objets usuels, que de diriger l'esprit d'observation sur des êtres et des phénomènes. Ainsi le maître place un morceau de pain sous les yeux de jeunes enfants ; il leur demande avec quoi se fait le pain ; il leur montre de la farine, puis quelques grains de froment, et, par une série d'interrogations, il les amène à comprendre et même à dire comment se fabrique le pain. — Une autre fois, il attire les regards des élèves sur une tablette de chocolat, un morceau de sucre et un échantillon de cacao conservé au musée scolaire; puis, sans entrer en des détails de fabrication qui ne conviennent qu'aux élèves plus âgés, il indique d'une manière suffisante la composition du chocolat. Ce sont des leçons de choses, l'une sur *le pain* et l'autre sur *le chocolat*. Des leçons analogues seraient faites, au cours élémentaire, à propos de l'ardoise, de la planche, du papier, du livre, de la craie, de l'encre, que l'enfant voit en classe. A propos de deux objets, deux plantes, deux animaux, faire chercher les caractéres communs et les caractéres différentiels, — extérieurs, bien entendu, — c'est encore donner une leçon de choses.

Pour donner à des élèves plus avancés des notions usuelles sur le *thermomètre,* par exemple, on commencerait la leçon par quelques expériences élémentaires; puis on arriverait à la description de l'appareil, au principe sur lequel il repose, à son fonctionnement et à ses usages. Ainsi ferait-on, au *cours moyen,* des leçons sur la combustion, l'éclairage, le pétrole, le gaz.

Sujets à traiter. Moyens. — Les sujets à traiter, dans les leçons de choses et les notions usuelles de sciences, sont empruntés aux trois règnes de la nature et aux objets dont on se sert communément. C'est une initiation à l'étude des sciences physiques et naturelles, de l'hygiène, de l'agriculture et de l'horticulture. Les leçons peuvent donc être très variées, toujours pratiques et intéressantes.

Dans cet enseignement, qui relève surtout de l'observation méthodique, on recourt beaucoup aux moyens intuitifs, qui sont ici : 1º les *choses,* ou objets présentés aux élèves pour être la matière de la leçon; — 2º les *expériences* très simples qui rendent sensibles les propriétés des choses.

En bien des cas, il est facile de se procurer les objets matériels dont on a besoin : articles d'alimentation, métaux divers, spécimens de bois, plantes, graines, produits industriels. Ces objets seraient collectionnés au musée scolaire, ou tirés du jardin de l'école, si possible en échantillons assez nombreux pour qu'on en fournisse un par groupe de trois élèves. Quant aux menus appareils qui rendent expérimental l'enseignement élémentaire des sciences, — tubes, creusets, lampes, éprouvettes, — il est des moyens simples, ingénieux de se les procurer, de les fabriquer, sans qu'on soit obligé de recourir au matériel coûteux dont sont pourvues certaines écoles spéciales.

Pour que les leçons de choses laissent des traces plus profondes dans l'esprit des enfants, nombre d'instituteurs exigent d'eux un résumé par écrit. Les enfants du cours élémentaire copient les mots écrits au tableau noir, et qui fixent les idées essentielles de la leçon, ou quelques courtes propositions résumant l'enseignement du jour. Le résumé dicté aux autres cours est plus complet, mais toujours succinct. — En beaucoup d'écoles, on se sert avec profit d'un manuel. On le choisit tel que la rédaction en soit simple, les figures claires et bien dessinées, le plan général embrassant les notions de sciences, l'hygiène et l'agriculture.

Préparation. — Pour être une sorte de conversation bien dirigée, entre le maître et les élèves, la leçon de choses demande une préparation très sérieuse. Non seulement le sujet, mais encore ce qu'il est à propos d'en dire, doit être prévu, ainsi que les expériences concluantes dont s'appuieront les exposés du cours. Par cela même que c'est un enseignement scientifique rudimentaire, il faut y parler un langage clair et vivant, exact et sérieux. Surtout il importe de circonscrire la question, d'en éliminer tout ce qui est trop relevé, inutile ou trop connu des élèves. — Ainsi, le maître veut-il donner une leçon sur les combustibles, devant lui se trouvent des échantillons de houille, de coke, d'anthracite, de tourbe, etc.; il parle de l'origine de chacun d'eux, en dit les qualités, en compare les avantages. Mais si, à propos de la houille, il voulait parler du gaz, du goudron et de ses différents produits, il porterait, par ces digressions, la confusion dans l'esprit des enfants.

Résultats éducatifs. — Ces sortes de leçons s'adressent à la fois aux sens et à la raison. Le résultat éducatif qu'on y recherche, c'est de faire l'éducation des sens de l'enfant, de discipliner sa curiosité naturelle, de développer chez lui l'esprit d'observation et l'habitude de bien parler, de l'accoutumer à constater les faits et à remonter logiquement à leurs causes; c'est aussi de lui faire acquérir quelques-unes des connaissances utiles dans la vie pratique. Le maître chrétien se garde bien de restreindre cet enseignement à son côté utilitaire; mais, par quelques réflexions opportunes et peu nombreuses, il a soin d'élever les esprits vers le Dieu qui a tout créé et qui conserve tout pour l'homme.

II. — MARCHE D'UNE LEÇON DE CHOSES

Comment procéder, pour donner une leçon de choses?

1º Interroger sur la leçon précédente, surtout si elle a quelque rapport avec celle qu'on va donner;

2º Montrer l'objet et ses parties; les faire nommer et expliquer; faire indiquer sa nature et ses usages; en un mot, inviter les élèves à dire tout ce qu'ils savent sur l'objet montré;

3º L'attention étant excitée par cette causerie, donner la leçon sous forme de courte exposition, et suivant un plan préparé;

4º Reprendre chaque paragraphe de la leçon, sous forme d'interrogations variées, et ne passer à un autre que si le précédent est compris;

5º Faire résumer toute la leçon. Si les élèves n'ont pas de manuel, la réduire à un sommaire dicté pour être appris.

1ʳᵉ Leçon : sur le sel (*Cours préparatoire*). — Après avoir montré aux enfants du sel blanc et du sel gris, et même, — s'ils ne sont pas trop nombreux, — en avoir placé une pincée devant chacun d'eux, on procéderait ensuite, en commun, à des observations diverses, par de multiples questions.

a) *Observations directes :* sur la couleur, la ténuité, le toucher, la forme des cristaux, la saveur du sel.

b) *Observations de fait :* que devient le sel jeté dans l'eau? (le montrer;) — que devient le sel jeté sur le feu? (le montrer); — que reste-t-il de l'eau salée que l'on évapore sur le feu? (le montrer.)

c) *Appel aux souvenirs :* où achète-t-on le sel? ce qu'il coûte; à quoi il sert; comment on le conserve; — les animaux aiment-ils le sel?

d) Si l'école possède une gravure représentant un *marais salant,* on pourra dire comment, par évaporation au soleil, l'eau de la mer laisse déposer le sel.

e) Récapitulation de la leçon par plusieurs enfants.

2o Leçon : sur la pomme de terre (*Cours élémentaire*).
— 1o Montrer une pomme de terre et faire dire à quel règne
elle appartient. Demander aux enfants s'ils ont déjà vu
arracher des pommes de terre, et ce qu'ils ont alors remarqué
concernant les tiges, les tubercules. Interroger brièvement
sur les usages divers de la pomme de terre.

2o Le maître donne la leçon, suivant un plan qu'il a préparé :

a) Nature de la pomme de terre. Par qui elle fut propagée en
France.

b) Parties de la plante : tiges, feuilles, racines et tubercules.

c) Usages de la pomme de terre : aliment, fécule, alcool.

3o Interrogations sur la leçon et résumé;

4o Indication de l'étude à faire, et, s'il y a lieu, du devoir à
rédiger.

3o Leçon : sur le blé et le pain (*Cours moyen*). — Le
maître s'est procuré quelques épis pleins, avec tiges et racines;
quelques épis vides après le battage; une assiettée de grain et
une autre de farine; du pain bien travaillé. — La leçon serait
donnée, au moyen d'interrogations, d'après le plan suivant :

I. — Le blé.

a) *Semailles :* 1o Labour préliminaire, nécessité, époque, son
mode; — 2o Semailles du grain à la volée ou à la machine. Pourquoi le hersage.

b) *Croissance :* 1o Au printemps, le blé en herbe; — en été,
tige et épi. Conditions d'une bonne croissance.

c) *Moisson :* 1o Fauchage (faire décrire la faux); — 2o pourquoi
la mise en gerbes et en meules? — 3o battage au fléau ou à la
batteuse mécanique; paille et grain.

II. — La farine.

a) *Moulin :* Faire décrire le moulin que les enfants peuvent
avoir vu : moulin à vent, à eau, à vapeur.

b) *Mouture :* Nettoyage du grain et broyage par les meules.

c) *Blutage :* 1o But, décrire ou faire décrire un bluteur; — 2o les
différentes qualités de farine; usage du son.

III. — Le pain.

a) *Pétrissage :* 1o Faire décrire le pétrin et le pétrissage de la
farine — 2o pourquoi le levain et comment on le prépare.

b) *Cuisson* : 1° Met-on les pains au four dès qu'ils sont pétris?
— 2° faire décrire le four; chauffage; enfournage et cuisson des
pains; — 3° le pain chaud est-il digeste?

Réflexions morales : Reconnaissance à Dieu, qui fait pousser le
blé; — aux parents, qui travaillent pour gagner le pain de leurs
enfants.

4° **Leçon : sur la balance ordinaire** (*Cours moyen*). —
Le maître, ayant posé une balance devant les enfants, les
interroge d'après le plan que voici :

I. — Faire analyser l'instrument.

Quel est le nom de cet instrument? — où en avez-vous vu de
semblables? — en quoi étaient faites ces balances?

Par quoi est supportée la tige qui se meut? (Par le pied de la
balance;) — comment appelle-t-on cette tige oscillante? (Bras,
fléau ou levier;) — que porte chacun des bras de la balance? —
qu'arrive-t-il, quand on met quelque chose sur l'un des plateaux?
et que devient l'autre plateau?

Par quel mot désignez-vous cette propriété des plateaux, de
s'élever et de s'abaisser ainsi? (Ils sont mobiles.)

Le pied de la balance est-il mobile? — Regardez : sur quoi
portent les bras? (Sur le couteau.)

Résumé. — La balance est un instrument qui se compose d'un
support fixe appelé *pied* ou *colonne,* et d'une tige nommée *fléau,*
mobile autour d'un axe, et portant un *plateau* à chacune de ses
extrémités.

II. — Étude des parties de la balance.

Regardez : je viens à peine de toucher le fléau; qu'avez-vous
remarqué?

Savez-vous quel nom on donne à une balance qui trébuche au
moindre poids? (Balance sensible.)

Voici que j'enlève les deux plateaux : dans quelle position se
tient le fléau? (Horizontal et immobile.)

Quelle est sa position, maintenant que les deux plateaux y sont
de nouveau suspendus?

Remplacez ce mot *immobile* par un autre, mieux approprié à la
balance. (La balance est en équilibre.)

Je place 500 grammes dans chaque plateau : comment se tient
le fléau?

Quel nom donne-t-on à une balance qui remplit ces conditions?
(Balance juste.)

Résumé. — Le levier, ou *fléau,* repose exactement par son milieu
sur l'arête d'une pièce triangulaire, nommée *couteau.* Il demeure

en équilibre lorsque les plateaux sont vides, ou qu'ils supportent chacun le même poids : alors la balance est dite *juste.*

III. — Expériences.

1. Voici des poids et du sable : pesez 1 kg. 725 de sable.

2. Voici des poids, un verre et une carafe d'eau : faites la tare et pesez, dans le verre, 100 grammes d'eau.

3. Quel est le poids de cette boîte?

4. Voici que, sur un plateau, une certaine quantité de sable est équilibrée par 900 grammes : enlevez un poids de 200 grammes, et rétablissez l'équilibre.

Réflexions morales. — Y a-t-il de fausses balances? de faux poids? Quel nom donnez-vous à l'acte par lequel on se servirait d'une balance ou de poids que l'on sait être faux?

5° Leçon : sur l'air (*Cours supérieur*). — 1° On fera quelques interrogations, mais assez peu nombreuses, sur ce que les élèves savent déjà concernant l'existence et le rôle de l'air.

2° La plus grande partie du temps sera consacrée à la leçon, donnée à peu près selon le plan suivant :

a) *Existence de l'air.*

Elle sera *montrée* par quelques expériences :

1° Résistance que l'on éprouve en plongeant dans l'eau une carafe, l'ouverture en bas;

2° Sortie des bulles d'air, quand on remplit d'eau la carafe en l'inclinant;

3° Coller un morceau de sucre au fond d'un verre que l'on plonge dans l'eau verticalement, et renversé : l'air comprimé dans le verre empêche l'eau de monter jusqu'au sucre.

b) *Composition de l'air.*

La *montrer* par des expériences :

1° Existence de deux gaz dans l'air, dont l'un est favorable à la combustion. Poser sur l'eau une rondelle de liège, portant un morceau de bougie allumée sous un verre que l'on soutient au niveau du liquide : la bougie brûle, puis s'éteint et l'eau monte. Dire pourquoi.

2° Remplacer le verre par une éprouvette graduée. Proportions d'oxygène et d'azote : 1 à 4.

c) *Substances renfermées dans l'air.*

Gaz carbonique et vapeur d'eau : dire d'où ils proviennent.
Poussières, organismes vivants ou microbes.

d) *Rôle de l'air.*

Comment l'air est indispensable aux animaux, aux plantes, à la combustion.

III. — ADAPTATION DES LEÇONS DE CHOSES

Adaptation d'un même sujet aux trois cours, en des classes différentes. — Les leçons de choses peuvent présenter, sur un même sujet, des notions plus ou moins complètes, selon que l'on s'adresse au cours élémentaire, au cours moyen ou au cours supérieur. Ainsi, une leçon donnée au cours élémentaire sur *la bougie* pourrait être étendue, dans les autres cours, aux *divers modes d'éclairage;* — une leçon sur *les aliments ordinaires* deviendrait une leçon sur *la digestion;* — une leçon sur *une fleur*, au cours élémentaire, serait utilement donnée aux autres sections avec des détails de plus en plus complets, et se transformerait en une leçon sur *la fleur.*

Toutefois le maître n'oubliera pas que, même au cours supérieur, les leçons ne sont pas un exposé de théories purement scientifiques. Si l'on veut parler du phénomène de la dilatation, par exemple, on n'ira pas disserter sur les coefficients de dilatation; mais on s'attachera, une fois le fait constaté par quelques expériences, à en montrer les principales applications.

Voici comment pourrait être adaptée aux trois cours une *leçon sur le fer.*

Cours élémentaire. — On met sous les yeux des élèves un morceau de fer et un de fonte; puis, si l'école en possède, un échantillon de minerai. Une gravure représentant l'intérieur d'une mine serait très utile.

Le maître dit aux enfants que le fer est renfermé dans le minerai, et qu'en soumettant celui-ci à l'action d'un feu intense, le métal fond et coule : c'est la *fonte.* Il indique ou fait indiquer quelques objets en fonte. — Il fait remarquer ensuite que ce premier produit est du fer qui contient un peu de *charbon* ou *carbone*, ce qui le rend cassant; qu'on le refond, et que, pendant la fusion, le vent de grosses machines soufflantes aide à en brûler le carbone et à le transformer ainsi en *vrai fer.* — Si le carbone n'était brûlé qu'en partie, le métal serait de l'*acier.*

Cours moyen. — On ajoute aux données précédentes quelques détails sur le traitement du minerai par les hauts-fourneaux. Une bonne gravure représentant la coupe d'un haut-fourneau serait très utile; on pourrait toutefois y suppléer, dans une certaine mesure, par un croquis au tableau noir. En quelques mots, on fait connaître les caractères distinctifs et les usages de la fonte.

A propos du fer, on dit ce qu'est la tôle, le fer-blanc, le fer galvanisé, etc. En parlant de l'acier, on se contente de dire comment on l'obtient, quelles propriétés il acquiert par la trempe, et l'on termine en faisant nommer quelques objets en acier.

Cours supérieur. — Si la leçon s'adresse au cours supérieur, le maître donne des explications plus détaillées sur la métallurgie du fer, sur le parti que l'industrie en tire dans les constructions métalliques : charpentes, viaducs, ponts, voies ferrées. Il ajoute quelques notions supplémentaires sur la fabrication des différents aciers, et sur leurs usages. Il fait mention des composés chimiques du fer qui sont d'une application courante en médecine et dans l'industrie.

Le plan de cette leçon sur le fer est celui d'une leçon transposée, c'est-à-dire qui doit être successivement donnée, en des classes distinctes, aux trois cours, avec des développements proportionnés à l'âge des élèves. Mais la leçon pourrait être commune et s'adresser à deux cours différents de la même classe; certaines explications complémentaires seraient données aux plus avancés des enfants.

Adaptation des leçons aux besoins locaux. — Fait avec discernement, le choix des sujets s'inspire des besoins locaux. Une leçon sur *la fabrication du vin* est instructive pour les enfants d'une grande ville, mais elle serait d'un médiocre intérêt dans les pays vignobles, où les élèves connaissent déjà, pour en avoir été témoins, les faits dont on veut les entretenir. Dans ce dernier cas, au lieu de traiter la question en détail, mieux vaudrait se borner à faire la leçon sur la fermentation alcoolique du vin, phénomène dont ils connaissent assez peu les causes et les conséquences.

De même, une leçon sur *les céréales* ne sera pas présentée aux enfants de certaines villes importantes, comme à ceux des campagnes. On se bornera généralement à faire distinguer aux premiers les tiges et les grains du blé, de l'orge, de l'avoine, puis à en faire connaître les usages, à dire quelques mots sur l'époque des semailles, la moisson, le battage. Avec des élèves de la campagne, on se placerait à un autre point de vue : on leur présenterait différentes espèces de blé, d'orge ou d'avoine ; on spécifierait celles qui conviennent le mieux au sol du pays, et, d'une manière générale, on donnerait les détails utiles aux cultivateurs. En résumé, ce serait, sous forme de leçon de choses, une véritable leçon d'agriculture.

Dans les écoles du littoral, on pourrait donner, aux cours moyen et supérieur, un certain nombre de leçons sur des sujets appropriés à la profession de marin et de pêcheur. L'enseignement, on le conçoit, resterait élémentaire et pratique. Pour le cours supérieur, on ajouterait des notions très succinctes de navigation, de législation et d'hygiène maritimes, et, si les circonstances le permettent, des visites aux chantiers, usines et manufactures.

IV. — ENSEIGNEMENT AGRICOLE ET HORTICOLE

But et nature. — A l'école primaire, l'enseignement agricole et horticole a pour but principal : 1º d'éveiller chez l'enfant l'esprit d'observation et d'initiative, de recherche et d'expérimentation ; — 2º de le préparer à comprendre, à étudier, à raisonner les procédés de culture, et, par suite, à tirer de la terre des produits meilleurs et plus abondants ; — 3º de lutter contre l'empirisme irraisonné ; — 4º de combattre, en ce qu'il a d'injustifié, l'exode des populations rurales vers les grandes villes ; — 5º de faire aimer l'agriculture, même par les enfants qui ne vivent pas à la campagne.

L'enseignement de l'agriculture est à la fois théorique et pratique : la *théorie* comporte, pour le cours supérieur seulement, des notions très élémentaires de botanique et de chimie agricole ; pour les autres cours, des leçons de difficulté graduée, avec expériences immédiates ; — la *pratique* consiste en quelques expériences préparées dans le jardin de l'école ou dans un champ d'expériences, et en visites à des exploitations agricoles.

Il serait sans doute hors de propos de vouloir exposer aux

enfants des écoles primaires les ressources offertes par les
sciences naturelles, pour les exploitations agricoles. Néanmoins il faut que les élèves sachent ce qu'est l'azote, l'acide
phosphorique, la potasse, la chaux, avant d'étudier la question des engrais. L'action fertilisante de ces éléments sera mise
en évidence par des cultures démonstratives, faites dans les
plates-bandes d'un jardin, en des caisses ou des pots à fleurs.
Après avoir montré que la plante est un organisme vivant qui
a besoin de se nourrir, qui se développe et grandit, on
donnera quelques leçons très simples et concrètes sur la végétation, l'alimentation et la multiplication des végétaux.

Le musée agricole. — Pour rendre intéressantes et pratiques ses leçons, le maître montre aux élèves des échantillons bien choisis, — terres, graines, plantes, engrais chimiques,
— appropriés aux sujets qu'il traite.

Un cours d'agriculture, même très élémentaire, suppose
donc l'organisation d'un musée agricole. Pour le constituer, le
maître recueille lui-même diverses espèces de terres, et il les
conserve en des bocaux soigneusement étiquetés. Il se procure
les plantes de la région et, chez les cultivateurs voisins, des
graines et des spécimens des principaux engrais. Enfin il col-
lectionne des gravures murales représentant des instruments
agricoles, et des animaux utilisés dans les fermes.

La leçon d'agriculture. — La leçon d'agriculture se
donne, ou sans manuel, ou avec le secours d'un manuel. Dans
le premier cas, l'exposé oral est suivi de la dictée du résumé
qui fera l'objet de l'étude. Ce procédé n'est pas d'ordinaire le
meilleur.

Il y a deux manières de se servir d'un manuel. 1° Après la
leçon orale, on fait lire dans le manuel et l'on explique le texte
se rapportant au sujet que l'on vient de traiter. — 2° Plus
simplement encore, on fait lire par les élèves, dans leur manuel,
ce qui est le sujet de la leçon du jour; alinéa par alinéa, on
explique les termes techniques ou d'autres qui risquent de
de n'être pas compris, et l'on ajoute quelques développements
jugés utiles.

Que la leçon soit donnée par l'un ou l'autre de ces procédés,
le maître n'oublie pas d'apporter en classe des échantillons
empruntés au musée agricole, ou des spécimens cultivés
dans le jardin de l'école. Le plus possible, il se sert des pro-

duits de l'agriculture locale. Il fait quelques expériences élémentaires, si le sujet le comporte. Il établit des rapprochements entre les idées exprimées et la façon dont les cultivateurs opèrent dans la région, en tenant compte que certains principes et certains procédés ne sont pas également applicables dans tous les pays.

Parfois, et à titre de récompense, le maître conduit les élèves dans les jardins ou les fermes du voisinage, autant du moins que les circonstances le permettent. Là, il rappelle les leçons données en classe, et, par des remarques pratiques, développe chez les enfants l'esprit d'observation.

Enfin les dictées, lectures, rédactions et problèmes d'arithmétique ont souvent pour objet, dans les écoles rurales, des faits d'ordre agricole; et tous ces exercices se rapportent au programme mensuel d'agriculture.

Cours élémentaire. — Avec les jeunes enfants, il faut autant que possible parler aux yeux et rendre concrètes les explications, par la vue des objets en nature. Ainsi, on se procure une série de plantes de la région : blé, seigle, avoine, orge maïs, colza, chanvre, lin, pavot, moutarde sauvage, liseron, chiendent, et, par ce moyen, on donne aux élèves une foule de connaissances élémentaires.

Après avoir montré et nommé la plante, on en fait remarquer les différentes parties : racine, tige, bourgeons, feuilles, fleurs, fruits; on ajoute des explications simples et à la portée des petits enfants. Il ne faudrait pas entrer dans certains détails qui relèvent plutôt des cours moyen et supérieur, comme seraient la nutrition des plantes, les éléments qu'elles absorbent et leur provenance. Par contre, on montrerait comment germe une semence, et comment se développe le sujet qu'elle produit; ces petites expériences, d'ailleurs intéressantes, piquent la curiosité des écoliers et laissent des souvenirs durables dans leur esprit.

Par exemple, on remplit presque entièrement de mousse un vase de verre, au fond duquel on entretient toujours un peu d'eau, et l'on dépose sur la mousse, de préférence près des parois du vase, une graine assez volumineuse : pois, haricot, fève, etc. En tenant le vase à une température convenable, la tigelle et la radicule ne tardent pas à apparaître. Tandis que la première s'élève, la seconde s'enfonce et se ramifie aux parois du vase. Si l'on soigne assez longtemps la plante, on finit par obtenir fleurs et fruits. Ainsi l'enfant se rend compte du phénomène de la germination, et il suit avec intérêt les différentes phases de la végétation.

On ferait assister les élèves au semis de telles ou telles graines dans une plate-bande du jardin de l'école; ayant compté à peu près le nombre de grains semés, et plus tard ceux qui auraient levé, on ferait remarquer qu'un certain nombre ont germé et que d'autres n'ont rien produit. Le fait constaté, on en donnerait la cause : ou les graines n'étaient pas toutes bonnes, ou elles avaient été enterrées trop profondément, ou elles étaient restées presque à la surface. De là, trois questions se poseraient naturellement: « Quand les graines sont-elles bonnes? Quand sont-elles mauvaises? Pourquoi ne lèvent-elles pas, si elles sont trop ou trop peu enterrées? »

Cours moyen et supérieur. — Sans démonstrations pratiques, les leçons d'agriculture seraient peu utiles. D'autre part, s'il est avantageux d'avoir à proximité de l'école un jardin pour les expérimentations, il n'est pas moins vrai que, dans la plupart des cas, le véritable champ d'expériences sera la campagne environnante.

L'enfant a vu labourer; mais il ignore pourquoi les labours sont plus ou moins profonds. Il sait d'une manière vague que, sans engrais, on n'aurait pas de belles récoltes; mais il ne se doute pas qu'il y a, dans la localité, des terres cultivables de natures différentes; que, suivant leur composition, elles sont plus ou moins fertiles, et qu'il existe des moyens de les améliorer. Il voit que, sur un même terrain, on varie périodiquement les cultures, et il n'en connaît pas la raison.

C'est au maître à faire réfléchir les élèves sur ces faits. Leur expliquer ce qu'ils n'ont pas compris jusqu'alors; leur découvrir ce qu'ils n'ont pas soupçonné; leur indiquer, avec raisons à l'appui, les avantages de telle méthode de culture, les inconvénients de telle autre; leur faire part de quelques-unes des découvertes récentes et montrer les avantages des progrès réalisés : tel est le but du programme d'agriculture.

Le maître doit viser à être utile aux populations au milieu desquelles il exerce. Veut-il donner, par exemple, des notions sur les terres cultivables? il se renseigne exactement sur la nature des sols dans la localité, ainsi que sur leurs qualités et leurs défauts, afin de pouvoir signaler plus sûrement les procédés d'amélioration qui conviennent.

Adaptation aux cultures régionales. — Les besoins d'une région peuvent obliger le maître à spécialiser son enseignement, c'est-à-dire à joindre aux notions ordinaires qui constituent un cours général d'agriculture, des indications en rapport avec les cultures locales. Dans une contrée, on insiste sur la culture des différentes sortes de céréales ou de légumineuses, ainsi que sur les conditions de succès qu'elle réclame; dans une autre, on étudie plus particulièrement les plantes industrielles (la betterave sucrière, le lin, le chanvre, par exemple), les engrais spéciaux qui conviennent à chacune d'elles, leur traitement et leurs usages. Ailleurs, on donne plus d'importance aux notions d'arboriculture : choix, plantation, taille, greffe des arbres, moyens artificiels de les multiplier, soins à leur donner dans les maladies. Ailleurs encore, la viticulture est l'objet de notions plus étudiées. La sériciculture et l'apiculture, à peine indiquées en certaines régions, retiendront davantage en d'autres. C'est le désir d'être utile et le goût de l'enseignement qui inspirent l'instituteur.

On complète le cours par des indications sommaires sur les plantes, les insectes utiles et nuisibles, spécialement choisis parmi les types recueillis dans la contrée ou conservés au musée de l'école.

V. — ENSEIGNEMENT ÉLÉMENTAIRE DE L'HYGIENE

But, caractère pratique et programme. — A l'école primaire, l'enseignement de l'hygiène a pour but de former les enfants aux bonnes habitudes d'hygiène personnelle et de leur donner, pour l'avenir, des notions d'hygiène familiale, professionnelle et sociale.

Le maître n'y procède pas par des considérations et discussions sur la science de la santé, mais par des affirmations pratiques, appuyées sur les éléments des sciences que les enfants ont appris. Aussi rattachera-t-on les leçons d'hygiène aux notions de sciences.

Pour que l'enseignement ne perde pas son caractère pratique, on a soin de l'adapter au milieu où l'école fonctionne, et à la situation générale des familles qui forment sa clientèle. Des recommandations valent pour un milieu urbain et ne sont pas justifiées pour un milieu rural; d'autres s'expliquent par le climat ou certaines habitudes locales. Enfin n'y aurait-il pas une sorte de raillerie inconsciente à exposer aux enfants pauvres des règles hygiéniques que seules les familles bourgeoises peuvent observer?

Les sujets qu'il convient de traiter ont rapport à l'hygiène respiratoire et digestive, à l'hygiène de la peau, du sommeil, du travail, du vêtement et de l'habitation, à l'hygiène sociale (maladies contagieuses) et à l'hygiène morale. A mesure que s'en présentent les occasions, le maître montre l'application de ces règles à l'hygiène scolaire et le soin qu'il prend lui-même de les faire observer en classe.

Dans une école catholique, on n'oublie pas d'indiquer quelles heureuses conséquences, même au point de vue hygiénique, produisent les vertus chrétiennes, surtout la patience, la pureté et la tempérance. On fait prudemment ressortir les déplorables effets de la colère, de l'irritation habituelle, du vice, de la recherche excessive du bien-être, de la gourmandise et de l'alcoolisme.

Enseignement antialcoolique. — Cet enseignement comprend le rappel des prescriptions de la morale relatives à la tempérance et l'indication des conséquences désastreuses, tant personnelles que sociales, de l'intempérance dans le boire. En certaines régions surtout, l'instituteur ne manquera pas de s'exprimer avec vigueur, pour si bien graver ses leçons dans les intelligences que le souvenir en demeure comme ineffaçable.

CHAPITRE VIII

ENSEIGNEMENT DE L'ARITHMÉTIQUE

Utilité, objet. — L'enseignement de l'arithmétique a une double utilité : il est *pratique*, puisque, dans la vie, la nécessité de faire des calculs élémentaires est fréquente ; — il est *éducatif*, puisqu'il exige l'attention, forme à la réflexion, habitue aux raisonnements logiques, développe le goût et le besoin de la précision. Mais un certain nombre d'écoliers trouvent peu intéressantes ces leçons : la légèreté de quelques-uns explique cette répugnance ; chez d'autres, elle a pour cause, — avouons-le, — le caractère trop abstrait qu'on donne parfois à l'enseignement. L'emploi de procédés intuitifs facilite beaucoup l'initiation au calcul : nous essayerons de le montrer.

Les exercices dont nous allons traiter sont : 1o l'initiation à la numération et au calcul; — 2o le calcul soit oral, soit écrit; — 3o le calcul mental; — 4o la leçon proprement dite d'arithmétique, avec les démonstrations et l'explication des problèmes; — 5o les applications du système métrique à la géométrie pratique (cette dernière partie fait l'objet du Chapitre IX).

I. — INITIATION A LA NUMÉRATION ET AU CALCUL

(COURS PRÉPARATOIRE)

Initiation à la numération écrite. — La numération est une étude abstraite, ardue pour les jeunes enfants. Aussi importe-t-il d'introduire le plus de concret possible dans les premières notions, d'arriver aux chiffres par des objets matériels dont ces chiffres représentent le nombre. Dans ce but, on se sert, soit du boulier-compteur, soit de bâtonnets isolés ou groupés par dizaines, de graines sèches, de petits cailloux : la vue et la comparaison des objets donne la notion de leur nombre. On représente ensuite sur le tableau noir le *nombre* d'objets par un nombre égal de traits ou de points; enfin on remplace ces signes multiples par un signe conventionnel unique, qui est le *chiffre*.

Par exemple, après avoir donné par des procédés intuitifs la notion des six premiers nombres, on passe au nombre 7. Ayant distribué à chaque élève de menus objets (graines sèches, petits cailloux), le maitre représente au tableau noir un nombre de 7 objets en groupements divers, que les enfants imitent avec ce dont ils disposent.

$$6+1 = 7 \qquad 5+2 = 7 \qquad 4+3 = 7 \qquad 3+3+1 = 7$$

Ainsi ils apprennent la décomposition du nombre 7 en nombres que déjà ils ont étudiés. En même temps ils s'exercent à l'addition orale et écrite de deux et trois nombres d'un seul chiffre.

Le nombre 9 donnerait lieu à des exercices analogues de décomposition.

$$8 + 1 = 9$$
$$7 + 2 = 9$$
$$6 + 3 = 9$$
$$5 + 4 = 9$$

De même, après avoir donné, au moyen de 10 points, de 10 billes, de 10 bâtonnets réunis, l'idée concrète d'une *dizaine*, on la représenterait au tableau noir par 10 traits ou 10 points. On montrerait la nécessité de recourir à un chiffre unique représentant les dizaines afin de simplifier les caractères : ainsi on arriverait aux nombres 11, 12, 16, etc.

$$10 + 1 = 11 \qquad 10 + 2 = 12 \qquad 10 + 6 = 16$$

Pour les nombres de 20 à 30, le maître pourrait dessiner au tableau des groupes de dizaines de billes, suivis de billes séparées. Il arriverait ainsi aux chiffres, puis à l'addition de trois nombres.

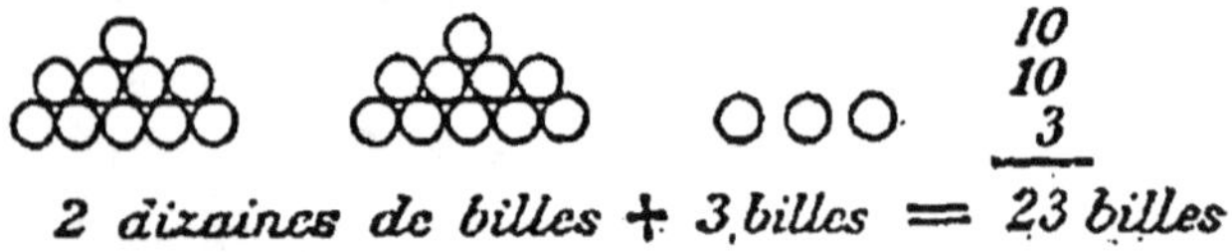

2 dizaines de billes + 3 billes = 23 billes

Autre exemple pour un nombre compris entre 30 et 40 : on le représenterait par des croix, pour passer aux chiffres et à l'addition de quatre nombres.

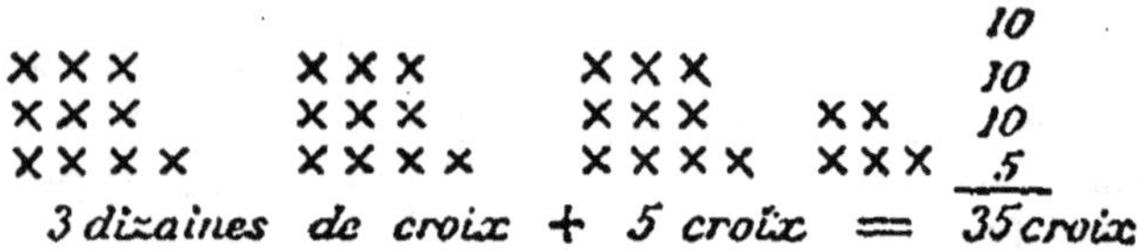

3 dizaines de croix + 5 croix = 35 croix

A mesure que les enfants ont bien saisi la notion d'un nombre, on supprime le recours aux moyens intuitifs, et on leur dicte le nombre pour qu'ils le traduisent sur l'ardoise.

Après les premiers exercices dictés, on demanderait par exemple d'écrire des nombres de deux chiffres se terminant par un 3, un 5, un 6, etc.

Il ne paraît guère utile, au cours préparatoire, de pousser l'étude des nombres au delà de 100.

Initiation à la numération parlée. — En même temps que les enfants sont initiés à la numération écrite, on les exerce à la numération parlée. Tous les jours, on en fait quelques exercices : compter de 1 à 10, de 10 à 25, à 30, à 60, etc.; compter de 10 à 1, de 15 à 10; compter par dizaines de 10 à 100; compter de 5 en 5 jusqu'à 30, à 50, etc.; compter de 2 en 2, de 3 en 3, etc.

Initiation au calcul. — Avec des procédés intuitifs et opérant toujours sur des nombres concrets, on peut initier les tout jeunes enfants à l'addition, à la soustraction, et même à la multiplication et à la division.

Addition. — Avant de passer à des représentations graphiques, on ajouterait réellement des billes à des billes, des points à des points, et l'on *montrerait* les totaux obtenus.

On viendrait ensuite à des exercices tels que les suivants :

I. — Paul a gagné :

Lundi.	*quatre* billes	O O O O	= 4 billes.
Mardi	*trois* —	O O O	= 3 —
Mercredi.	*deux* —	O O	= 2 —
Combien en a-t-il en tout?		O O O O O O O O O	= 9 billes.

II. — Les élèves ont obtenu : en janvier, *six croix,* en février *cinq,* et en mars *quatre ;* combien en ont-ils gagné en tout?

Janvier. . .	X X X X X X	= 6 croix.
Février. . .	X X X X X	= 5 —
Mars. . . .	X X X X	= 4 —
Total. . .	X X X X X X X X X X ❘ X X X X X	= 15 croix.

1 uizaine de croix   +   5   croix

Soustraction. — On procéderait d'abord avec des billes, des points. Un nombre de billes ou de points étant présenté aux enfants, on en ôterait 2, 3, ou 4 ; l'on *montrerait* ce qui reste, pour rendre sensible la soustraction.

Viendraient alors des exercices graphiques.

I. — Pierre avait *huit* pommes O O O O O O O O = 8 pommes.
Il en donne *trois* . . . . O O O = 3 —
Il lui en reste. . . . . O O O O O Ø Ø Ø = 5 pommes.

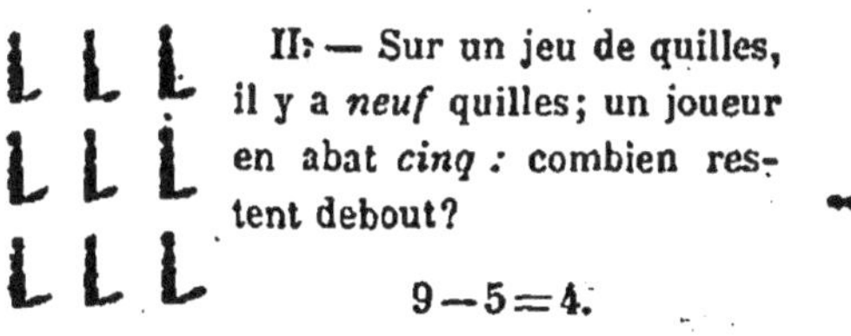

II. — Sur un jeu de quilles, il y a *neuf* quilles ; un joueur en abat *cinq :* combien restent debout?

9 — 5 = 4.

III. — Retrancher *trois* de sept. | IV. — Retrancher *quatre* de neuf.

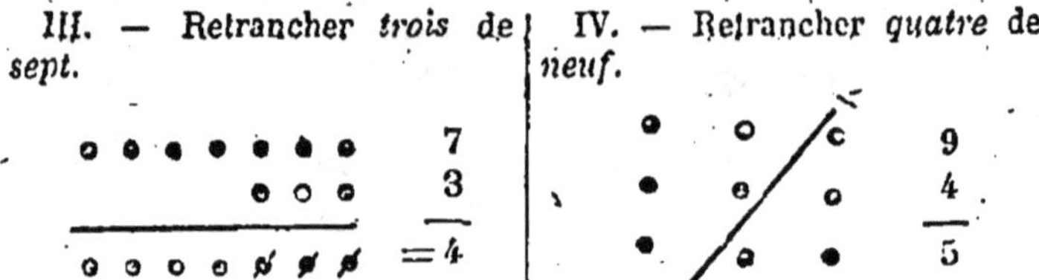

V. — Retrancher *cinq* de *seize*.

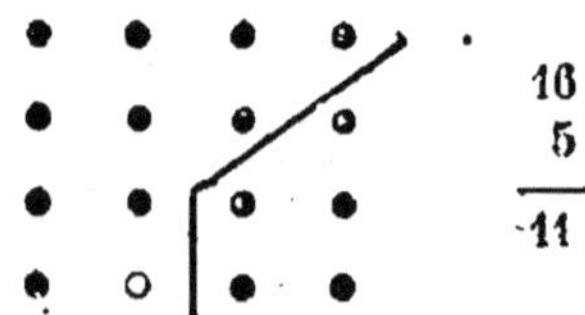

On pourrait, par des moyens semblables, résoudre de petits problèmes dont la solution réclame une addition et une soustraction.

Lundi, Pierre a gagné *six* points, mardi *quatre,* mercredi encore *quatre;* mais il en a perdu *cinq* vendredi : combien lui en reste-t-il?

Lundi . . . .   //////// = *6* points.

Mardi . . . .   //// = *4* —

Mercredi. . . . .   //// = *4* —

TOTAL . . . . . . //////////////// = *14* points.

Vendredi. . . . .   ///// = *5* —

RESTE . . . . . . ///////////////// = *9* points.

Multiplication. — Lorsque les enfants abordent les plus élémentaires multiplications, ils sont déjà familiarisés avec les chiffres; aussi les moyens intuitifs ont-ils pour but de mieux faire comprendre, non plus la numération, mais la nature même de la multiplication, qui est une addition abrégée.

I. — On donne à Henri *deux* oranges pendant *trois* jours : combien en a-t-il?

    2 oranges × 3 = 6 oranges.

2 + 2 + 2 = 6 oranges.

II. — Une ouvrière gagne *dix* francs par semaine : combien a-t-elle gagné en quatre semaines?

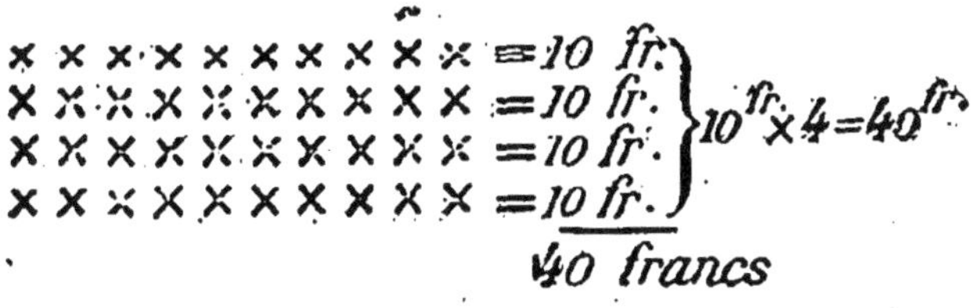

$$\left. \begin{array}{l} \times\times\times\times\times\times\times\times\times = 10\ fr. \\ \times\times\times\times\times\times\times\times\times = 10\ fr. \\ \times\times\times\times\times\times\times\times\times = 10\ fr. \\ \times\times\times\times\times\times\times\times\times = 10\ fr. \end{array} \right\} 10^{fr} \times 4 = 40^{fr}$$

$$\underline{40\ francs}$$

Division. — L'initiation des tout jeunes élèves à la division débute par des exercices intuitifs.

I. — René avait *six* pièces de un franc; il en dépense la moitié, combien en a-t-il encore?

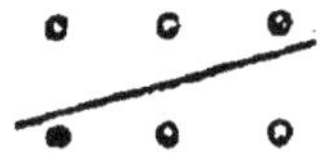

$$\frac{6\ pièces}{2} = 3\ pièces.$$

II. — Un père partage *neuf* francs entre ses *trois* enfants, et fait les parts égales : combien chacun reçoit-il ?

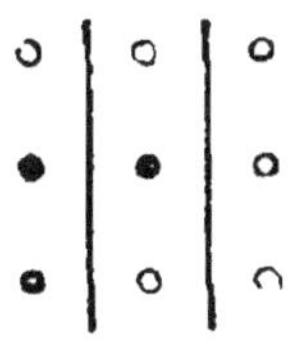

$$\frac{9\ francs}{3} = 3\ francs.$$

Initiation au calcul mental. — A mesure que les enfants sont exercés à faire de petits calculs sur l'ardoise et au tableau noir, on leur demande de répondre, sans rien écrire, à des questions très simples, relatives surtout à l'addition et à la soustraction de nombres concrets.

3 billes + 2 billes = ?	3 points + 2 points + 4 points = ?
10 billes + 3 billes = ?	3 oiseaux + 2 oiseaux + 3 oiseaux = ?
25 billes + 4 billes = ?	21 pierres + 3 pierres + 5 pierres = ?

$$7\ points - 2\ points = ?$$
$$14\ dragées - 5\ dragées = ?$$
$$10\ francs - 9\ francs = ?$$

II. — NUMÉRATION ET CALCUL PROPREMENT DITS

Numération. — Le calcul, c'est-à-dire l'étude des quatre opérations fondamentales de l'arithmétique, suppose que l'enfant connaît la numération. Au *cours élémentaire*, l'écolier devra savoir :

1º *Dire* les nombres, ou compter de 1 à 1000;
2º *Lire* les nombres, de 1 à 1000;
3º *Écrire* les nombres, de 1 à 1000.

On se sert beaucoup moins de procédés intuitifs qu'au cours préparatoire. Toutefois y revenir de temps en temps peut être utile.

Au cours moyen, les élèves écrivent des nombres entiers quelconques et des nombres décimaux. Pendant un certain temps, et pour qu'ils acquièrent une grande sûreté dans l'écriture des nombres, on laisserait à demeure, sur le tableau, des lettres indiquant les groupes ou ordres de nombres entiers et de nombres décimaux :

$$\text{M}^{\text{on}} \mid \text{CM DM M} \mid \text{C D U, d c m} \mid \text{dm.}$$

(*Millions, centaines de mille, dizaines de mille... unités, dixièmes, centièmes...*)
Chaque chiffre des nombres dictés serait écrit sous la lettre indiquant sa valeur relative dans le nombre.

Addition. — Autant que possible sans recourir aux procédés intuitifs, on fait faire au cours élémentaire de très nombreux exercices d'addition orale et d'addition écrite. On y revient au cours moyen, où les additions orales sont de plus en plus longues. Il faut que, progressivement, les enfants acquièrent à ce calcul beaucoup de sûreté.

Oralement, on fait ajouter 2 à un nombre donné, puis au nombre obtenu, et ainsi de suite jusqu'à 100 et au delà. De la même manière, on fera ajouter 3, 4, 5, 6, 7, 8 et 9. L'élève désigné dit : 1 et 2, 3; le suivant, 3 et 2, 5; le troisième, 5 et 2, 7, et ainsi de suite jusqu'à 100. — Lorsqu'on veut éviter la répétition du dernier nombre, le premier élève dit : 1 et 2, 3; le second, et 2, 5; le troisième, et 2, 7, etc.

Il est nécessaire de faire oralement de très nombreux exercices, et de les varier beaucoup. En voici quelques-uns :

Additionner oralement $3+4$; $2+6$; $4+8$; $5+7$...
Combien font : $4+2+3$? $6+8+9$? $7+5+3$?...
Compléter les additions : $14=5+$...; $19=8+$...
Que faut-il ajouter à 5 pour obtenir 16, 23, 57, 118...?

Le maître pourrait encore écrire au tableau noir deux colonnes de nombres, et en plus grands caractères le nombre qu'il faut ajouter à chacun. Il se contenterait de montrer l'un des nombres des colonnes, et les enfants donneraient le total à tour de rôle. Voici un exemple :

17		*26*
28		*49*
31	**7**	*54*
45		*72*
68		*83*

On remplacerait le nombre central par d'autres, d'abord d'un seul chiffre, puis de deux chiffres.

Addition à tour de rôle, faite au tableau noir. — Le calcul à tour de rôle est utile, surtout aux commençants.

Pour cet exercice, le maître envoie un élève au tableau noir : il lui dicte les nombres sur lesquels il veut qu'on opère, et il les fait lire par les enfants les moins avancés; ensuite tous calculent, à tour de rôle et à haute voix, chacun une colonne, ou chacun deux ou trois chiffres.

L'enfant qui est au tableau écrit les résultats partiels, à mesure qu'ils sont énoncés. Quand la réponse est obtenue, on la fait lire par deux ou trois élèves des plus faibles; puis on opère sur d'autres nombres, d'une manière analogue.

Il faut habituer les enfants à se servir des termes propres en calculant, à mettre beaucoup d'ordre dans les opérations, et à bien former les chiffres.

Addition continue. — Quand une addition est terminée on considère la somme obtenue comme étant elle-même un nombre à réunir avec ceux qui précèdent; alors on efface le trait qui l'en sépare, et l'on opère comme pour l'addition ordinaire.

De temps en temps, on change quelque chiffre avant de commencer de nouvelles opérations, afin que les élèves ne se servent pas de la remarque que les nombres vont toujours en doublant.

Addition sur les cahiers. — Pendant quelque temps, les nombres à additionner sont écrits au tableau noir et copiés; ensuite ils sont seulement dictés. On exerce les enfants : 1o à bien former les chiffres; — 2o à prononcer le moins possible les mots en calculant; — 3o à ne pas calculer sur leurs doigts, du moins au cours moyen; — 4o à faire la preuve de chaque addition.

Soustraction. — Par un procédé analogue à celui qui vient d'être expliqué pour l'addition, on retranche *oralement* toujours le même chiffre, de 2 à 9, à partir d'un certain nombre. Le premier élève désigné dit, par exemple : 80 moins 4, 76; le suivant, moins 4, 72; moins 4, 68, etc.

Après ces calculs préparatoires, on fait faire aux enfants de nombreux exercices de soustraction orale. En voici quelques-uns :

3 de 11 ?　de 18 ?　de 17 ?　de 21 ?　de 39 ?　de 41 ?　de 72 ?...
7 de 12 ?　de 18 ?　de 22 ?　de 29 ?　de 32 ?　de 46 ?　de 63 ?...

Un nombre pourrait être écrit entre deux ou trois rangées d'autres nombres desquels il doit être soustrait, et l'exercice à tour de rôle serait fait comme pour l'addition.

$$9$$
$$17 \quad 24$$
$$33 \qquad 45$$
$$73 \qquad 6 \qquad 67$$
$$89 \quad 111 \quad 248 \quad 363 \quad 600$$

Les enfants diraient :

9 — 6 = 3;　24 — 6 = 18;　45 — 6 = 39...

Le nombre central sera remplacé par d'autres d'un seul chiffre, et ensuite de deux chiffres ; alors on modifierait un ou plusieurs des nombres primitifs.

$$18 \quad 29 \quad 37 \quad 51$$
$$32 \qquad\qquad 126$$
$$\mathbf{13}$$
$$45 \qquad\qquad 190$$
$$63 \quad 88 \quad 119 \quad 274$$

Pour cet exercice les enfants diraient :

$$18 - 13 = 5 ; \quad 29 - 13 = 16 ; \quad 37 - 13 = 24 \dots$$

A tour de rôle, on fait faire au tableau des soustractions écrites, de plus en plus difficiles, et toujours on en demande la preuve.

Remarque. Des exercices de calcul peuvent prendre la forme suivante. On écrit plusieurs chiffres les uns à la suite des autres, en les faisant précéder des signes $+$ ou $-$, par exemple :

$$4 + 3 + 7 - 5 + 6 - 9 + 13 - 8 + 21.$$

Si l'on part du nombre 4, un premier élève dit : $4 + 3 = 7$; le second : $+ 7 = 14$; le troisième : $- 5 = 9$; le quatrième : $+ 6 = 15$; le cinquième : $- 9 = 6 \dots$; le dernier poursuit, *en recommençant :* $+ 4 = \dots$, et l'on continue indéfiniment. On change ensuite le nombre initial, pour un autre exercice.

Multiplication. — Aussitôt que les enfants du cours élémentaire commencent à bien faire l'addition et la soustraction, ils étudient la table de multiplication ; et dès qu'ils savent le produit des neuf premiers nombres par 2 et par 3, on les exerce à multiplier un nombre de deux ou de trois chiffres par 2, puis par 3.

Il faut revenir chaque jour, pendant quelques minutes, sur la table de multiplication, jusqu'à ce qu'elle soit imperturbablement sue.

Calcul à tour de rôle sur la table de multiplication.
— Lorsque les élèves ont appris la table de multiplication, on s'assure, par des exercices analogues au suivant, qu'ils la possèdent bien.

Le maître fait écrire au tableau, et en ligne horizontale, les neuf premiers nombres, mais sans les disposer par ordre; ainsi, par exemple :

$$1 \quad 9 \quad 8 \quad 3 \quad 2 \quad 7 \quad 5 \quad 6 \quad 4;$$

il fait placer au-dessous le chiffre par lequel il veut qu'on multiplie, soit 4; puis chaque élève multiplie l'un des nombres par 4, sans poser le produit, ni tenir compte des dizaines retenues.

Lorsqu'on a opéré trois ou quatre fois avec un même multiplicateur, on lui en substitue un autre, pour s'en servir de la même manière.

Exercices de multiplication sur les cahiers. — L'important est moins de donner un grand nombre de multiplications et de compliquées, que d'obtenir des calculs exacts, vérifiés par la preuve, et très bien écrits.

Les difficultés sont graduées, et l'on ne passe à un cas nouveau que si les enfants sont exercés aux difficultés moindres. Successivement on enseigne à faire des multiplications dont le multiplicateur contient un nombre croissant de chiffres; — dont le multiplicande et le multiplicateur contiennent un ou plusieurs zéros intercalés; — dont l'un des facteurs, ou tous les deux, se terminent par des zéros; — dont un des facteurs, ou tous les deux, renferment des chiffres décimaux; — dont la partie décimale contient un ou deux zéros.

Division. — L'élève qui possède bien la table de multiplication passe facilement à la division. Il sait, par exemple, que 6 fois 7 font 42 : sans difficulté, on lui fait comprendre que 42 contient 6 fois le nombre 7, ou 7 fois le nombre 6.

Voici par quels exercices progressifs il convient de former les élèves à la division :

1º *Division sans reste, à un chiffre au diviseur, et un au quotient.* Elle se fait oralement d'abord, puis au tableau noir. Ex. : en 20 combien de fois 4 ?... En 54, combien de fois 9 ?... combien de fois 6 ?...

2° *Division avec reste, à un chiffre au diviseur, et un au quotient.* Comme la précédente, elle se fait oralement et au tableau noir. Ex. : En 13, combien de fois 4?... En 68, combien de fois 9?... combien de fois 7?... combien de fois 8?...˜ Et toujours on fera indiquer le reste.

3° *Division à un chiffre au diviseur, mais devant en donner plusieurs au quotient.* Une nouvelle difficulté se rencontre, d'ailleurs peu sérieuse : premier chiffre du dividende plus faible que celui du diviseur, et dividendes partiels plus petits que le diviseur.

Il ne faut pas toujours limiter le quotient aux unités; mais de temps en temps on fait mettre la virgule en place et l'on continue l'opération.

4° *Division à deux, trois et quatre chiffres au diviseur.* L'embarras, pour l'enfant, est de déterminer le chiffre du quotient. Il y arrive par des exercices répétés, mais peut y être aidé par certaines remarques du maitre. On a, par exemple, à diviser 965 par 217 : l'élève cherche combien 2, premier chiffre du diviseur, est contenu de fois dans 9, premier du dividende. Il met 4 au quotient : c'est le vrai chiffre. Mais si, au lieu de 217, il y avait 289 au diviseur, son procédé lui donnerait encore 4 pour chiffre du quotient, ce qui est faux. C'est l'occasion de faire comprendre aux enfants que 289 approchant de très près le nombre 300, on aurait eu plus de chance de trouver le chiffre exact du quotient en divisant 9 par 3, qu'en le divisant par 2.

III. — CALCUL MENTAL

Nature et importance. — Le calcul mental consiste, non à exécuter de mémoire des opérations selon les procédés du calcul écrit, mais à faire des calculs par la pensée, au moyen de procédés spéciaux et abréviatifs. Ainsi nous ne désignons pas par calcul mental une soustraction dans laquelle on se contenterait de voir en esprit les deux nombres placés l'un au-dessous de l'autre, et d'opérer comme à l'ordinaire.

L'importance du calcul mental est indiscutable tant au point de vue éducatif qu'au point de vue pratique. A condition que les élèves sachent expliquer les procédés qu'ils emploient, le calcul mental constitue une gymnastique intellectuelle des plus efficaces : il porte les enfants à réfléchir, à raisonner sans le secours d'un objet matériel ; il contribue à leur faire acquérir la rectitude d'esprit et la précision ; il les accoutume à discuter en eux-mêmes la solution d'un problème, avant de se mettre à le résoudre. Il répond de plus aux nécessités journalières de la vie : en effet, ce n'est pas seulement l'entrepreneur ou le marchand qui s'en servent avec profit, mais tous ceux auxquels se posent sans cesse les petits problèmes de la comptabilité domestique.

Le calcul mental ne constitue pas un cours indépendant du cours d'arithmétique ; il en faut faire des exercices dans toutes les classes[1], sur des opérations et des problèmes analogues à ceux qu'on résout par écrit. On suit une marche méthodique dans l'ordre des exercices, qui tantôt se font sur des nombres abstraits, et le plus souvent sur les données concrètes de petits problèmes usuels.

Les procédés de calcul mental sont des moyens ingénieux et rationnels qui permettent de commencer l'opération par les plus hautes unités des nombres. Les principaux sont : 1° la *décomposition des nombres* en groupes d'unités ; — 2° le *déplacement et la compensation d'unités*. Dans l'un et l'autre cas, on cherche à opérer sur des *nombres ronds*, c'est-à-dire sur des nombres exacts de dizaines et de centaines.

Les exemples qui suivent ne proposent que des nombres abstraits ; en classe, on opère de préférence sur des nombres concrets.

Procédé par décomposition des nombres. — On l'emploie dans l'*addition* quand les nombres à additionner dépassent peu un nombre exact de dizaines et de centaines :

$$213 + 326 = (200 + 300) + (13 + 26) = 539.$$
$$\text{ou} \quad 213 + 326 = (210 + 320) + (3 + 6) = 539.$$
$$728 + 687 = (720 + 680) + 15 = 1415.$$

---

[1] Sauf, évidemment au *cours préparatoire*. Au *cours élémentaire*, les nombres sur lesquels on opère n'ont que deux chiffres ordinairement : l'exercice revient à faire mentalement des additions et des soustractions, sans faire grand usage des procédés abréviatifs. Il en va tout autrement aux *cours moyen* et *supérieur*.

Dans la *soustraction*, on procéderait ainsi :

$$387 - 118 = (387 - 100) - 18 = 269.$$
$$345 - 34 = 300 + (45 - 34) = 311.$$

$$4253 - 1847 = \begin{cases} 42^c - 18^c = 2400 \\ 53^u - 47^u = 6 \\ \hline 2406 \end{cases}$$

Pour la *multiplication*, c'est ordinairement le multiplicateur, ou plus petit nombre, qu'on décompose :

$$58 \times 56 = (58 \times 5^{diz}) + (58 \times 6) = 2900 + 348 = 3248,$$

ou

$$58 \times 56 = (58 \times 7) \times 8 = 406 \times 8 = 3248.$$
$$429 \times 101 = (429 \times 100) + 429 = 43329.$$
$$429 \times 99 = (429 \times 100) - 429 = 42471.$$
$$39 \times 8 = (30 \times 8) + (9 \times 8) = 312.$$

Si l'on a pris soin de faire étudier aux enfants la table de multiplication jusqu'à 20, certaines opérations par décomposition du multiplicande deviennent très simples :

$$1812 \times 16 = (1800 \times 16) + (12 \times 16) = 28800 + 192 = 28992.$$

Dans la *division*, c'est le dividende qui est décomposé :

$$147 : 4 = (100 : 4) + (47 : 4) = 25 + 11 \ 3/4 = 36 \ 3/4$$
$$259 : 12 = (240 : 12) + (19 : 12) = 20 + 19/12 = 21 \ 7/12.$$

Déplacement et compensation d'unités. — Par ce procédé, on ajoute ou l'on retranche à l'un des nombres pour en faire un *nombre rond*, et l'on opère sur l'autre la compensation nécessaire pour que le résultat soit exact.

L'*addition* par déplacement et compensation est surtout facile avec deux nombres :

$$12 + 24 = 10 + 26 = 36.$$
$$143 + 289 = 142 + 290 = (14^{diz} + 29^{diz}) + 2 = 432.$$
$$452 + 96 = 448 + 100 = 548.$$
$$728 + 687 = 715 + 700 = 1415.$$

La *soustraction* par compensation d'unités ajoute ou retranche une même quantité aux deux nombres :

$$48 - 17 = 50 - 19 = 31.$$
$$\text{ou } 48 - 17 = 51 - 20 = 31.$$
$$378 - 42 = 386 - 50 = 336.$$
$$254 - 178 = 256 - 180 = 76.$$
$$41 - 22 = 39 - 20 = 19.$$
$$178 - 43 = 175 - 40 = 135.$$

Remarques. — 1° Les manuels indiquent des procédés rapides pour multiplier un nombre par 5, 25, 125, 250 ; par 0,5 ; 0,25 ; 0,125, etc., par 15, 75, 150, 750 ; par 0,15 ; 0,75, etc. ; pour diviser un nombre par 6, 8, 12, 15, 20 et 25 ; par 2, 5 ; 0,25 ; 125 ; 1,25 ; 0, 125, etc. Les élèves devront apprendre ces moyens et s'en servir.

2° Pour que les questions se suivent sans hésitation, il faut que l'exercice de calcul mental ait été bien préparé par le maître.

3° Il est préférable que l'exercice ait surtout pour but une opération donnée — addition, multiplication, etc. — qui soit comme le centre de la leçon, et que cet exercice soit suivi de problèmes écrits, dans lesquels figurent les nombres sur lesquels on a opéré mentalement.

4° Parfois, toutes les opérations roulent sur une question principale, afin que plusieurs nombres étant fixes, l'attention des élèves soit moins fatiguée.

Exemples de problèmes résolus mentalement. — Le calcul mental ayant un but pratique, on exercera les élèves des cours moyen et supérieur à la résolution mentale de problèmes tels que les suivants :

I. — Si l'on proposait de trouver l'intérêt d'une somme, 8000 francs par exemple, placée à 5 °/₀ pendant 3 mois, on pourrait raisonner ainsi : « En un an, chaque billet de 100 francs rapporte une pièce de 5 francs et 80 billets rapporteront 80 pièces. Or, 3 mois représentent le 1/4 d'une année : l'intérêt cherché sera donc représenté par le 1/4 de 80 pièces, ou 20 pièces de 5 francs ; soit 100 francs. » — Si le taux eût été 4, la question se résolvait plus simplement encore : un billet de 100 francs rapportait 4 francs pour un an, donc 1 franc pendant le trimestre, et les 80 billets rapportaient 80 francs.

II. — S'il s'agissait de trouver ce que rapportent 3800 francs, placés à 6 % pendant 3 ans 4 mois, l'élève ferait mentalement les calculs suivants :

```
100 fr. rapportent en 1 an. . . . . . . . . .      6 fr.
1000 fr.        —            —    . . . . . . . . . .     60 fr.
3000 fr.        —            —    . . . . . . . . . .    180 fr.
 800 fr.        —            —    . . . . . . . . . .     48 fr.
3800 fr.        —           .—    . . . . . . . . . .    228 fr.

3800 fr.        —      en 3 ans . . . . . . . . .    684 fr.
3800 fr. en 4 mois (⅓ de 228). . . . . . . . .       76 fr.

3800 fr. en 3 ans 4 mois rapportent. . . . . .      760 fr.
```

III. — Une boîte rectangulaire munie de son couvercle a 60 cm. de long, 40 cm. de large et 40 cm. de haut; dire : 1º le nombre total des arêtes ; 2º la longueur totale de ces arêtes; 3º la surface de chaque face; 4º la surface totale des faces; 5º ce qu'il en coûterait de recouvrir la boîte d'une étoffe à 6 centimes le décimètre carré; 6º le volume de la boîte en décimètres cubes; 7º combien de litres, de doubles litres représente la moitié de la boîte; 8º ce que l'on dépenserait à la remplir d'un légume sec à 40 centimes le litre?

Ce problème ne comporte guère que des calculs sur les nombres 40 et 60.

Calcul rapide écrit. — Pour abréger les calculs écrits, on peut faire usage de procédés divers que les praticiens recommandent, particulièrement pour l'addition et la multiplication. Seuls les élèves des cours supérieur et complémentaire sont à même d'y être initiés. Nous ne donnerons ici aucune de ces règles, que des manuels spéciaux exposent d'ailleurs avec grande abondance de détails.

IV. — LA LEÇON D'ARITHMÉTIQUE AUX DIFFÉRENTS COURS

Cours préparatoire. — Au cours préparatoire, la leçon d'arithmétique comprend deux parties :

1º Des notions bien simples de numération, enseignées par des procédés intuitifs, ainsi qu'il a été dit au paragraphe II de ce chapitre.

2º Des exercices de calcul mental et de calcul écrit sur des nombres de un seul, puis de deux chiffres.

Cours élémentaire. — Au cours élémentaire, la leçon d'arithmétique se compose de deux parties : la première est consacrée à quelques exercices de calcul mental, puis à des explications sur la numération et les quatre opérations ; — on emploie la seconde à des exercices de calcul ordinaire, soit oral, soit écrit, autant que possible en rapport avec les exercices de calcul mental faits au début de la leçon.

Il est nécessaire de revenir souvent à la *numération* et d'insister sur la lecture, l'écriture et le calcul des nombres entiers et des nombres décimaux.

Les *explications sur les quatre règles*, et spécialement sur la multiplication et la division, seront données peu à peu, en graduant les difficultés.

Les *définitions* doivent toujours suivre et non pas précéder les explications. On fait d'abord *comprendre*, puis *formuler*, et seulement après *apprendre* les définitions.

Veut-on expliquer le but de la *multiplication?* On procède par des exemples tels que celui-ci :

Un ouvrier gagne 4 francs par jour ; combien aura-t-il gagné au bout de 5 jours?

On amène les élèves à ce raisonnement : en un jour, l'ouvrier gagne 4 francs ; en deux jours, 2 fois 4 francs... en cinq jours, 5 fois 4 francs. Un enfant passe au tableau, écrit en colonne verticale 5 fois le nombre 4 et en fait la somme. Le maître fait remarquer la longueur qu'aurait l'addition s'il fallait trouver le gain de 20, 50, 80 jours, et il indique le moyen plus rapide de répéter le nombre 4. Ainsi les élèves comprennent que la multiplication sert à répéter un nombre autant de fois que l'indique un autre, ou, si l'on veut, autant de fois qu'il y a d'unités dans un autre.

Après quelques exemples, le maître donne les explications utiles sur les termes *multiplicande, multiplicateur, produit;* et seulement alors, il formule et fait redire la définition de la multiplication : *la multiplication est une opération par laquelle on répète un nombre, appelé multiplicande, autant de fois que l'indique un autre nombre appelé multiplicateur.*

Pour la *division*, on pourrait débuter par une question du genre de celle-ci :

J'ai dépensé 5 francs pour un voyage ; combien de voyages semblables pourrais-je faire avec 30 francs?

L'élève interrogé devra raisonner ainsi :

Après le premier voyage, il reste 30 fr. — 5 fr. = 25 fr.
Après le deuxième voyage, il reste 25 fr. — 5 fr. = 20 fr.

. . . .

Après le sixième voyage, il reste 5 fr. — 5 fr. = 0

L'enfant compte le nombre de soustractions et constate qu'avec 30 francs on pourrait faire 6 voyages; il comprend que 5 est contenu 6 fois dans 30, et qu'une division donne de suite la réponse du problème posé.

Après avoir expliqué les termes *dividende, diviseur. quotient*, le maître formule cette définition : *La division est une opération par laquelle on cherche combien de fois un nombre, appelé dividende, en contient un autre appelé diviseur.* — A la vérité, ces notions demeurent un peu abstraites pour de jeunes intelligences, mais elles sont nécessaires.

Au cours élémentaire, les *problèmes sur les quatre règles*, — comportant des nombres peu élevés, — sont le travail habituel. Les enfants calculent d'ordinaire avec une facilité relative; mais leur légèreté les empêche de raisonner juste. Il faut, avec patience, les y former peu à peu.

Si l'on pose une question comme celle-ci : *A 7 francs le mètre, combien aura-t-on de mètres d'étoffe pour 84 francs?* on ne permettra pas aux élèves de répondre d'abord : *Il faut faire une division.* Ce n'est pas là un raisonnement; d'ailleurs, la réponse est donnée le plus souvent au hasard, ou par analogie avec des exercices faits précédemment. On apprendra donc au jeune enfant à raisonner ainsi : « Avec 7 francs, on a un mètre d'étoffe; avec deux fois 7 francs, on en aura deux mètres; avec trois fois 7 francs, trois mètres... Autant de fois 7 seront contenus dans 84, autant de mètres d'étoffe on aura. » Dans les débuts, on demandera que l'élève termine en disant : « L'opération par laquelle on cherche combien de fois un nombre est contenu dans un autre, c'est la division. »

Par des procédés intuitifs, les élèves du cours élémentaire peuvent être initiés aux fractions.

Initiation aux fractions. — L'enseignement des fractions est beaucoup plus rapide si, au début, on fait usage de quelques procédés intuitifs. On se sert de bandes de papier, de surfaces pliables, d'objets qui peuvent être divisés; puis, — ce qui est moins concret, — de lignes et de surfaces tracées au tableau noir. Voici quelques exemples [1] :

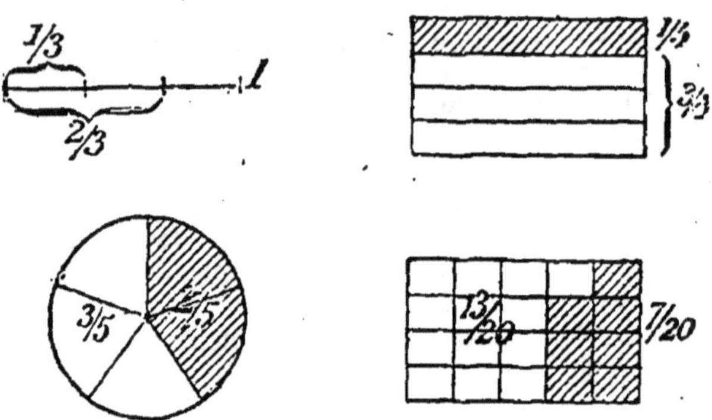

Veut-on faire comprendre combien il a de $\frac{1}{4}$, de $\frac{1}{8}$ dans $\frac{1}{2}$? Quelle différence il y a entre $\frac{1}{4}$ et $\frac{1}{2}$, $\frac{1}{4}$ et $\frac{1}{8}$? Un tracé tel que celui-ci le montrerait.

Une figure pourrait rendre sensible ce principe : *Une fraction ne change pas si l'on multiplie ou si l'on divise les deux termes par un même nombre.*

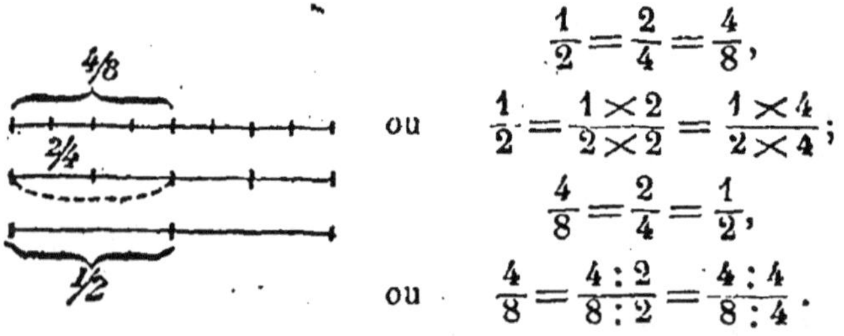

$$\frac{1}{2}=\frac{2}{4}=\frac{4}{8},$$

ou

$$\frac{1}{2}=\frac{1\times 2}{2\times 2}=\frac{1\times 4}{2\times 4};$$

$$\frac{4}{8}=\frac{2}{4}=\frac{1}{2},$$

ou

$$\frac{4}{8}=\frac{4:2}{8:2}=\frac{4:4}{8:4}.$$

---

[1] Sur cette question, d'assez longs détails sont fournis par l'*Initiation mathématique*, de C.-A. Laisant (6ᵉ édit. — Paris, Hachette), dont nous nous sommes inspiré.

Cours moyen et supérieur. — Aux cours moyen et supérieur, l'enseignement de l'arithmétique a d'abord pour objet
la revision de ce qui a été étudié aux cours précédents, puis
de nombreux exercices de calcul mental et écrit, les fractions,
le système métrique et les divers genres de problèmes pratiques indiqués par le programme scolaire.

La marche générale dès leçons serait ordonnée comme il
suit :

1º Interrogation sur la leçon précédente, avec exercices au
tableau, surtout lorsque cette leçon renferme des principes
dont on va se servir dans la leçon du jour.

2º Explication de la leçon nouvelle, en faisant très souvent
intervenir les élèves, au moyen de questions socratiques.

3º Exercices d'application au tableau et sur les ardoises,
puis recopiés sur les cahiers.

4º Indication d'un devoir : c'est un problème dont, le plus
possible, les données sont empruntées à la vie courante.

**Remarques relatives à l'enseignement du système
métrique.** — L'étude du système métrique semble fort complexe aux enfants. Pour la leur faciliter, le maître aura égard
aux observations suivantes :

1º Il est bon de commencer cet enseignement au cours élémentaire, et de le développer jusqu'au cours supérieur.

2º Le plus possible, on y procède d'une manière intuitive,
concrète. Le *tableau des mesures* est insuffisant ; on se sert
d'objets réels, que contient le *nécessaire* ou *compendium
métrique.*

S'agit-il de monnaies, par exemple ? Il ne suffit pas de dire
que la pièce de 5 francs pèse 25 grammes et la pièce de
10 centimes 10 grammes ; on le montre aux élèves :

A une pièce de 5 francs, on fait équilibre sur une balance
avec 25 grammes ; à une pièce de 10 centimes, avec 10 grammes ;
à 10 pièces de 10 centimes, avec un hectogramme.

3º Avant d'aborder les problèmes, on exerce beaucoup les
enfants aux *comparaisons*, aux *conversions* d'unités, et à
l'écriture des nombres exprimant les diverses mesures.

$$1 \text{ hectare} = 100^{\text{dam}^2} = 100^{\text{a}} = 10\,000^{\text{m}^2}.$$
$$247^{\text{m}},30 = 24^{\text{dam}},73 = 2^{\text{hm}},473 = 2473^{\text{dm}}.$$

Ou encore : à 0 fr. 30 le gramme, un produit revient à 0 fr. 03 le décigramme; à 3 fr. le décagramme; à 30 fr. l'hectogramme; à 300 fr. le kilogramme.

4º On ne se contente pas de nommer l'unité principale des mesures (de capacité, par exemple), ni de montrer les mesures effectives, multiples et sous-multiples; il convient de dire la nécessité qui les a fait créer et pourquoi celles-là seulement; d'indiquer les analogies entre la série des mesures et les ordres de la numération ordinaire; d'exercer les enfants à trouver les rapports entre une mesure et ses multiples ou ses sous-multiples.

V. — DÉMONSTRATIONS ET PROBLÈMES

Démonstrations et explications théoriques. — Les démonstrations et explications relatives aux définitions et aux principes sont essentielles, pour donner aux élèves l'intelligence des opérations à effectuer ou des problèmes à résoudre. Elles constituent l'enseignement même de l'arithmétique.

On en présente déjà aux enfants du cours élémentaire, afin qu'ils comprennent la nature des calculs qu'ils effectuent; mais la théorie est mise à leur portée par des procédés intuitifs. Quand les enfants connaissent le mécanisme de l'addition, on leur explique ce qu'est l'addition, on leur dit quel nom est donné au résultat de cette opération, pourquoi il faut commencer l'opération par la droite, etc.

Surtout aux cours moyen et supérieur, on exige que les élèves se servent de termes très exacts, dans les réponses aux interrogations.

Choix des problèmes. — La résolution des problèmes commence, pour les enfants, aussitôt qu'ils apprennent à calculer. Dès qu'ils s'exercent à l'addition, par exemple, on leur donne de petits problèmes dont la solution exige cette opération, et celle-là seulement.

Quel usage faire des *recueils de problèmes*? — Les recueils de problèmes sont des sources où le maître puise avec discernement des exercices adaptés aux élèves et aux leçons.

Le meilleur des recueils est celui que le maître compose et améliore d'année en année, y ajoutant de nouvelles questions trouvées, soit dans les livres, soit dans les revues pédagogiques. Il ne copiera pas servilement ces exercices, mais d'ordinaire en variera les données. S'il invente des problèmes, il aura soin que les résultats soient vraisemblables, et non pas en contradiction avec la nature des choses ou les usages de la vie ; autrement les écoliers considéreraient l'arithmétique comme une série d'exercices purement conventionnels.

Avec des élèves qui doivent quitter les classes vers l'âge de treize ans, il n'est pas à propos de faire résoudre des questions compliquées, bonnes sans doute pour exercer l'intelligence, mais qui n'ont pas d'autre utilité. Dans la pratique, opère-t-on beaucoup sur des nombres ayant plus de six chiffres ? On choisit de préférence les problèmes ayant trait à l'économie domestique, ou portant sur des faits locaux d'ordre industriel ou agricole. Il est très moral de faire calculer les dépenses occasionnées par certaines habitudes, telles que l'usage du tabac, des liqueurs alcooliques ; ou de faire évaluer les économies résultant de l'ordre et de la tempérance.

Problèmes-types. — Les *problèmes-types* sont, en arithmétique, ce qu'est, dans la langue maternelle, la lecture d'une rédaction dont le maître propose une imitation. Ils font l'objet d'explications spéciales de la part du maître. Il est bon d'en écrire l'énoncé au tableau, d'en souligner les données importantes, d'attirer l'attention des élèves sur l'inconnue à dégager, sur le raisonnement logique qui conduit à une réponse exacte. La mise au net de ces problèmes, avec solution complète, est très utile, car ils offrent des *marches à suivre*, des modèles auxquels l'écolier recourt pour la solution de problèmes similaires.

Avec les jeunes enfants, les données des problèmes d'application sont d'abord à peu près les mêmes que celles du problème-type résolu au tableau ; elles n'en diffèrent guère que par les nombres.

Au cours supérieur, on pourrait étudier quelques notions d'algèbre. Après des exercices sur la réduction des termes semblables, la mise en facteur commun et les quatre opérations, on passerait aux équations du premier degré. Cette initiation permettra de résoudre facilement des questions dont la solution arithmétique serait très complexe.

Résolution orale des problèmes par les élèves. — Il importe que les problèmes soient vraiment *raisonnés*, résolus par un exercice de jugement ; que les élèves, partant des données, expliquent quelles opérations permettent d'établir la réponse demandée. Ils ne commencent donc pas par dire : *il faut diviser, il faut multiplier;* mais après avoir établi mentalement la solution, ils montreront comment telle opération doit logiquement conduire au résultat.

On ne tolérera pas que les enfants s'expriment ainsi : « Le mètre carré de terrain coûte 26 francs ; puisqu'on en achète 40, il faut *multiplier* 26 *francs par* 40 *mètres.* » Cela n'a pas de sens ; dans la multiplication, le multiplicateur est toujours abstrait. Mais on fera dire : « Le mètre carré de terrain coûte 26 francs ; puisqu'on en achète 40, la somme dépensée est égale à 40 fois 26 francs. Pour la trouver, il faut multiplier 26 francs par 40. » — Enfin on habituera peu à peu les enfants à s'exprimer sans répéter fastidieusement les mêmes mots, à raisonner sans bredouillement ni hésitation.

Résolution écrite des problèmes. — Les élèves sont ordinairement portés à s'engager très vite dans une voie quelconque, pour la résolution des problèmes ; et lorsqu'ils ont élaboré une solution, ils négligent de s'assurer si, manifestement, ils n'aboutissent pas à une réponse inacceptable, tant elle concorde peu avec les données. On ne saurait trop les mettre en garde contre cette précipitation. Dans ce but, on pourrait leur renouveler de temps à autre les conseils suivants :

1o Aussitôt que le problème est proposé, en relire lentement les données et se dire : *que demande-t-on?*

2o Rechercher avec attention le moyen de trouver ce que l'on demande ; travailler avec logique, soin et convenable lenteur.

3o En écrivant la solution, aller à la ligne pour chaque indication nouvelle des opérations à faire, afin qu'elles se détachent nettement dans l'ensemble du raisonnement ; — faire des calculs dans la partie de la feuille qui leur est destinée, ordinairement à droite.

4o S'assurer qu'on a suivi une bonne marche, en se rendant compte que la réponse n'est pas hors de proportion avec les données, en un mot qu'elle n'est pas absurde.

5o S'assurer que les virgules, qui ont un rôle si important dans le système décimal, sont bien placées.

L'essentiel n'est pas de faire faire une multitude de problèmes, mais que les élèves en comprennent et en résolvent très bien un certain nombre se rapportant à des types divers.

Pour rendre les écoliers habiles aux solutions et aux calculs, on dicte parfois un ou deux problèmes à résoudre dans le moins de temps possible. Aux trois ou quatre élèves qui, les premiers, apportent une solution et une réponse exactes, on donne quelques bons points, un peu moins aux suivants, et un seul point aux derniers, pourvu qu'ils ne se fassent pas trop attendre.

Disposition matérielle des solutions. — Les manières de disposer une solution sont diverses. L'élève doit exposer son raisonnement en termes brefs et clairs, puis effectuer les opérations justifiées par ce raisonnement. Un procédé intelligent serait de faire écrire d'abord une solution analytique du problème, sans données numériques. — Sur le tableau noir ou sur les cahiers, la solution ne doit pas être réduite à des nombres, mais consister en formules très brèves dans lesquelles entrent les nombres.

I. — *Un ouvrier travaille 6 jours par semaine et pendant 13 semaines. Son gain est de 4 francs par jour; combien a-t-il reçu en tout?*

Solution. — Le gain total = le gain d'une semaine × le nombre de semaines durant lesquelles l'ouvrier a travaillé.

Le gain d'une semaine = le gain d'une journée × le nombre des jours de travail dans une semaine.

La *solution numérique* procède à l'inverse : le gain total figure, non plus en tête du raisonnement, mais à la fin des opérations, comme réponse.

Gain d'une semaine = 4 fr. × 6 = 24 fr.
Gain total = 24 fr. × 13 = 312 fr.

Réponse. — Pendant les 13 semaines, l'ouvrier a reçu 312 fr.

II. — *Une mère de famille a fait 3 achats d'étoffes diverses : le premier, de 7 mètres pour 19 francs; le second, de 12 mètres pour 28 francs; le troisième, de 5 mètres pour 13 francs. Combien a-t-elle de mètres d'étoffe? Combien a-t-elle dépensé? Quel est le prix moyen du mètre?*

Solution. — La dépense totale = le total des sommes dépensées pour chacun des trois achats.

Le nombre de mètres = le total des mètres qui composent chaque achat.

$$\text{Le prix moyen} = \frac{\text{la dépense totale}}{\text{le nombre des mètres}} .$$

La *solution numérique* serait ainsi disposée :

La dépense totale = $\left\{ \begin{array}{l} \text{Prix du 1}^{\text{er}} \text{ achat} = 19 \text{ fr.} \\ \quad \text{»} \quad\ \ 2^{\text{e}} \quad \text{»} \quad = 28 \text{ fr.} \\ \quad \text{»} \quad\ \ 3^{\text{u}} \quad \text{»} \quad = 13 \text{ fr.} \end{array} \right.$

Dépense totale $= \overline{60 \text{ fr.}}$

Le nombre des mètres = $\left\{ \begin{array}{l} \text{Nombre du 1}^{\text{er}} \text{ achat} = 7 \text{ m.} \\ \quad \text{»} \quad\ \ 2^{\text{e}} \quad \text{»} \quad = 12 \text{ m.} \\ \quad \text{»} \quad\ \ 3^{\text{a}} \quad \text{»} \quad = 5 \text{ m.} \end{array} \right.$

Nombre de mètres $= \overline{24 \text{ m.}}$

Le prix moyen du mètre $= \dfrac{60 \text{ fr.}}{24} = 2 \text{ fr. } 50$.

Réponse. — La mère de famille a acheté un total de 24 mètres d'étoffes qui lui ont coûté 60 francs, soit au prix moyen de 2 fr. 50 le mètre.

III. — *Un propriétaire lègue en mourant les $\frac{11}{12}$ de son avoir à ses 5 enfants, les $\frac{6}{7}$ du reste à un neveu sans fortune, et le reliquat permet d'acheter, selon ses intentions, 30 livrets de caisse d'épargne de 50 francs chacun, pour les enfants d'une école. Quel était l'avoir total? Quelles ont été les parts de chacun des enfants et du neveu de ce propriétaire?*

Solution. — Une seule partie de l'avoir est connue : ce qui a permis d'acheter les livrets de caisse d'épargne. Or, si de l'avoir on retranche les parts des enfants et du neveu, on a la fraction de la fortune que représentent les livrets. Il est facile ensuite de calculer l'avoir total et la part de chacun des héritiers.

La *solution numérique* pourrait donner ce qui suit :

La fraction qui représente la part du neveu = les $\frac{6}{7}$ de $\frac{1}{12}$ de la fortune totale :

$$\frac{1}{12} \times \frac{6}{7} = \frac{6}{84} = \frac{1}{14}.$$

Les parts réunies des fils et du neveu = $\frac{11}{12} + \frac{1}{14}$ de la fortune totale :

$$\frac{11}{12} + \frac{1}{14} = \frac{11 \times 7}{12 \times 7} + \frac{1 \times 6}{14 \times 6} = \frac{77 + 6}{84} = \frac{83}{84}.$$

Les 30 livrets de 50 francs représentent donc $\frac{1}{84}$ de la fortune totale, laquelle s'élève à

$$(30 \times 50)\ 84 = 126000 \text{ fr.}$$

Les enfants ont eu : $126000 \times \frac{11}{12} = 115500$ fr. ;

et chacun d'eux : $\frac{115500}{5} = 23100$ fr.

Le neveu a eu : $\frac{126000}{14} = 9000$ fr.

Réponse. — La valeur totale de l'héritage était de 126000 fr.; chacun des enfants a eu 23100 fr. et le neveu 9000 fr.

Correction des problèmes. — *Si les problèmes sont faits à l'école même, comme application immédiate d'un exposé du maître*, à mesure que les élèves ont écrit la solution et terminé les calculs, ils les présentent pour la vérification. Après avoir examiné la marche suivie et fait remarquer les erreurs, le maître envoie au tableau noir un enfant qui *résout le problème*. Tous corrigent leur propre solution d'après celle qui est adoptée.

S'il s'agit de problèmes résolus hors de l'école, le maître vérifiera lui-même toutes les solutions et il en fera expliquer une ou deux au commencement de la leçon d'arithmétique du lendemain.

CHAPITRE IX

ENSEIGNEMENT DE LA GÉOMÉTRIE
A L'ÉCOLE PRIMAIRE

A l'école primaire, l'enseignement de la géométrie est une simple initiation, une première étude des formes géométriques par l'intuition sensible. Il se réduit ordinairement à certaines notions d'une utilité journalière, et qui n'exigent pas les démonstrations de la géométrie proprement dite. On y fait surtout application du système métrique dans l'évaluation des surfaces et des volumes.

Dans les cours inférieurs, cet enseignement se confond en partie avec celui du dessin ; il consiste surtout à *montrer*, à faire *nommer* et à faire *tracer* les principales figures géométriques.

Cours préparatoire. — Avec les petits enfants, on ne commence pas à parler de lignes, d'angles ou de surfaces, car ce sont pour eux des notions trop abstraites. Un fil représente une ligne, ligne droite quand il est tendu, ligne courbe quand il ne l'est pas. On peut en faire un fil à plomb, qui fournira la notion de la verticale. Les murs de la classe, un tableau, un cahier, serviront à fixer dans les esprits l'image du rectangle ; celle du triangle leur sera fournie par une équerre de dessinateur. Les différents polygones seront découpés en carton, et sur chacun leur nom sera écrit en gros caractères.

Dans les petites classes, on ne formule pas les définitions. On ne pose pas de questions comme celles-ci, par exemple : *Qu'est-ce qu'une horizontale? Qu'est-ce qu'un rectangle? Qu'est-ce qu'un cercle?* Mais on dit : *Comment se nomme cette figure? et cette ligne? et cette autre figure?* — On envoie un élève au tableau pendant que les autres travaillent sur l'ardoise ou sur le cahier, et le maître dicte : *Tracez une ligne droite... une ligne courbe... une ligne verticale... un angle... un triangle... un carré...*

Cours élémentaire. — Au cours élémentaire, l'enseignement se donne sous la même forme, avec quelques notions nouvelles qui étendent le programme du cours préparatoire. Par exemple, au lieu de parler des seules verticales, on montrerait des horizontales, des obliques ; au lieu de se borner au tracé d'un triangle quelconque, on donnerait le nom de ses divers éléments. On pourrait aussi apprendre à distinguer les différentes sortes de triangles : on tracerait et l'on ferait tracer un triangle équilatéral, dont on écrirait le nom avec cette mention : *trois côtés égaux;* puis un triangle isocèle, avec la mention : *deux côtés égaux;* enfin, avec le nom seulement, serait présenté le triangle scalène. Un cube en carton, en fer-blanc ou en fil de fer permettrait de donner quelques explications simples sur le nombre des faces, des arêtes.

Ainsi qu'au cours préparatoire, on se contente de *montrer,* d'*analyser,* de *faire tracer;* on réserve les définitions et les calculs pour les cours moyen et supérieur.

Cours moyen et supérieur. — Après une revue sommaire des éléments déjà étudiés, que l'on complète par l'étude des définitions, on passe à l'évalution des surfaces et des volumes, que toujours on commence par montrer dans leur réalisation matérielle (carton, fil de fer, bois).

Exemples. — 1º Un rectangle tracé au tableau est censé avoir 7 mètres de long et 3 mètres de large. On le partage en trois bandes ayant chacune 7 mètres de long sur 1 mètre de large ; la première bande est divisée en 7 parties égales représentant des mètres carrés : il est facile de faire comprendre que l'aire du rectangle vaut 3 fois 7 mètres carrés ou 21 mètres carrés, et que, pour obtenir ce résultat, il a fallu faire le produit des deux dimensions, longueur et largeur [1]. .

2º On considère ensuite le carré comme un rectangle dont les deux dimensions sont égales.

3º En joignant les milieux des côtés adjacents d'un rectangle, on obtient un losange dont les diagonales représentent la longueur et la largeur du rectangle. Le maître peut faire le tracé sur une feuille de papier rectangulaire, puis, découpant les angles du rectangle suivant les côtés du losange, il recouvre ce dernier par les parties enlevées. Les élèves constatent que le rectangle vaut bien deux fois le losange ; de là, il est aisé de conclure à la manière de calculer la surface du losange.

4º Le procédé de découpage permet de transformer un parallélogramme en rectangle équivalent et de mêmes dimensions : la conclusion sera que la surface du parallélogramme s'obtient en multipliant sa base par sa hauteur.

5º En découpant suivant l'une de ses diagonales une feuille de papier rectangulaire, on obtiendra deux triangles qui peuvent coïncider. On fera remarquer que chaque triangle a pour base et pour hauteur la base et la hauteur du rectangle, mais qu'il n'en vaut que la moitié : de là, on déduira que la surface du triangle est égale au demi-produit de sa base par sa hauteur. La démonstration peut se faire avec le parallélogramme.

---

[1] En commençant ces sortes de problèmes, avec les élèves du cours moyen, on pourrait prendre le décimètre pour unité, et tracer sur le tableau des figures dont les côtés auraient réellement 3 et 7 décimètres. On passerait ensuite à des figures dont les dimensions sont *supposées* avoir des valeurs données.

6º Le maître passe ensuite aux polygones réguliers, qu'il décompose en autant de triangles égaux ayant leur sommet au centre, que ces polygones ont de côtés. On cherche la surface d'un triangle, et on la multiplie par le nombre de côtés du polygone considéré. C'est le moment de faire comprendre que l'ensemble des bases des triangles, ou périmètre du polygone, peut être multiplié par la moitié de l'apothème ou hauteur de ces triangles, et donne la surface du polygone.

7º Le cercle, considéré comme un polygone régulier d'un nombre infini de côtés, a aussi son apothème, le rayon, et son périmètre, la circonférence. Pour enseigner aux élèves à calculer la circonférence, on peut se borner à leur dire qu'elle s'obtient en multipliant son diamètre par le nombre 3,1416. Il serait bon de se servir d'un objet cylindrique et d'en mesurer la circonférence à l'aide d'un fil : le fil développé serait porté sur le diamètre; après avoir fait constater aux élèves que le diamètre est contenu *un peu plus* de trois fois dans la circonférence, on écrirait au tableau le rapport 3,1416 et l'on ferait des applications.

8º Si l'on se sert de solides en carton ou en papier fort, et qui puissent se développer, il est facile de rattacher la surface du prisme à celle du rectangle, la surface de la pyramide à celle du triangle, et la surface du cône à celle du cercle.

9º Sur les côtés d'un triangle rectangle, auxquels on attribue respectivement 3^m, 4^m, 5^m, on construit des carrés : par le quadrillage, on montre que le carré fait sur l'hypoténuse vaut 25^{m2}, autant que les deux autres réunis, $16^{m2} + 9^{m2}$. On répète cette vérification sur un triangle rectangle de dimensions différentes de celles du premier, et l'on constate le même résultat. Le maître ajoute qu'il en est ainsi pour tous les triangles rectangles, c'est-à-dire que le carré fait sur l'hypoténuse est égal à la somme des carrés faits sur les deux autres côtés. Des applications variées feront retenir le principe.

Tous ces procédés, donnés comme exemples, sont empiriques; ils ressemblent à des preuves, à des vérifications plus qu'à de véritables démonstrations. Ils n'en sont pas moins très utiles, car ils gravent dans le souvenir de l'enfant la règle qu'on a déduite, et ils aideraient à la retrouver au besoin.

Le *dessin géométrique* exige la connaissance de certains principes; mais ici encore, on peut les faire appliquer sans les avoir démontrés. En voici quelques exemples :

1º Le maître énonce cette proposition de géométrie plane : *Plusieurs lignes perpendiculaires à une même droite sont parallèles*, puis il l'explique par un tracé au tableau noir. Prenant ensuite la règle et l'équerre, il en fait quelques applications.

2º *Quand une série de parallèles déterminent des parties égales sur une sécante quelconque, elles déterminent aussi des parties égales sur toute autre sécante.* Après avoir attiré l'attention des élèves sur les termes de cette proposition, le maître l'applique au partage d'une droite en un certain nombre de parties égales.

Un procédé différent consiste à commencer par le tracé, puis à en déduire le principe. Après avoir élevé une perpendiculaire sur le milieu d'une droite, on fait remarquer aux élèves qu'en posant la pointe du compas sur n'importe quel point de la perpendiculaire, on peut toujours décrire un arc passant par les deux extrémités de la droite, ce qui prouve que tout point de la perpendiculaire est équidistant des deux extrémités de cette droite.

Ces principes seront appris par les élèves; on les leur fera énoncer aussi en expliquant les problèmes graphiques qui servent de préparation au dessin géométrique. Par exemple, s'il s'agit d'une question comme celle-ci : *En un point donné sur une droite, raccorder un arc passant par un autre point donné en dehors de cette droite*, on montre que le problème consiste à trouver le centre de l'arc de raccord. Or : 1º ce centre doit se trouver sur une perpendiculaire à la droite; 2º il doit être situé à égale distance des deux points donnés. Il y a là deux principes à appliquer; les élèves les indiqueront au moment voulu, pendant le tracé.

Ainsi compris, l'enseignement de la géométrie est suffisant pour les écoles primaires; de plus, il prépare les écoliers à la géométrie telle qu'on la démontre aux cours complémentaires.

Remarque. — Dans les écoles où le cours moyen et le cours supérieur ne sont pas réunis dans une même classe, on peut donner à ce dernier un programme distinct. On complète l'évaluation des surfaces et des volumes qui figuraient au programme du cours moyen, par des problèmes élémentaires sur

le cercle, la pyramide, le cône et la sphère. Les formules
importantes sont données sans démonstrations, et appliquées
à de nombreux exercices. On donne aussi quelques leçons
élémentaires sur l'*arpentage* et quelques notions sur le *cubage
du bois.*

Si le temps et le développement intellectuel des élèves le
permettaient, il serait utile de démontrer et de faire étudier les
principaux théorèmes relatifs aux perpendiculaires et aux parallèles, aux tangentes, aux lignes proportionnelles, aux figures
équivalentes et aux figures semblables, et de donner quelques
applications. Cette étude se bornerait à une vingtaine de théorèmes fondamentaux, d'ailleurs fort simples, qui auraient le
double avantage d'initier les élèves au raisonnement et de leur
permettre de mieux comprendre les constructions du dessin
géométrique.

CHAPITRE X

ENSEIGNEMENT DE L'HISTOIRE NATIONALE ET ENSEIGNEMENT CIVIQUE

I. — DIRECTIONS GÉNÉRALES

But des leçons d'histoire. — L'enseignement historique
cherche à produire de multiples résultats : faire connaître et
comprendre le passé ; — faire connaître et comprendre le
présent ; — dans la mesure du possible, préparer les enfants
à remplir plus tard leur rôle social, si modeste soit-il.

Quant à « faire l'éducation politique des futurs citoyens »,
comme on l'a demandé, il nous semble que, difficilement,
l'école le tenterait sans partialité. Elle est dans sa mission si
elle veut, par l'histoire, donner aux enfants quelque intelligence de la société où ils vivent ; elle en sort, quand systé-
matiquement elle blâme telle époque ou tel régime, pour en
exalter d'autres.

Leçons morales à tirer de l'histoire. — L'histoire est une science morale, non un simple exposé des événements généraux et des faits individuels. Pour l'enfant surtout, les leçons doivent être mises en lumière : leçons de patriotisme, jugements sur les hommes et leurs actes, vues d'ensemble, action providentielle qui dirige les choses de ce monde.

Les annales de toutes les nations ont des pages glorieuses qui demandent à être expliquées avec impartialité, conviction, chaleur d'âme, enthousiasme même. Les exemples de patriotisme donnés par les défenseurs du sol, les grands citoyens, les hommes de génie, les saints nationaux, apprennent aux générations nouvelles à reporter leur souvenir reconnaissant vers de tels bienfaiteurs. Les pages douloureuses de l'histoire renferment, elles aussi, des leçons variées dont profite l'éducation morale, patriotique et sociale des élèves.

L'esprit avec lequel est enseignée l'histoire, dans une école catholique, pourrait-il rester *neutre* au point de vue moral et religieux? Dieu domine les événements humains : comment les expliquer sans montrer sa main, visible dans leur développement général? Il serait malhabile, faux même, de prétendre la montrer en chaque fait particulier : la justice divine est à longue échéance et ses sanctions ne sont pas toutes tangibles. — L'Église catholique est la grande civilisatrice des peuples : un éducateur manquerait à son devoir de ne pas le faire ressortir dans son enseignement aux élèves capables de le comprendre.

Les programmes et leur interprétation. — 1º Les programmes ne sont pas *scindés*, superposés quant à la matière, en ce sens qu'un cours étudierait le moyen âge de l'histoire nationale, un autre les temps modernes, un troisième la période contemporaine. Ils sont *concentriques* entre eux, c'est-à-dire qu'un cours plus élevé reprend, étend les questions exposées dans les autres cours.

2º On ne procède pas par la méthode régressive; mais on descend des époques plus reculées à celles qui le sont moins. Au lieu d'exposer les faits *par règnes*, comme ce fut longtemps l'usage, on les groupe *en époques* : l'ensemble des événements, avec leurs causes et leurs conséquences, apparait mieux ainsi.

3º L'histoire renferme des *événements*, auxquels sont liées des transformations sociales; des *faits isolés* ou *individuels*,

dont la portée est moindre ; des *légendes* devenues tradition-
nelles et nationales. Les légendes seront, non pas sacrifiées
toutes, mais présentées pour ce qu'elles sont. — Des événements, dates et faits, on *choisit* les plus importants, qui peuvent
donner aux enfants des idées justes et nettes sur une époque.
Faute de temps et en raison aussi de l'âge des écoliers, le
reste est écarté. Mieux vaut que, sur un moindre nombre de
faits, ils aient des notions exactes, qu'ils connaissent les événe-
menes décisifs, les dates importantes, l'œuvre des vrais grands
hommes, plutôt que d'entasser dans leur mémoire un chaos
de noms auxquels nulle idée précise ne correspond.

Les faits choisis seront tantôt d'ordre militaire, — car il
est antipatriotique de sacrifier l'*histoire-batailles*, — et tantôt d'ordre économique, intellectuel, politique ou social.
A travers les uns et les autres, on montrera le développement
de la civilisation nationale.

4° La simplification des faits et des détails, dans le cours
d'histoire, permet de les mieux exposer, de les mieux expliquer,
de les mieux enchaîner. Si le maître parle à l'intelligence, à
l'imagination, au cœur des enfants, les faits prennent du
relief, les personnages semblent revivre. Quant aux explications, il ne faut pas craindre de les multiplier. Beaucoup de
mots, en histoire, sont abstraits ou étrangers au vocabulaire
du jeune écolier : on les expliquera donc avec soin. Enfin,
— et ce n'est pas l'un des moindres profits de cet enseignement, — montrer les causes et les conséquences des faits, les
juger, les rattacher entre eux, n'est-ce pas contribuer à l'éducation du jugement, du bon sens chez les enfants ?

II. — L'HISTOIRE AUX DIFFÉRENTS COURS

La connaissance de l'histoire nationale est demandée à tous
les élèves des classes primaires, dans la mesure qui convient
à leur développement intellectuel. C'est une étude sommaire
de faits choisis et simplifiés ; mais le choix ne doit pas aboutir
à un exposé partial, ni la simplification à une falsification.
Sans négliger l'histoire des origines nationales, on n'y consacre que le temps nécessaire, afin d'en réserver davantage à
la période moderne et contemporaine. Les événements con-
temporains seront appréciés avec modération et prudence ; le

recul d'ailleurs manque pour que nombre d'entre eux soient étudiés sans passion.

Dans cet enseignement, avons-nous dit, on distingue les faits, les biographies, les dates et les considérations par lesquelles on enchaîne les faits entre eux, on les explique par leurs causes et leurs conséquences. La part qu'il convient de donner à ces éléments divers, dans chaque cours, dépend de l'âge des écoliers, comme aussi des programmes adoptés.

Cours préparatoire. — Au cours préparatoire, ce n'est pas l'histoire mais *des histoires*, sans dates ni termes scientifiques, qu'il faut raconter. On se borne à des récits biographiques, à des entretiens familiers sur quelques faits, à des anecdotes racontées par le maître et redites par les élèves. Les images ou tableaux historiques seront d'un grand secours pour captiver l'attention des jeunes écoliers. On commence par expliquer les gravures murales; chacune est étudiée au moyen d'une analyse libre et d'interrogations socratiques, suivies d'un récit vivant. En quelques classes, on ne juge pas utile le manuel, puisqu'on ne confie rien textuellement à la mémoire de ces petits enfants. Leur imagination est cultivée, leur sensibilité émue, quelques notions morales les pénètrent : voilà, certes, déjà un notable profit.

Cours élémentaire. — Au cours élémentaire, l'enseignement est anecdotique, intuitif et pittoresque. Il porte sur les grands faits et sur les personnages remarquables de l'histoire. Un épisode important, une biographie intéressante, viendront distinguer entre elles les différentes périodes, et présenter ce qu'on pourrait appeler le côté caractéristique de chacune. C'est ainsi que doit être rédigé et illustré le manuel de ce cours; on en explique les gravures, afin de donner aux élèves une certaine notion exacte sur les coutumes, les personnages et les faits qu'on veut leur faire connaître. Les termes un peu difficiles pour les enfants, les noms de personnages et de villes seront écrits au tableau noir, puis expliqués autant que de besoin.

Cours moyen. — Au cours moyen, on étend et l'on précise le programme jalonné, pour ainsi dire, l'année précédente au cours élémentaire. D'anecdotique, l'enseignement devient biographique et explicatif. Certaines explications, inopportunes aux cours inférieurs, provoquent les esprits à la réflexion. Il serait encore abusif de donner beaucoup de détails, mais on enchaîne entre eux les faits principaux, et l'on précise les données historiques au moyen de la géographie et de la chronologie. On attire l'attention des élèves sur les cartes et sur *les gravures que renferme leur manuel. On sera très sobre de dates, se bornant aux plus importantes qui devront être très bien sues.*

Cours supérieur. — Au cours supérieur, le maître fait d'abord une revue sommaire de la première partie du programme, et il insiste sur les événements de la période moderne. Moins brièvement que dans les autres cours, il expose les faits, en dit les causes et les conséquences; suit d'étape en étape la marche du pays vers l'unité nationale; parle de ses institutions politiques et administratives, et fait connaître les grands hommes qui ont illustré la patrie, les découvertes et les inventions qui lui font honneur. Ainsi que dans les cours précédents, tous les lieux géographiques sont montrés sur les cartes.

Histoire régionale et locale. — Au cours moyen et surtout au cours supérieur, il serait avantageux de faire connaître aux élèves, dans ses traits les plus caractéristiques, l'histoire de leur province, de leur localité même s'il y a lieu. On en montrerait les coutumes et les traditions; on marquerait comment ils furent mêlés aux grands événements de la vie nationale, et quels contre-coups ils en ressentirent. Quelques leçons supplémentaires, et non les moins intéressantes, suffiraient pour exposer les notions essentielles, relatives à l'histoire de cette *petite patrie.*

Marche d'une leçon d'histoire. — Sauf les modifications réclamées dans chaque cours, la marche générale d'une leçon d'histoire est la suivante :

1º Interrogations sur la leçon précédente;

2º En quelques mots, indication du sujet du jour. Le sommaire est écrit au tableau noir, avec, s'il en est besoin, un croquis de la région où se déroulent des événements;

3º Récit animé des événements principaux; interrogations socratiques pour mieux faire comprendre ce qu'on expose;

4º Interrogations de récapitulation, pour faire reconstituer le récit par les enfants;

5º Lecture et explication du manuel; indication de ce qu'il faut étudier presque textuellement (les résumés ou sommaires), et des passages dont il suffit de reproduire le sens (les développements).

A mesure qu'ils ont exposé un des points du plan préparé par eux, certains maîtres le résument en une phrase écrite sur le tableau noir. La leçon finie, les élèves copient ce sommaire qu'ils devront apprendre par cœur. D'autres professeurs estiment plus simple de choisir un manuel où les sommaires soient très bien rédigés, et de ne faire prendre que de rares notes, relatives à certains compléments indispensables.

Emploi du manuel d'histoire. — Il est nécessaire de mettre entre les mains des élèves un bon manuel d'histoire, sans quoi ils ne retiennent que des notions vagues et sans liaison entre elles. Les manuels d'histoire correspondant aux divers cours doivent être concentriques, présenter un ensemble de connaissances qui va se développant du cours élémentaire au cours moyen, et de celui-ci au cours supérieur. Ce sont de précieux auxiliaires pour l'instituteur, mais ils ne le dispensent jamais de donner la leçon.

Voici deux manières de se servir du manuel, pour l'enseignement de l'histoire :

1º Après avoir demandé le sujet de la leçon précédente et indiqué brièvement celui de la leçon nouvelle, le maître fait lire une partie du texte qui le développe. Il en explique les termes qui pourraient être obscurs, attire l'attention sur les faits et les personnages, ajoute certains détails intéressants, puis interroge et fait continuer la lecture, qu'il interrompt ainsi autant de fois qu'il est utile. Le chapitre terminé, le maître interroge les élèves sur l'ensemble de la leçon, indique la partie du texte qu'ils apprendront à peu près par cœur, aussi bien que celle dont ils rendront seulement le sens.

D'après ce procédé, la leçon du maître a donc consisté dans un exposé très succinct du sujet, dans l'explication des termes du manuel et le récit de quelques détails supplémentaires.

2º Le second procédé consiste à ne se servir du manuel qu'après la leçon orale et les interrogations sommaires dont elle a été suivie. Le texte est lu, et s'il renferme quelques termes obscurs pour les élèves, on les leur explique.

En aucun cas, la simple lecture et l'étude du manuel ne peuvent constituer une leçon d'histoire ; il y faut la parole du maître.

Usage des cartes. — Quelle que soit la forme donnée à la leçon d'histoire, on recourt aux cartes historiques où, à leur défaut, aux cartes géographiques, pour y montrer les villes et les contrées qui furent le théâtre des événements ; les provinces annexées au pays, ou retranchées par suite d'un traité ; les accidents géographiques, — montagnes, cours d'eau, — dans lesquels une armée en campagne a rencontré un moyen ou un obstacle.

Si les cartes géographiques sont trop surchargées, il convient d'en tracer au tableau noir les traits essentiels, relatifs à la leçon du jour ; ce tracé est plus clair, plus intéressant pour les élèves. Il est vrai qu'il demande un certain temps et peut absorber le maître aux dépens de la surveillance ; mais on pare à ces inconvénients par la préparation, en dehors des heures de classe, d'un croquis très simple qu'un enfant exercé reproduit à grande échelle au tableau noir[1].

D'ordinaire les manuels renferment des cartes relatives aux différentes époques de l'histoire nationale : on indiquera aux élèves comment ils doivent s'en servir pendant l'étude.

Gravures et lectures. — Tous les procédés qui excitent et captivent l'attention des élèves, sans la disperser, méritent de trouver place dans la leçon d'histoire. De ce nombre sont l'explication des gravures et les lectures.

Nous avons déjà insisté sur l'explication des gravures du manuel d'histoire. Si le maître possède quelques grandes gravures ou photographies dont les sujets soient différents, il s'en servira avec profit. Ces documents bien expliqués en apprennent quelquefois plus sur les époques disparues que les récits les mieux faits.

---

[1] On peut tracer en grand certaines cartes importantes sur du papier fort, pour n'avoir pas à les recommencer chaque année. On obtient d'excellents résultats avec le pinceau à filets, ou avec du fusain et des craies de couleur. Si l'on emploie ce dernier procédé, on se sert ensuite de fixatif pour conserver le travail.

Un autre moyen de donner aux élèves du goût pour l'histoire est de très bien lire en classe de courts passages empruntés à de bons écrivains, et relatifs à la leçon du jour. Ces fragments, lus et expliqués par le maître, seraient surtout narratifs ou descriptifs, écrits en un style vif, imagé, sans injuste partialité ni érudition encombrante.

Récapitulations et revisions. — Des récapitulations fréquentes sont nécessaires, si l'on veut que les faits et les dates se gravent dans l'esprit des élèves. Au commencement de chaque leçon, le maître interroge donc sur ce qui a fait l'objet de la leçon précédente ; parfois il pose aussi quelques questions sur une autre partie du programme déjà étudiée.

De temps en temps, la leçon sera consacrée à la revision d'un ensemble de faits se rattachant à la même cause : par exemple, une longue guerre, l'œuvre d'un ministre ou d'un souverain. Un tableau synoptique, fait avec la collaboration des élèves et permettant d'embrasser d'un seul coup d'œil la question tout entière, serait pour le maître un excellent moyen de présenter cette récapitulation.

Devoirs d'histoire. — Au cours moyen et surtout au cours supérieur, les élèves ont à rédiger des *devoirs d'histoire*. Le sujet en est choisi comme un exercice pour la mémoire, le jugement et le sens moral. Le devoir est préparé en classe par des interrogations générales, puis composé sans le secours d'aucun livre, car les notions à mettre en œuvre sont déjà étudiées pendant les leçons de la semaine ou du mois.

III. — ENSEIGNEMENT CIVIQUE

Utilité, objet, marche à suivre. — Quand la constitution d'un pays appelle tous les citoyens à prendre part aux affaires publiques dans une mesure déterminée, il est nécessaire de faire connaître à l'enfant comment les pouvoirs sont organisés, comment fonctionnent certaines administrations, ce qu'est le droit de vote, quels sont les devoirs d'un électeur. C'est la préparation éloignée à la vie de citoyen, dans la mesure restreinte et très prudente qui convient à l'école primaire. On ne se contentera donc pas d'apprendre à l'enfant l'histoire nationale, on l'instruira encore de ses droits et de ses devoirs comme membre de la nation. Cet enseignement est une sorte de complément aux leçons sur l'histoire contemporaine, et une matière à comparaison avec les institutions du passé.

Les leçons d'instruction civique consistent en explications sommaires concernant : 1º l'administration nationale, aux divers degrés de sa hiérarchie; — 2º les institutions politiques; — 3º les institutions et la législation ouvrières.

Il y a deux marches possibles pour donner cet enseignement : partir de l'organisation communale, des faits observés dans la localité même et, de là, étendre les notions jusqu'à l'organisation nationale; — ou présenter d'abord l'organisation générale du pays, pour descendre progressivement à l'organisation régionale et locale. Le premier de ces procédés convient mieux aux classes primaires.

Emploi de documents pratiques. — Le plus possible, l'instruction civique est présentée sous forme concrète; aussi le maître fait-il bien de collectionner des pièces diverses qui lui servent dans ce but. En voici quelques-unes :

État civil. — Acte de naissance et de décès; publications, contrats et actes de mariage. Livrets de famille.

Apprentissage. — Texte de la loi sur les enfants mineurs employés dans l'industrie. Contrats et livrets d'apprentissage.

Service militaire. — Numéros de tirage; feuille de convocation au conseil de revision; ordre d'appel sous les drapeaux; livret militaire, feuille de permission, gravures indiquant les différentes armes et les grades.

Suffrage universel. — Carte d'électeur, bulletin de vote sous divers modes.

Pouvoirs publics. — Gravures représentant la Chambre des députés, le Sénat. Un texte de loi, un décret, un arrêt ministériel, un arrêté préfectoral, un règlement municipal. Pièces relatives à la justice : procès verbal, extrait du casier judiciaire.

Impôts. — Budget communal. Avis pour le payement de la contribution foncière, la taxe sur les voitures, sur les bicy-

clettes, la taxe sur les chiens, etc. Feuilles de prestation et
feuilles de patente; sommation sans frais, reçu du percepteur.
Laisser-passer de la régie, timbres divers.

Postes. — Timbres d'affranchissement, timbres oblitérés,
cartes postales, cartes de visite, télégrammes. Mandats ou
bons de poste, enveloppes et reçus de lettres recommandées
ou chargées.

Contrats, associations, commerce. — Actes sous seing
privé, actes notariés, baux à loyer, actes divers. Factures,
billets à ordre, chèques, feuilles pour colis postal, lettres
de voitures.

CHAPITRE XI

ENSEIGNEMENT DE LA GÉOGRAPHIE

I. — DIRECTIONS GÉNÉRALES

But de l'enseignement géographique primaire. — Dans
les classes primaires, l'enseignement de la géographie a pour
but de faire connaître aux élèves le territoire national, puis
de leur donner des notions sur l'Europe et les autres parties
du monde. Cette connaissance du territoire national ne consiste certes pas dans l'étude des particularités peu importantes de la géographie physique, et des nomenclatures si
détaillées que présente la géographie administrative; elle a
pour objet principal les grandes régions du pays, leurs caractères propres, leurs ressources, leur industrie, leurs voies de
communication. Si, dans les leçons, le maître donne une
large place à l'élément pittoresque, s'il recourt aux procédés
intuitifs, s'il explique les faits géographiques autant que de
besoin, cet enseignement sera l'un des plus intéressants du
programme.

Principes de l'enseignement géographique. — Deux
principes régissent l'enseignement géographique primaire et
le rendent attrayant : 1° le plus possible, il faut *faire voir*
aux élèves ce dont on leur parle ; — 2° toujours il faut le leur
faire comprendre. On leur fait voir les faits géographiques au
moyen de gravures, de cartes postales et par l'initiation à la
lecture des cartes ; — on les leur fait comprendre par des
explications proportionnées aux cours auxquels on s'adresse.

Pour maintenir rationnel l'enseignement géographique, le
maître aura soin de montrer ce qu'il veut définir (montagnes,
chaîne, fleuve, affluent) avant de le faire définir ; — de faire
étudier les cas particuliers avant de passer à une classifica-
tion ; — de signaler les rapports entre le climat, le sol d'une
région et ses cours d'eau, ses cultures ; — de dire les rapports entre les faits physiques (sol, climat, eau) et les faits
humains (travail, voies de communication, agglomérations,
industrie, coutumes relatives à l'habillement, à la nourriture,
à l'habitation).

Pour faire apprendre la géographie d'un État, on ne procède pas par l'étude des divisions politiques ou administratives auxquelles viendrait se rattacher l'étude de l'orographie,
de l'hydrographie, des voies de communication et du commerce. On distingue, dans cet État, les *régions naturelles* qui
le composent, et l'on étudie chacune d'elles quant à la géographie physique, économique et politique.

Ainsi enseignée, la géographie est, heureusement, tout autre
chose que la terminologie géographique, elle devient la description et l'explication de la surface de la terre et du sous-
sol, dans leurs rapports avec les groupements humains.

Les explications en géographie. — En géographie,
comme en tout autre enseignement, les explications doivent
s'adapter aux élèves. Comment, à des enfants des classes primaires, présenter certaines notions scientifiques qui font
comprendre les phénomènes ? Il sera par exemple bien difficile
d'exposer d'une manière intelligible que la physionomie physique de la terre change, que l'idée d'évolution domine toute la
géographie ; mais plus facilement on montrera que la perméa-
bilité ou l'imperméabilité des terrains influent sur le régime
des cours d'eau ; que les progrès de l'industrie ont modifié la
distribution des groupements humains et la répartition des

grands centres économiques. « Peu, bien et pratique », telle
est la règle dont s'inspire un maître expérimenté.

Les descriptions en géographie. — Les descriptions sont
essentielles à la géographie, comme les narrations à l'histoire.

On choisira, pour les élèves, un manuel qui joigne à des
nomenclatures sobres, judicieuses, de courtes descriptions
parlant bien à l'esprit, et des illustrations qui fassent voir les
sites, les accidents géographiques, les produits naturels. Au
cours des leçons, le maître fera parfois une lecture descriptive qui en sera le commentaire goûté.

La géographie locale. — Des leçons de géographie locale
sont très utiles, surtout aux débutants, pour faciliter l'explication des termes les plus simples (mont, sommet, confluent,
rive droite, rive gauche, etc.), et pour aller du paysage local
à sa représentation cartographique. On a besoin d'y revenir
au cours moyen, pour trouver dans ce paysage des points
de comparaison qui donnent l'intelligence de ce que les
enfants n'ont jamais vu.

La leçon et le manuel. — L'enseignement de la géographie est caractérisé par le recours très fréquent aux interrogations socratiques, et par l'emploi continu des procédés intuitifs.

La *marche des leçons* de géographie varie suivant leur
objet : orographie ou hydrographie d'une région, productions
naturelles, géographie politique, etc. Sauf les modifications
relatives au cours élémentaire, voici la marche à suivre dans
une leçon de géographie physique :

1. Interrogation sur la leçon précédente. Cette interrogation
se fait au moyen d'une carte muette, ou de croquis si les élèves
sont assez avancés pour en tracer au tableau.

2. Exposé de la leçon devant une carte relative au sujet
traité[1]. Le professeur trace au tableau des croquis très simples, très clairs, qui seront reproduits par les élèves. Il ter-

---

1 Si la leçon porte sur une région restreinte dont on possède une carte
murale séparée, le maître exposera en même temps, pour s'y reporter, la
carte d'ensemble du pays auquel appartient la région étudiée.

mine la leçon par une courte lecture en rapport avec le sujet traité.

3. Interrogations sur l'objet de la leçon, en manière de récapitulation.

4. Indication de l'étude à faire dans le manuel, et du tracé cartographique qui sert de devoir.

Le *rôle du manuel*, dans l'enseignement de la géographie, n'est que secondaire; le maître n'y donne rien à apprendre qu'il ne l'ait préalablement expliqué, et montré autant que possible.

Le *devoir* est la mise au net du tracé géographique relevé pendant la leçon, ou un travail sur le cahier cartographique, ou encore un tracé que l'élève fera d'après son atlas et dans des conditions déterminées.

Matériel pour l'enseignement de la géographie. — L'enseignement élémentaire de la géographie s'est perfectionné dans la mesure où se sont améliorés les moyens d'intuition. Ces moyens, qui constituent le matériel géographique, sont : les vues et les reliefs, les globes terrestres, les cartes murales, — muettes ou parlantes, — les manuels illustrés, les atlas et les cahiers cartographiques.

Les *tableaux, images, vues* et *reliefs géographiques* servent à substituer aux notions abstraites l'image sensible et comme l'impression de la réalité. Ils *font voir* les accidents géographiques dont les manuels renferment la définition.

Un *plan en relief*, offrant les principaux accidents géographiques, sera très utile, surtout s'il s'accompagne d'une carte de mêmes dimensions où ces accidents sont représentés comme sur les atlas.

Une *gravure* bien faite représentant des montagnes rendra très intelligibles des explications sur la hauteur et la forme ; sur ce qu'on nomme pied, flanc, pente, col, crête.

Les *globes* donnent la notion vraie des étendues terrestres et marines, celle de la position d'une contrée, d'un lieu, dans l'ensemble d'un continent. Ils sont indispensables pour expliquer aux élèves ce qu'on entend par pôles, équateur, longitude et latitude, courants marins, tour du monde.

Les *cartes murales parlantes*, où les accidents et les lieux géographiques sont accompagnés de leur nom, servent au cours de la leçon. Les *cartes murales muettes* sont employées pour les interrogations de contrôle.

Les *atlas* sont peu utilisés pendant les leçons orales; les élèves y recourent pour l'étude, et pour la mise au net des croquis relevés au moment où le professeur les a tracés au tableau.

Les cartes des *cahiers cartographiques* servent, tantôt pour y inscrire les accidents et les noms, à mesure que le maître les signale au cours de la leçon; tantôt pour être complétées pendant l'étude, suivant les indications du manuel; tantôt pour être reproduites, d'abord à vue, puis de mémoire.

Croquis, tracés géographiques. — Ils sont exécutés par le maître ou par les enfants.

En même temps qu'il exécute sur le tableau noir un tracé relatif à la leçon actuelle, le maître en explique les particularités, les détails importants. Il interroge ensuite sur ces explications, fait reproduire le tracé par les élèves sur l'ardoise d'abord et, après quelques exercices, sur un cahier. Le travail est ensuite corrigé.

Les croquis exécutés comme devoirs par les élèves satisferont aux conditions suivantes :

1. Être exacts, très simples quant aux formes et au tracé, ni trop petits ni trop chargés d'écritures, et ne porter aucun nom dont l'élève ne puisse justifier la présence ;

2. N'être jamais le calque d'une carte ou d'un fragment de carte, ni la copie à même échelle ;

3. Indiquer toujours le relief, puisqu'il justifie le cours d'un fleuve, le tracé d'un chemin de fer ou d'un canal ;

4. Consister en tracés soignés, mais sommaires, sans coloriage au pinceau, ni exercices de calligraphie exigeant beaucoup de temps ;

5. Être de préférence exécutés aux crayons de couleur : vert pour les plaines et bistre pour les montagnes.

Aux élèves des cours moyen et supérieur, il est très utile de demander souvent un croquis sommaire au tableau noir, en manière de récitation.

Détails et nomenclatures. — Le peu d'heures dont on dispose pour l'enseignement de la géographie, et bien plus

encore le souci de donner aux élèves des impressions vives et
des idées nettes, font au maître une obligation de se borner,
dans ses leçons, aux détails caractéristiques et aux nomenclatures utiles.

Les nomenclatures sont indispensables; il faut les expliquer,
les faire apprendre, y insister; mais on rejette celles qui ne
font appel qu'à la mémoire, comme les listes trop longues de
villes ou d'accidents géographiques. On a soin de toujours localiser sur la carte ce dont on parle, et de l'expliquer lorsque
cela est possible; enfin d'envoyer les élèves à la carte muette
pour les interrogations.

Lecture des cartes. — L'un des premiers exercices de
l'enseignement géographique est la *lecture des cartes*. En
proportionnant les explications aux connaissances des élèves,
on leur apprend à chercher et à distinguer, sur les cartes, les
renseignements qu'elles fournissent. Ce qui importe, ce n'est
pas qu'ils retiennent de mémoire les noms de tous les accidents géographiques, mais qu'ils se fassent une idée de plus
en plus exacte d'une région, par l'étude de la carte qui la
représente. Voici comment on procède avec les plus jeunes
élèves :

Sur un relief ou un tableau panoramiques figurant les principaux accidents géographiques, on montre un cap, un golfe,
une île, une chaîne de montagnes, et l'on donne, à ce propos,
quelques explications. Aussitôt après, on en trace au tableau
noir la représentation géographique, telle que les cartes la
figurent; on la fait retrouver sur la carte murale, et l'on termine en faisant lire, sur le manuel, la définition préalablement expliquée. Il va sans dire que, pour les cours préparatoire et élémentaire, la leçon ne comprendra que l'étude d'un
ou de deux de ces accidents, ainsi expliqués par la méthode
intuitive.

Pour les interrogations et les récapitulations, on se sert de
cartes *muettes*, et non de cartes parlantes sur lesquelles les
enfants n'auraient qu'à lire.

Les élèves du cours supérieur seront initiés à la lecture
des cartes topographiques et des plans, par l'étude successive
des diverses représentations conventionnelles dont on y fait
usage.

Union de la géographie et de l'histoire. — La géographie et l'histoire se prêtent, dans l'enseignement, un secours réciproque. La géographie aide à comprendre l'histoire générale des peuples ; la nature de leurs occupations, soit agricoles, soit industrielles ou commerciales ; leurs relations extérieures les plus ordinaires, surtout avant les moyens de transport modernes ; la marche générale des grandes invasions, et nombre d'autres faits historiques. D'autre part, les allusions aux événements de l'histoire rendent l'enseignement géographique plus fructueux et plus intéressant.

Sans transformer en leçon d'histoire une leçon de géographie, et réciproquement, le maître utilise les notions qui complètent, l'un par l'autre, ces deux enseignements.

II. — LA GÉOGRAPHIE AUX DIFFÉRENTS COURS

Cours élémentaire. — Le programme du cours élémentaire comprend d'abord l'étude des termes géographiques, et c'est à propos de la géographie locale qu'on initie les enfants au sens de ces mots, si nouveaux pour eux. Par ce qu'ils ont vu autour d'eux, ils acquièrent l'intelligence des termes relatifs à la géographie générale. Il serait inopportun de citer et d'expliquer certains termes trop abstraits pour les tout jeunes élèves, comme la longitude et la latitude, par exemple. On étudie très sommairement les divisions régionales : groupement naturel ou commune ; groupements artificiels, tels que canton, arrondissement, département, province. Après quoi, on donne quelques notions sur la géographie nationale et même sur la géographie générale.

Termes géographiques. — On ne fait pas apprendre la définition des termes géographiques sans avoir donné, de chacun d'eux, une idée aussi exacte que possible, par des représentations concrètes. Il faut *faire voir* les lieux et les choses, au moins par des reliefs ou des tableaux représentant, sous forme de paysages, l'ensemble des principaux accidents géographiques. Que seraient les mots pour l'enfant, s'ils n'évoquaient aucune image dans son esprit et s'ils ne répondaient, pour lui, à aucune réalité concrète ? Le maître pourrait suppléer au matériel intuitif par un tracé au tableau noir.

Le procédé le plus rationnel et le plus efficace est d'instruire l'enfant par l'aspect de la contrée qu'il habite. Il est peu de localités d'où l'on ne puisse apercevoir une colline, où ne se rencontre une pièce d'eau, où l'on ne trouve, dans les formes saillantes du sol, matière à des comparaisons qui feront comprendre certains accidents géographiques dont le pays n'offre aucun type.

Après avoir montré et expliqué aux élèves un accident géographique, on indique au tableau noir la manière dont il est représenté sur les cartes. Les différents tracés du tableau pourraient être reproduits sur l'ardoise ou sur le cahier.

Géographie locale et régionale. — Pour initier l'enfant à la lecture des cartes et au tracé des croquis géographiques, on peut commencer par faire le *plan de la classe* au tableau noir. Un élève mesure lui-même les dimensions de la salle; le maître les inscrit sur le plan, et fait remarquer le rapport qui existe entre les lignes du plan et la longueur réelle qu'elles représentent; il montre sur le plan où doivent se trouver telle porte, telle fenêtre. Tout ce travail est fait avec la collaboration des enfants. Le maître le dirige; il questionne, et provoque à l'observation des faits, à la réflexion. L'exercice se termine par une reproduction, sur l'ardoise ou le cahier, du tracé exécuté au tableau noir.

Dans une autre leçon, on trace une ligne représentant une rue principale de *la commune* ou du *village;* un élève est appelé à en représenter une seconde, puis une troisième. On indique ensuite l'emplacement de l'école, de l'église, de la mairie, de la gare. Le plan ainsi commencé pourrait être conservé et continué à la leçon suivante. Il doit être très simple et ne rien contenir que d'utile au but qu'on se propose. Dans une autre séance, on élargit le cadre et l'on place autour de la commune un bois, un cours d'eau, un étang qui se trouvent dans le voisinage et que les enfants connaissent.

Pour l'étude sommaire du *canton,* de l'*arrondissement,* du *département,* de la *province,* il serait bon que le maître fît lui-même les cartes nécessaires, s'il ne peut pas se les procurer en librairie. Elles ne contiendraient que les choses essentielles à son enseignement, et seraient ainsi plus claires; plus lisibles à distance que la plupart des cartes éditées.

Cours moyen. — Au cours moyen, on complète les premiers aperçus de géographie locale, précédemment donnés;

la géographie nationale surtout est étudiée, avec quelques
notions de géographie générale, sous forme descriptive;
puis on aborde l'étude très sommaire de la géographie nationale, de l'Europe et des autres pays du monde. On s'en tient
aux questions essentielles, laissant pour le cours supérieur
tout ce qui serait trop compliqué. L'enseignement conserve son
caractère intuitif.

S'agit-il, par exemple, d'une *leçon sur l'orographie d'une
contrée?* Pendant que le maître nomme les montagnes et
indique leur situation, un élève les montre à la carte murale,
et un deuxième les fixe dans un tracé fait au tableau noir ou
sur la carte ardoisée. Le même tracé serait ensuite exécuté
simultanément par tous les écoliers, soit sur l'ardoise, soit sur
un cahier.

Le croquis terminé, le maître ajoute quelques détails intéressants sur les montagnes, leur utilité, sur le rôle de telle chaîne
ou de tel massif au point de vue, soit de la répartition des eaux,
soit de la défense du pays. Ces aperçus éveillent la curiosité
des enfants, et concourent à fixer dans leur esprit ce qui fait
l'objet principal de la leçon.

Aidé du manuel et de l'atlas, l'élève étudie la leçon expliquée, pour en rendre compte sur la carte muette. De temps en
temps, le maître demande, sous forme de récitation, un croquis avec les indications correspondant à une partie ou à l'ensemble de la leçon.

L'étude des cours d'eau se fera d'une manière analogue.
Les croquis ne porteront que les affluents importants et ne
mentionneront que les villes remarquables par la population,
l'industrie ou les souvenirs historiques. Un mot sur chacune
d'elles donne de l'intérêt à *la leçon*.

En certaines écoles, la véritable étude de la géographie
régionale se fait au cours moyen; le cours élémentaire ne
s'occupe que de la géographie *locale*. A propos de la *région,*
on en apprend l'étendue et la situation, l'aspect et les accidents divers, les voies de communication, le climat, la nature
du sol et son exploitation, l'utilisation des produits, les lieux
et monuments remarquables.

Cours supérieur. — Au cours supérieur, le programme
de géographie comprend la revision de la géographie nationale, que l'on complète par une étude détaillée. On y ajoute

des notions sur la géographie physique et politique de l'Europe, et celle des autres parties du monde, traitées plus brièvement.

Les procédés d'enseignement sont les mêmes que ceux du cours précédent; mais les croquis sont un peu moins sommaires. Sans toutefois entrer en des explications d'ordre trop scientifique, le maître s'attache à faire comprendre quelques-unes des causes auxquelles sont dus les faits géographiques qu'il expose : origine du globe, formation des montagnes, érosion des vallées, principales agglomérations expliquées par la présence de l'eau et la proximité de régions fertiles ou d'exploitations minières, établissement et prospérité de tels ports, et autres questions semblables.

———

CHAPITRE XII

ENSEIGNEMENT DU DESSIN

I. — DIRECTIONS GÉNÉRALES

But du dessin à l'école primaire. — Le but que cet enseignement veut atteindre à l'école primaire, c'est de former le goût de l'enfant, de développer sa faculté d'observation, et surtout de lui fournir le moyen de traduire avec facilité ses conceptions, par des tracés représentant des objets qui concernent l'habitation, l'ameublement, l'outillage et les industries locales. Ainsi, on ne considérera pas le dessin comme un art d'agrément, ni un moyen de favoriser une vocation artistique, mais comme un art usuel et pratique, la base de tout enseignement professionnel, un mode d'expression indispensable dans l'industrie moderne, une véritable écriture des formes matérielles.

Dans cet enseignement, le maître s'applique à faire acqué-

rir par l'élève : 1° une adresse manuelle suffisante ; 2° une
grande précision dans l'observation visuelle ; 3° autant que le
comporte l'âge des enfants, un certain goût artistique qui
sera plus tard d'un grand secours à l'ouvrier dans la pratique
de son métier, et contribuera à maintenir la prospérité et le
renom de l'industrie nationale.

Méthode géométrique et méthode naturelle. — Actuellement, dans l'enseignement du dessin, on oppose l'une à
l'autre les méthodes géométrique et naturelle.

La méthode *géométrique* consisterait à procéder pour ainsi
dire d'une manière mathématique, s'exerçant à la copie de
modèles d'un caractère abstrait, — tels que solides, moulages,
— pour en déduire les lois du tracé graphique, de la perspective linéaire et aérienne, de l'harmonie des couleurs et même
du bon goût. La correction du professeur est alors précise,
rigoureuse.

Dans la méthode dite *naturelle*, on applique tout de suite
l'enfant au dessin libre des objets familiers, — plantes, fleurs,
oiseaux, scènes de la vie ordinaire, — et cela suivant l'inspiration du moment ou les circonstances, avec toute liberté pour
l'enfant de se servir de tel moyen d'exécution qu'il lui plaira,
afin de mettre en évidence son initiative, son imagination,
son goût personnel et une exactitude relative d'observation.
Le professeur fait remarquer brièvement les défauts généraux, mais sans exiger la correction du dessin ni la parfaite
exécution.

Ainsi opposées dans leur domaine respectif, ni l'une ni
l'autre des méthodes n'est applicable d'une manière exclusive
à l'école primaire. La méthode « géométrique » paraît aride,
manque de pittoresque, comprime l'initiative ; elle pourrait
cependant préparer un grand nombre d'élèves au dessin
industriel de l'atelier. La méthode « naturelle » est agréable,
récréative, mais elle manque de règles précises et n'aboutirait
guère, si on la continuait hors de la division enfantine, qu'à
faire surgir quelques artistes originaux parmi les enfants les
mieux doués.

En résumé, c'est par l'union comprise des deux méthodes
que le dessin peut devenir agréable et pratique. Avec les plus
jeunes élèves, on fait large part à la méthode naturelle ; avec

les plus âgés, on applique davantage la méthode géométrique et ses principes scientifiques, base de tout enseignement sérieux.

Caractères d'une bonne méthode de dessin. — La méthode adoptée doit offrir les avantages suivants :

1o Présenter des exercices intéressants et bien gradués.

2o Être à la portée de presque tous les élèves de la classe, ou de la division, qui font en même temps le même travail.

3o Restreindre autant que possible la copie servile des gravures ou lithographies ombrées, et, par le choix des modèles, donner une large part à l'éducation de la vue, à la réflexion et à l'initiative personnelles de l'enfant.

4o Sans négliger la théorie relative au tracé géométrique et aux règles de la perspective à vue, ne pas trop s'y attarder; mais passer rapidement à des études pratiques, surtout si l'élève doit quitter la classe vers l'âge de douze ou treize ans.

5o Conduire finalement l'enfant à dessiner en perspective à vue, et surtout en projections, des objets d'après nature, puis à composer quelques ornements élémentaires.

Erreurs d'enseignement. — Ce qu'il importe d'éviter dans l'enseignement du dessin, c'est :

1o De transformer l'enseignement collectif en enseignement individuel, chaque élève ayant un modèle différent et le reproduisant à sa fantaisie, sans explications ni corrections efficaces de la part du maître, qui, dans ces conditions, ne peut donner qu'un temps très court à chaque enfant.

2o De faire transcrire les modèles exactement avec la même grandeur, et par des procédés mécaniques tels que le calque, les quadrillages, l'usage exclusif du compas à pointes sèches ou des bandes de papier. Ces procédés ont le grave inconvénient de ne pas exercer suffisamment chez l'élève la faculté d'observation, d'éloigner son attention de la vue d'ensemble et de la recherche des proportions générales, dont il est si important et si difficile de lui faire tenir compte.

3o D'imposer à l'élève une notable perte de temps en lui faisant copier, d'après l'estampe, de grands dessins à détails compliqués, dont il ne comprend ni les jeux d'ombre, ni les déformations perspectives.

II. — MODÈLES DE DESSIN

•Les modèles usités dans l'enseignement collectif sont :
1o les tracés au tableau noir; — 2o les grandes feuilles murales;
— 3o les cahiers-modèles; — 4o les objets en nature.

Le cours de dessin doit varier l'emploi de ces modèles d'une
manière intéressante.

Tracés au tableau noir. — Dans la leçon de dessin, le
tracé au tableau noir est le procédé démonstratif par excellence. Au cours préparatoire, le maître y dessine souvent
les modèles que l'élève doit reproduire. Dans les autres cours,
le tableau noir sert aussi pour recevoir les figures géométriques et les tracés théoriques, ou certains détails sur lesquels
on veut attirer l'attention, afin de préciser une forme incom-
prise, ou de redresser une erreur commise par plusieurs élèves.
C'est encore au tableau noir que l'on trace l'esquisse préparatoire au dessin d'un modèle mural ou d'un objet en nature.

Grandes feuilles murales. — Ce sont des dessins préparés à l'avance sur une feuille de papier grand format.

Les dessins au tableau noir ont cet avantage que l'élève voit
de quelle manière le maître commence, continue et achève le
travail; mais ces sortes de modèles sont destinés à être effacés à bref délai, tandis que les dessins sur grandes feuilles
peuvent être préparés avec soin en dehors de la leçon, et sont
conservés indéfiniment pour servir plusieurs fois. Un grand
nombre de professeurs tiennent à préparer eux-mêmes ces
dessins muraux, qu'ils conservent avec soin.

Dans le dessin d'imitation, le modèle mural reste sous les
yeux des élèves pendant tout le travail; — dans le dessin géométrique, le professeur retire le modèle dès que les élèves en
ont pris, sur leur cahier, le croquis coté; et c'est à l'aide de
ce croquis personnel qu'ils exécutent leur dessin au net, suivant une échelle déterminée.

Aussi bien que le modèle tracé à la craie au tableau noir, le
modèle mural doit :

1o *Être visible à distance.* — Le papier choisi est blanc ou
faiblement teinté. Le modèle s'y trouve dessiné largement, avec

des contours vigoureux et nets, tracés au pinceau, au crayon
Conté ou au fusain fixé. Sa lisibilité est encore augmentée si
l'on recouvre d'une faible teinte d'aquarelle, soit la surface de
l'objet dessiné, soit le fond sur lequel il se détache ; mais on
évite les tons éclatants ou trop sombres.

2º *Être de bon goût.* — Rien ne saurait être trop correct
pour les yeux des enfants, qui conservent si fidèlement l'empreinte des premières sensations ; aussi faut-il chercher des
sujets d'excellent style, et rejeter ceux qui manquent d'élégance, de vérité, d'équilibre ou d'harmonie dans les proportions.

3º *Avoir des proportions simples.* — Il est utile que les
modèles élémentaires présentent des rapports simples entre
leurs différentes dimensions. Ainsi la longueur et la hauteur
seront dans les rapports de 1/2, 2/3, 3/4, etc. ; tel détail sera
au 1/3, au 1/4, au 1/5, etc., de la hauteur totale du motif. Outre
qu'elles sont aisées à découvrir par l'élève, ces proportions
facilitent le travail du professeur, et lui permettent de constater d'une manière rapide l'exactitude du dessin.

4º *Employer exclusivement la vue géométrale*, c'est-
à-dire ne pas représenter d'objets en perspective. — Lorsqu'il
s'agit de dessiner une perspective à vue, il faut toujours
prendre pour modèle un objet en nature et le représenter tel
qu'on le voit de l'endroit où l'on se trouve placé : c'est le seul
moyen d'apprendre la perspective. Un modèle mural qui représente une perspective n'offre qu'une seule apparence de l'objet,
parmi le nombre indéfini de celles que cet objet peut prendre
selon les positions diverses du spectateur. Il n'est donc pas à
propos de copier habituellement ces sortes de modèles.

Cahiers-modèles. — Les cahiers modèles sont des recueils
de dessins ou de croquis cotés, que les élèves reproduisent à
une échelle différente, et en les modifiant ou complétant.

Objets en nature. — Les objets en nature sont les meilleurs modèles. Pour le dessin d'imitation, ils comprennent :
des surfaces et des solides en carton, des moulages d'ornements rudimentaires ; des figures géométriques en bois dé-
coupé, se détachant en blanc sur un panneau, également en

bois, peint en gris ; des objets usuels ; des feuillés naturelles ou artificielles de diverses plantes. Pour le dessin géométrique, ils comprennent des objets de forme simple : un solide, une brique, une boite, un petit banc, un arrosoir, un outil, un ustensile, un meuble peu compliqué, tel qu'un bureau ou une table.

Dessins libres. — En dehors de cet enseignement méthodique, d'après des modèles spéciaux, il est très utile que le dessin accompagne et fortifie les leçons de choses, et que l'enfant travaille d'après son impression personnelle pour illustrer, par de petits croquis rapidement enlevés, son devoir d'histoire, de géographie, de sciences élémentaires.

Pour affiner le sens de l'observation, on pourrait de temps en temps, et surtout comme travail à faire hors de l'école, demander le dessin d'un jouet, d'une fleur, d'un fruit, d'un objet. Ce serait d'abord une simple silhouette ; puis, à mesure que l'élève devient plus adroit, une vue ombrée ou coloriée, une perspective, un modelage en matière plastique. Ces travaux, ainsi exécutés hors des leçons, ne nuiraient pas à l'enseignement du professeur qui doit toujours conserver son caractère collectif.

III. — PROCÉDÉS D'ENSEIGNEMENT

Les principaux procédés d'enseignement du dessin, applicables aux écoles primaires élémentaires, sont les suivants, qui peuvent être utilisés alternativement ou combinés entre eux.

1o *Modèle au tableau noir, tracé et expliqué pièce à pièce.* — Chaque détail de l'opération graphique est tracé, puis expliqué au tableau noir par le professeur, tandis que les élèves reproduisent immédiatement, et comme trait par trait, le modèle indiqué. Le professeur passe dans les rangs, pour voir si les explications ont été comprises et mises en pratique. Ce procédé, qui convient aux commençants, leur laisse peu d'initiative ; mais il a l'avantage d'imprimer une excellente direction à la marche du travail de toute une classe, et il met le professeur en communication permanente avec ses élèves.

Dans une classe nombreuse, on peut placer un élève adroit entre deux autres moins habiles : il leur sert de moniteur, mais toutefois son rôle se borne à les guider. Il suffit alors au professeur de corriger le travail de cet élève. C'est ainsi que, plus facilement, on donnerait de l'unité à la marche d'ensemble.

2° *Modèle quelconque, expliqué brièvement au début de la leçon.* — Le professeur donne à ses élèves des explications orales sur un modèle (feuille murale ou objet en nature), préparé à l'avance, et exposé devant toute la classe ou la division. Il en exécute l'esquisse au tableau noir ; et, s'il est utile, les élèves prennent quelques notes sur les explications du professeur ; puis ils commencent leur dessin au net, suivant une échelle et des conditions déterminées. Ce procédé laisse aux élèves une grande initiative, mais il ne convient qu'à ceux qui sont déjà exercés. Il permet au professeur, qui toujours dispose de peu de temps, de donner la leçon successivement à plusieurs groupes d'élèves : les uns travaillent pendant que les autres reçoivent ses explications. Cette marche est également employée quand il s'agit d'une composition ou d'un concours périodique.

3° *Modèle du cahier de l'élève, expliqué avant la reproduction.* — Un même modèle graphié, ordinairement choisi dans le cahier-modèle, est mis à la disposition de chacun des élèves ; il doit être copié non servilement, mais dans des conditions de dimensions, de position ou d'achèvement déterminées à l'avance par le professeur. Suivant que ces conditions sont plus ou moins détaillées et précises, l'interprétation demande à l'élève une part d'initiative personnelle, ou restreinte, ou plus grande. Les explications, les tracés au tableau noir, les interrogations du professeur ont d'ailleurs préparé le travail de copie. Ce procédé peut être employé à tous les degrés de l'enseignement.

IV. — LE DESSIN AUX DIFFÉRENTS COURS

Le programme général. — Représenter un objet avec les déformations et les illusions de la perspective, c'est-à-dire tel qu'on le voit, c'est faire du *dessin d'imitation*. Représenter ce même objet avec ses formes et ses dimensions précises, réduites ou non, et par un tracé conventionnel qui fournit ce qui est nécessaire pour sa reconstruction par l'ouvrier : c'est faire du *dessin géométrique.*

Dans le dessin d'imitation, le nombre des instruments de tracé est réduit au minimum : le crayon est presque le seul outil ; l'œil et la main jouent le rôle principal. Dans le dessin géométrique, au contraire, la règle et le compas ne cessent d'être employés. Un autre genre de dessin qui participe des deux précédents, c'est le *croquis coté :* il se fait à main libre, au crayon ou à la plume, et il emploie le tracé conventionnel du dessin géométrique. Dans le cours supérieur, le croquis coté est souvent transcrit au net avec la règle et le compas.

Après avoir débuté par des exercices élémentaires à main levée, d'après le modèle plan, l'élève aborde peu à peu les modèles en relief ; il dessine des croquis cotés, et quand sa main est devenue assez adroite pour tenir le compas, il s'exerce au dessin géométrique, qu'il poursuit jusqu'à l'étude des projections, théorie et applications.

Le *modelage* serait un excellent exercice pour apprendre le dessin aux enfants, si l'on pouvait le pratiquer facilement à l'école primaire : mais, dans une classe nombreuse, les exigences de l'ordre et de la propreté, autant que la pénurie du matériel, s'opposent souvent à son introduction comme enseignement collectif.

Cours préparatoire. — Dans le cours préparatoire, on étudie successivement le point et ses orientations ; la ligne droite, ses directions, la manière de la diviser en parties égales, l'évaluation des rapports de plusieurs droites entre elles ; les parallèles, les perpendiculaires et les obliques ; les angles, leurs variations de grandeur et de position ; le carré, le rectangle, le triangle, et des notions générales sur les courbes. Enfin, de petites combinaisons symétriques de ces divers éléments ; des silhouettes d'objets usuels à contours simplifiés complètent le cours.

L'attention du débutant doit être portée beaucoup plus vers l'examen et le discernement des formes et des couleurs, que sur la précision des tracés. Avant tout, il faut qu'il apprenne à regarder, à comparer, à saisir les ressemblances, les dissemblances et les positions relatives des objets que l'on propose à son observation. Les traits et les surfaces sont montrés *matériellement* avant d'être reproduits sur l'ardoise. On emploie pour cela des bâtonnets, des bandes de papier, des surfaces en carton, etc. La vue des objets et leur représentation sont des exercices simultanés.

Cours élémentaire. — Avec les élèves de ce cours, commence ce qu'on appelle vulgairement le *dessin d'ornement*, parce que les sujets étudiés appartiennent, pour la plupart, à l'art décoratif dans ce qu'il a de plus simple. Les exercices se groupent autour de quatre éléments : la ligne droite, la ligne circulaire ou elliptique, la ligne sinueuse et la spirale. Chacun d'eux, seul ou combiné avec d'autres, offre des motifs variés et intéressants que l'on entremêle aussi avec des dessins de fleurons, de feuilles, de cartouches, de vases à contours très simples, empruntés aux meilleurs styles. Tous ces modèles sont présentés sur une surface plane.

Le maître donne des notions rudimentaires sur la manière de grouper avec harmonie de petits motifs décoratifs; il exerce les enfants à des études de symétrie, de répétition et d'alternance. De temps en temps, il fait colorier légèrement les figures dessinées.

Cours moyen. — Le programme du cours moyen comprend :

1º L'étude, plus complète qu'au cours élémentaire, des lignes ondulées et des spirales;

2º Des tracés d'éléments décoratifs, des exercices simples de combinaisons et d'agencement, d'après des canevas donnés.

3º Corrélativement avec ces études, la copie d'ornements d'un faible relief sur fond plat : ces modèles peuvent être en carton, en bois ou en plâtre;

4º Le dessin de quelques solides, en plein relief et de grandes dimensions.

Les notions perspectives nécessaires à l'élève peuvent s'acquérir par la seule observation, et sans aucune théorie scientifique. Le maître dirige ce travail d'investigation en partant des phénomènes constatés, et il amène l'élève à en déduire les principes de tracé linéaire et de mise en place des ombres. Ces principes, énoncés avec précision, sont ensuite d'une continuelle application.

Au cours moyen, on peut aussi aborder les premiers exercices de dessin géométrique, au crayon seulement : tracé des droites, des parallèles, des perpendiculaires, des triangles et des polygones. L'élève y apprend le maniement de la règle, de l'équerre et du compas. Les compas à crayon, qu'on trouve à bas prix dans le commerce, suffisent à ce genre de travail.

Il est utile de faire suivre chaque problème d'une ou de plusieurs applications pratiques, empruntées à des motifs très simples de carrelage, de mosaïque, de vitrail ou de marqueterie.

Cours supérieur. — Les élèves du cours supérieur sont exercés au dessin d'imitation et au dessin géométrique.

Dessin d'imitation. — Le programme du cours moyen se complète par des exercices élémentaires d'arrangements décoratifs d'après des motifs donnés, et par le dessin d'ornements et d'objets en plein relief : rosaces, feuillages, moulures, objets usuels ; on peut y ajouter quelques croquis de feuilles de plantes, dessinées *d'après nature.* Il faut toujours observer que la mise en place de l'ensemble et celle des principaux détails constituent la partie essentielle du dessin d'un objet ; des ombres crayonnées avec soin et habileté n'ont que peu de valeur sur un dessin dont l'esquisse est défectueuse.

On pourrait énoncer ainsi la série des opérations à faire sur la feuille de papier, pour dessiner un objet en nature :

a) *Mise en place des traits de contour.* — 1º Tracer le rectangle proportionné qui est censé envelopper l'ensemble du modèle ; — 2º esquisser les principales lignes du dessin, après avoir pris à vue, et attentivement, leurs positions et leurs distances respectives ; — 3º descendre peu à peu jusqu'au dessin des détails, corrigeant et améliorant sans cesse les lignes déjà tracées.

b) *Mise en place des ombres.* — 1º Tracer avec légèreté les limites des ombres proprement dites, et recouvrir d'un ton uniforme toutes les masses d'ombre ; — 2º poser les demi-teintes, en se gardant bien d'exagérer leur valeur ; — 3º renforcer quelques ombres vigoureuses qui peuvent être situées en des points caractéristiques du modèle, mais sans pousser ces ombres trop au noir.

De temps en temps, on demande aux élèves d'exécuter de mémoire un des modèles qu'ils ont déjà copiés, ou un objet usuel de forme connue.

Dessin géométrique. — Au cours supérieur, les élèves sont munis d'une boîte de compas. Le programme comprend : des problèmes de tracé sur le raccordement des lignes, suivis d'applications immédiates ; des tracés de moulures, et enfin les projections et les croquis cotés.

Il est indispensable que les élèves qui sortent du cours supérieur possèdent les éléments du dessin de projections. On donne pour base à cet enseignement l'observation directe des objets, sans trop s'arrêter à des figures et à des notions abstraites. Après une courte théorie sur les principaux cas des projections de lignes, de surfaces et de solides entiers ou tronqués, on passe aux projections d'objets simples : bancs, chevalets, tréteaux, outils, petits meubles, assemblages de charpente, détails d'organes de machines, et quelques plans d'habitations ouvrières.

Les *croquis cotés d'après nature* sont préférables aux meilleurs dessins que l'on pourrait faire d'après des modèles graphiés. Voici, pour ce genre de travail, l'une des manières de procéder :

Le maître expose à la vue des élèves l'objet à dessiner en croquis ; cet objet doit être de dimensions suffisantes pour être aperçu dans ses détails par toute la classe. Il le dessine, ou le fait dessiner au tableau noir par un élève, et donne toutes les explications nécessaires au tracé. En même temps, les élèves copient sur leur carnet, à main libre et au crayon, le tracé fait au tableau. Le croquis achevé, le maître mesure ou fait mesurer les cotes de l'objet, puis il les dicte et les écrit au tableau noir ; au fur et à mesure qu'il les énonce, les élèves les écrivent sur leur croquis. Le dessin du tableau noir est ensuite effacé, et chaque élève l'exécute au net et à l'échelle, en se servant de son croquis personnel.

Exposition de fin d'année. — Il est d'usage, en plusieurs écoles, d'exposer temporairement au parloir, ou sous un préau couvert, un certain nombre de dessins recueillis parmi les meilleurs. Cette exposition, organisée vers la fin de l'année scolaire, plutôt que durant les vacances, ne doit pas seulement contenir des travaux spéciaux exécutés par quelques élèves plus habiles ; il est préférable qu'elle soit composée d'un choix de dessins empruntés aux différents cours.

A chacun des cours préparatoire, élémentaire, moyen et

supérieur, est affectée une surface murale bien déterminée, où l'on place les spécimens les plus caractéristiques du programme. L'ensemble d'une telle exposition permet de suivre la marche méthodique et progressive de l'enseignement, depuis les naïfs essais des tout petits jusqu'aux dessins très exacts des élèves les plus avancés. Ainsi les meilleurs élèves de chaque classe ont le plaisir de voir apprécier leur travail.

Dans les expositions scolaires, on doit toujours préférer la qualité à la quantité, et ne pas exhiber des travaux que pourrait attaquer une judicieuse critique, surtout si ces travaux dépassaient le niveau des cours de l'école primaire.

Le dessin est l'élément principal des expositions de fin d'année; mais il est utile d'y voir figurer aussi des croquis géographiques, des cahiers d'écriture, des spécimens de travaux manuels.

V. — LE TRAVAIL MANUEL

Le travail manuel, auxiliaire et complément du dessin. — Le travail manuel et le dessin se prêtent un mutuel appui; il est très avantageux de ne pas isoler ces deux enseignements. Tantôt l'élève dessine un modèle qu'il a confectionné lui-même avec des bâtonnets, des bandes de papier, des cartons découpés, etc.; tantôt il réalise en nature un dessin spécialement préparé en vue de l'exécution, c'est-à-dire ayant des mesures et des proportions bien déterminées.

Le travail manuel a le même but que le dessin : il aide puissamment à l'éducation des sens, surtout de l'œil et de la main; il fortifie les aptitudes natives de précision et de goût. Il fait voir que le dessin n'est pas une simple combinaison de lignes, de couleurs et d'ombres, mais la représentation d'un objet matériel que l'on peut construire.

Le professeur se sert aussi avec succès du travail manuel pour rendre sensibles et matérielles les premières abstractions du calcul et de la géométrie : les exercices de pliage et de découpage sont souvent la preuve ou l'application des propriétés géométriques relatives au carré, au rectangle, au triangle. Ajoutons à cela que le travail manuel procure un utile et agréable délassement, que l'on peut réserver pour le moment de la journée où l'intelligence de l'enfant est fatiguée par l'étude.

Conseils relatifs au travail manuel. — Pour être pratiques, les exercices de travail manuel ne doivent ni nécessiter un outillage coûteux et encombrant, ni absorber trop de temps. Vers la fin de l'année scolaire, le programme pourrait lui donner une part un peu plus large que dans les premiers mois. Les meilleurs objets confectionnés par les élèves seraient exposés dans la classe; on les remplacerait de temps à autre par des travaux plus récents.

Aux *cours préparatoire* et *élémentaire*, le travail manuel est surtout un délassement utile, un moyen d'occupation pour l'activité de l'enfant. Ce sont des arrangements de bâtonnets, de bandelettes ou des surfaces géométriques en papier de couleur.

Aux *cours moyen* et *supérieur*, le travail devient progressivement sérieux. A des pliages, découpages et tressages, exécutés d'une manière plus précise, succèdent la construction de solides en carton, le modelage, le travail en fil de fer.

CHAPITRE XIII

ENSEIGNEMENT DU CHANT

I. — DIRECTIONS GÉNÉRALES

But de cet enseignement. — Dans les écoles primaires, le chant est cultivé pour lui-même et pour son influence éducatrice.

Par les leçons de musique, le maître cherche à faire bien chanter et à faire aimer le chant. Cet enseignement développe le sens du beau; il ouvre les âmes aux impressions les plus diverses : sentiments de joie et de sainte gravité, de recueillement et de piété, comme en font naître les cantiques et les chants de l'Église; enthousiasme provoqué par les chants patriotiques ; gaieté saine, entretenue par les mélodies enjouées.

Il importe de former le goût de l'enfant, de lui faire apprécier et rechercher ce qui est musicalement beau ; de le mettre en garde contre les productions vulgaires ou bouffonnes, auxquelles il n'est que trop enclin ; de le détourner de la chanson légère, si proche de la chanson immorale.

Le chant a de plus une utilité d'ordre physique : il fortifie les poumons, forme l'oreille et assouplit les organes vocaux. Enfin on peut le faire exécuter à titre de repos entre deux classes, l'employer à l'entrée et à la sortie de l'école comme moyen d'établir un plus grand ordre.

Musique sacrée. — Il arrive souvent que les maîtrises ou psallettes paroissiales recrutent les voix d'enfants parmi les élèves des écoles catholiques. La formation première de ces enfants se trouve réalisée par les notions de musique et les exercices de chant dont se composent les leçons données en classe.

Si un maître devait faire chanter à l'église, par ses élèves, quelques morceaux de musique sacrée, il ferait choix de pièces plutôt faciles, et qui réunissent les conditions suivantes : mélodies graves et pieuses, exclusion des motifs ou réminiscences de musique profane, paroles du texte sacré reproduites sans omissions ni répétitions.

Où le *plain-chant* serait-il appris, sinon dans les écoles chrétiennes ? N'est-il pas à désirer que les enfants, ceux des premières classes surtout, prêtent le concours de leur voix à l'exécution des mélodies liturgiques dans l'église ?

L'exécution du plain-chant suppose la lecture correcte des paroles latines, et l'intelligence au moins générale du texte. Comme dans tout exercice de chant, le maître recommande aux enfants de modérer beaucoup leur voix ; il ne doit pas tolérer qu'ils crient, ou même qu'ils donnent uniformément à leur voix tout son volume ou toute son intensité.

On se borne à faire apprendre un nombre restreint de fragments liturgiques, et l'on ne passe de l'un à l'autre qu'après avoir obtenu une exécution satisfaisante. Et lorsque les morceaux de plain-chant sont ainsi étudiés, on a soin de ne pas laisser s'introduire la routine et les autres défauts qui naissent de la négligence et du laisser-aller.

Cantiques. — Voici quelques remarques relatives aux cantiques :

1. Une condition importante, pour donner au chant l'expression convenable, est de se bien pénétrer du caractère particulier de chacun des cantiques. Ils sont tour à tour, et suivant
les sujets, gracieux ou graves, simples ou majestueux, calmes
ou entraînants. Un cantique sur la *Passion de Jésus-Christ*,
par exemple, demande une tout autre expression qu'un cantique sur le *bonheur du ciel*, qui aurait peut-être même tonalité, même mesure et même mouvement.

2. Les cantiques étant des prières ou des instructions chantées, leur exécution les distingue essentiellement des chants
profanes. Avant d'appliquer les paroles à un air, il est utile
de les lire ou de les faire lire avec une bonne articulation. On
pourrait même en faire l'analyse rapide pour en faciliter la
compréhension, pour en montrer les idées et les sentiments.

3. Un cantique ne produit d'ordinaire tout son effet que
lorsqu'il est su à peu près par cœur; c'est dire qu'on doit le
répéter assez souvent.

Musique profane. — Il est avantageux que les élèves connaissent un certain nombre de chants profanes : les uns sont
exécutés à l'école même, en manière de délassement; d'autres
dans la famille, où souvent on invite les enfants à chanter.

Le maître fera un choix judicieux des morceaux, quant aux
paroles qui servent de thème et à la musique qui les interprète.
Pour élever l'esprit des enfants et former leur goût, c'est
parmi les œuvres des bons compositeurs que l'on choisit les
fragments à étudier. Les idées doivent être morales, exprimées
avec clarté, correction, et renfermer un enseignement en rapport avec l'âge des élèves. Comme on l'a dit pour le chant
des cantiques, il convient de faire lire et analyser brième-
vement le texte avant de le chanter.

La difficulté du morceau à choisir est calculée par le maître,
suivant les éléments dont il dispose. Un chœur de facture
simple, bien compris et bien phrasé, plaît aux exécutants et
aux auditeurs beaucoup plus qu'un chant difficile et mal inter-
prété.

II. — LA LEÇON DE CHANT

La bonne exécution du chant. — Quel que soit l'objet de la leçon de chant, le morceau doit être bien rendu. Voici quelques observations à ce sujet :

1. Les élèves ne se courbent pas sur eux-mêmes en chantant, mais au contraire ils se tiennent la tête droite, la poitrine saillante. Ils apprennent à respirer tranquillement, en hauteur et en largeur, puis à dépenser, à économiser leur souffle.

2. On doit éviter les cris, les voix forcées qui rendent le chant désagréable et nuisent à la justesse. La voix est *envoyée*, comme pour être entendue à distance, mais non *poussée* avec effort. Les enfants sont naturellement portés à chanter en voix de poitrine; souvent il faut les ramener à la voix de tête ou petite voix. Un moyen est d'élever parfois la tonalité d'un demi-ton, ou même d'un ton.

3. Il faut tenir à la netteté de l'articulation et à la pureté de la prononciation : cela est capital, et cependant ils ne sont pas rares les chants scolaires qui, exécutés, perdent toute signification verbale! Dans certains pays, l'articulation est très nette, mais la prononciation est défectueuse; en d'autres, on articule moins bien, mais on prononce mieux. On fera les remarques et les exercices utiles pour corriger ces défauts, entre autres pour apprendre à maintenir la bouche ouverte sans exagération, à disposer la langue de manière que soient évités les sons nasals ou sourds.

4. Plus on chante *piano*, mieux il faut articuler.

5. Le moyen d'obtenir un ensemble satisfaisant, c'est d'observer la mesure aussi exactement que possible; par conséquent, de donner aux notes et aux silences leur véritable valeur. Commencer et finir tous ensemble, bien s'entendre chanter, en se rendant compte que l'on ne va ni plus vite ni plus lentement que la masse, voilà deux points qu'il est important de faire observer.

6. Dans un chœur, on a soin d'équilibrer convenablement les différentes parties, de faire en sorte que la mélodie ne soit jamais couverte et comme absorbée par l'accompagnement.

7. On tient à la franchise dans les attaques; pour cela, il est avantageux qu'en tête de chaque partie du chœur se trou-

vent quelques chefs d'attaque, chanteurs plus *hardis* qui entraînent les autres.

8. Le respect des nuances importe à la beauté du chant : on y formera donc les élèves. Dans les *forte*, ils ne doivent pas excéder la puissance naturelle de leur voix, ni chercher à dominer celle des autres.

9. Ce qui commande l'expression, dans un chant, c'est le sens des paroles et les indications marquées par l'auteur pour l'interprétation de la mélodie. Le maître s'inspirera du caractère du morceau et de ces indications, pour faire aux élèves les remarques utiles.

10. Une dernière observation semblera peut-être de minime importance, cependant elle a son utilité : on évitera de placer l'un à *côté de l'autre* deux élèves qui chantent faux, ou qui sont très timides, ou qui éprouvent quelques difficultés à saisir la mélodie.

Enfin si des enfants sont enrhumés, fatigués, ils ne chanteront pas, mais suivront la leçon de chant.

Cours préparatoire et élémentaire. — De même qu'on apprend à parler avant d'apprendre à lire, on chante avant de connaître la notation musicale. Dès leur entrée à l'école, les jeunes élèves sont exercés au chant par le procédé auditif, en attendant que leur âge permette de les appliquer à l'étude du solfège. Cette première éducation donne de l'oreille et forme à chanter avec douceur. Plus tard, la note ou le chiffre apparaîtront comme un signe destiné à fixer le souvenir du chant.

On fait choix de petits airs faciles à retenir, d'un caractère simple et chantant, sur des poésies de bon goût, morales et se rapportant aux jeux enfantins, aux scènes de la nature, aux vertus chrétiennes, aux souvenirs patriotiques. Les airs doivent être agréables, bien rythmés et ne pas renfermer de notes ni trop graves, ni trop élevées.

Voici comment le maître peut procéder pour apprendre, *par audition*, un chant à de petits enfants :

1. Il écrit au tableau un fragment du texte ; il le fait lire et en explique le sens.

2. Il chante lui-même toute la mélodie avec expression, puis deux ou trois fois de suite les premières mesures du morceau formant un sens musical, pendant que les élèves le suivent à mi-voix.

3. Il fait répéter ces quelques mesures par un groupe des meilleurs chanteurs d'abord, par un seul ensuite, puis par toute la classe et avec une lenteur suffisante, pour permettre à l'oreille de se faire à certaines intonations qui présenteraient des difficultés.

4. Le maître chante une seconde phrase, la fait répéter de la même manière, puis il la réunit à la première et ainsi de suite.

En faisant exécuter ces chants, on commence à surveiller les défauts de voix pour les corriger, et l'on évite de fatiguer les enfants par un chant trop prolongé ou peu adapté à leur organe. Cela est de conséquence, car il arrive que des voix surmenées ou malmenées dans la première enfance ne se laissent travailler ensuite que difficilement.

Cours moyen et supérieur. — Bien que l'étude de la musique doive commencer plus tôt, ce n'est guère qu'à partir de neuf ou dix ans qu'on cultive les voix des enfants par des exercices qui en développent la portée naturelle, puis en étendent peu à peu les limites.

Les voix d'enfants se classent en trois catégories : le soprano ou premier dessus, le mezzo-soprano ou second dessus, le contralto ou troisième dessus.

Les premiers et seconds dessus donnent en voix de poitrine de l'*ut* grave au *sol* du médium ; et en voix de tête les premiers dessus, du *sol* médium au *la* au-dessus de la portée ; les seconds, du *sol* au *mi*. Les véritables voix de contralti s'étendent du *sol* grave au *si* et même à l'*ut* de la portée.

Les voix doivent être groupées au commencement de l'année scolaire ; il sera bon de contrôler ce classement une ou deux fois par an, et de le modifier s'il y a lieu.

Le temps consacré à l'enseignement du chant ne permet guère d'aborder les difficultés musicales. Ce qui importe, pour les enfants des écoles, c'est de leur donner les connaissances élémentaires qui les rendent aptes à déchiffrer un chant simple, à faire une partie dans un chœur, et qui les préparent au jeu d'un instrument. Ces notions suffisent à la plupart des élèves, et elles servent de base aux études plus sérieuses auxquelles seraient appelés quelques-uns d'entre eux.

Conseils pour la leçon de chant. — Les leçons de chant sont partagées entre les exercices de solfège et l'étude de quelques chants avec paroles.

Pour les exercices de solfège : 1º on fait dire le nom des notes ; — 2º on fait *rythmer*, c'est-à-dire lire en mesure, par deux ou trois élèves les plus exercés, puis par l'ensemble de la classe ; — 3º on fait exécuter, sur une gamme écrite au tableau noir, les intervalles plus difficiles que présente le morceau ; — 4º on fait *solfier*, c'est-à-dire chanter le morceau d'abord par groupes, puis tous ensemble. Le groupe que l'on fait chanter le premier est composé des enfants ayant la voix la plus juste et la plus agréable.

Pour les chants accompagnés de paroles, le maître explique d'abord les paroles, puis il chante lui-même, pour y mettre l'expression convenable, avant d'exercer les élèves.

Mieux vaut se borner quant au nombre des chants, mais exiger qu'ils soient parfaitement sus, sans quoi les élèves n'en conservent que des bribes sans suite ni liaison.

Afin d'assurer les progrès des élèves, le professeur aura égard aux remarques suivantes :

1. N'aborder que très peu de difficultés nouvelles à la fois, et même une seule à chaque leçon, par exemple un nouvel intervalle, et récapituler quelques-unes de celles qu'on a déjà étudiées ;

2. Insister sur les premières difficultés qui se présentent dans chaque catégorie : lecture des notes, intonations, rythme. Un grand nombre d'élèves perdent le temps et le goût au cours de solfège, pour n'avoir pas été suffisamment familiarisés avec ces notions ;

3. Multiplier les exercices d'application relatifs à une même difficulté ;

4. Apprendre aux enfants à respirer à temps et profondément : cela n'importe pas moins à leur santé, en diminuant la fatigue, qu'à la bonne exécution des mélodies ;

5. Faire souvent exécuter les exercices par groupes restreints d'enfants et même individuellement, sinon l'élève n'acquiert jamais la sûreté nécessaire ;

6. Pendant les premières leçons au cours moyen, donner encore un temps notable à la méthode auditive, en faisant apprendre par cœur quelques chants et cantiques simples, selon le procédé indiqué pour le cours élémentaire ;

7. Varier les exercices en faisant alterner, au cours supérieur, lecture des notes sans chant, intonations, vocalises, exercices de rythme, et toujours en graduant les difficultés dans chaque genre d'exercices. On peut écrire ces exercices au tableau noir.

Dictée musicale. — Si les élèves étaient assez avancés et si on avait le temps, on pourrait les exercer à la dictée musicale. Elle se fait de deux façons : oralement et graphiquement.

Pour la *dictée orale,* le maître vocalise lui-même une phrase très courte d'un air connu des élèves, chanson ou cantique; et, leur nommant la première note, il les exerce à nommer successivement, de mémoire, celles qui constituent la phrase musicale énoncée. Après avoir obtenu cette *solfiation* orale, le maître reprend la même phrase en battant la mesure ; les élèves répètent, puis indiquent la valeur des notes chantées.

Pour la *dictée graphique,* lorsque les élèves ont acquis une habitude suffisante de l'écriture musicale, le maître leur dicte une série de notes dont il indique la valeur, rondes, blanches, noires, etc. Quand ces notes sont écrites, il demande aux élèves de placer convenablement les barres de mesure, suivant celle qu'il détermine : quatre, trois ou deux temps...

Plus tard, on leur donne à reproduire de mémoire, et en notation correcte, des mélodies courtes et connues. Le maître vocalise d'abord le morceau en entier, dont, pendant cet exercice, les élèves ont dû reconnaître le ton, le mode et la mesure; la dictée se fait ensuite, mesure par mesure, en vocalisant, et l'on termine chaque fragment par la première note de la mesure suivante.

Ces exercices variés se font préalablement au tableau noir.

Musique chiffrée ou système modal. — L'emploi de la notation chiffrée s'est introduit dans les classes primaires. Les partisans de ce système y reconnaissent divers avantages, dont voici les principaux :

1o La simplicité, caractère saillant de la représentation musicale :

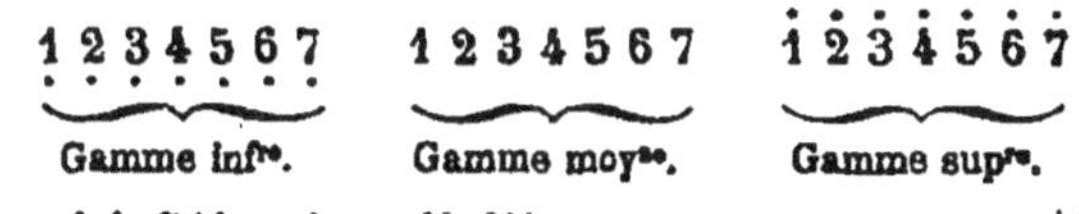

Il y a donc unité de signe pour la même note, quelle que soit son acuité, et suppression des lignes et interlignes de la portée.

2º La suppression des dièses et des bémols dans l'armure de la clef. Tous les tons majeurs sont ramenés à la gamme d'*ut*, et les tons mineurs à la gamme de *la*, à la seule condition de placer la tonique (ou *la* du diapason) au degré voulu de l'échelle musicale. Cette indication est placée en tête du morceau.

3º Les dièses et les bémols accidentels sont indiqués par des traits sur le signe même de la note : 2 (*ré bémol*); 2 (*ré*), 2 (*ré dièse*).

4º Les divisions du *temps* musical sont rendues très sensibles par des barres horizontales qui groupent les notes appartenant à une même division.

$\overline{5\,6}$ $\overline{3\,5}$ | $\overline{4\,2}$ $\overline{1\,0}$ | indique une mesure binaire et division binaire du temps;

$\overline{5\,6\,5}$ $\overline{1\,4\,3}$ | $\overline{2\,1\,3}$ $\overline{5\,.\,0}$ | représente une mesure binaire avec division ternaire du temps;

$\overline{3\,2\,1}$ $\overline{5\,6\,5}$ $\overline{1\,2\,1}$ | $\overline{7\,6\,5}$ $\overline{3\,4\,2}$ $\overline{1\,.\,0}$ | indique une mesure ternaire avec division ternaire du temps.

5º Le maître trouve dans ce système une grande facilité à écrire au tableau noir un morceau musical. — Par exemple, le duo suivant, de Naegeli, serait écrit en quelques instants.

Ton de *Fa.*

Ajoutons que la notation chiffrée est peu pratique s'il s'agit de morceaux écrits pour instruments. Elle ne dispense d'ailleurs pas l'élève un peu avancé, — au cours moyen et surtout au cours supérieur, — d'apprendre la notation usuelle.

CHAPITRE XIV

ENSEIGNEMENT DE LA GYMNASTIQUE

I. — DIRECTIONS GÉNÉRALES

Rôle et exercice de l'activité musculaire. — L'activité musculaire est le ressort principal du développement physique chez l'enfant ; sans cesse elle le sollicite au mouvement, à la course, au jeu. Elle active la respiration, stimule et régularise la circulation du sang, fortifie les muscles et donne de la vigueur à tout l'organisme. Au contraire, l'immobilité, les mauvaises attitudes en classe tendent à ralentir les fonctions vitales, à produire une déformation de certaines parties du squelette, surtout une incurvation de la colonne vertébrale.

Comment éviter ce danger ? — D'abord en ne prolongeant pas outre mesure les moments d'inertie imposés aux élèves par le règlement de la classe. Les petits enfants, surtout, changeront souvent d'attitude : pour eux, se déplacer, s'asseoir, se tenir debout, constitue un délassement indispensable.

D'autre part, les jeux, particulièrement ceux qui exigent des efforts, seront encouragés, stimulés, comme essentiels à l'éducation physique, et parce qu'ils offrent, au point de vue moral et intellectuel, des avantages indiscutables.

Cependant la gymnastique a sur les jeux cette supériorité qu'elle exerce alternativement et d'une manière rationnelle tous les muscles du corps, au lieu d'agir seulement sur quelques-uns d'entre eux. C'est la science raisonnée des mouvements corporels.

Pour les enfants des villes, elle est nécessaire au développement normal de l'organisme, à l'activité de la circulation et de l'assimilation, et souvent elle prévient ou corrige les défauts physiques. Avec les enfants de la campagne, il faut y recourir pour assouplir les muscles, ou du moins pour rendre plus dégagées la démarche et l'allure.

But de la gymnastique. — On ne demande pas à la gymnastique scolaire de donner aux enfants l'habileté à des exercices difficiles, le sang-froid dans les sports périlleux, l'entraînement à des assauts de force ou de vitesse. Elle doit développer harmonieusement tout le corps, lutter contre certaines influences antihygiéniques que le milieu aurait créées, rétablir entre l'activité physique et l'activité intellectuelle un équilibre que la sédentarité dans les classes tend à rompre, accroître la force et l'adresse, l'esprit de décision et le courage. Ses exercices réclament une dépense modérée de forces, renouvelée après des repos, et toujours en rapport avec l'âge des enfants. Des mouvements excessifs produiraient une fatigue malsaine, une tension nerveuse aussi nuisible au corps qu'à l'intelligence. Dans les classes primaires, il ne saurait être question d'une gymnastique athlétique, qui suppose acquise une force musculaire considérable.

Gymnastique suédoise. — La gymnastique suédoise, dite gymnastique du plancher, est surtout composée de mouvements faciles, accomplis sans le recours aux agrès, et rationnellement adaptés à l'exercice de groupes donnés de muscles. Au commandement, les élèves exécutent ensemble des mouvements des divers membres et du tronc, — flexion, extension, rotation, etc., — qui associent l'action des jambes à celle du tronc, et dont le résultat final est de donner plus de mobilité aux articulations, de développer surtout les muscles de la poitrine, de l'abdomen et du dos.

La gymnastique suédoise a été introduite dans l'armée française en 1902, dans les écoles normales en 1904. Des instituteurs ou des professeurs spéciaux l'enseignent dans certaines écoles primaires, en y joignant des marches et des exercices très simples aux appareils.

Remarques relatives aux leçons de gymnastique. — Les praticiens font un grand nombre de recommandations pour assurer l'efficacité des leçons de gymnastique. En voici quelques-unes :

1° On évite de placer les leçons immédiatement avant ou après les repas. Si l'on y est contraint, on ne commande aucun exercice qui réclame de trop notables efforts.

2° Il est utile de faire faire aux enfants quelques exercices d'inspiration et d'expiration profondes et régulières, de leur apprendre à ne pas arrêter la respiration pendant les efforts musculaires : on pare ainsi à des accidents cardiaques.

3º Dans les marches rythmées, la respiration est en cadence avec la marche (une inspiration pour trois ou quatre pas, par exemple).

4º On fait suivre d'un repos de deux ou trois minutes un exercice qui a exigé un effort musculaire sérieux.

5º On varie les exercices de manière à mettre en jeu dans une même leçon les divers membres et muscles du corps.

6º Les mouvements ne seront jamais brusques, pour ne pas occasionner des contractions musculaires discontinues et très fatigantes.

7º Les leçons se donnent en plein air. Pendant les saisons extrêmes, il est à désirer qu'elles aient lieu à l'abri, dans une salle ou sous un préau.

8º Aucun enfant n'est habituellement dispensé de la gymnastique, à moins d'infirmité ou sur la demande du médecin.

9º Pendant les leçons, le maître exerce une active surveillance sur les élèves ; d'ailleurs, la loi le rendrait civilement responsable des accidents qui surviendraient par manque de vigilance.

10º Le silence relatif s'impose pendant les exercices : il est une des conditions qui assurent, avec l'ordre, les progrès des élèves ; il prévient la précipitation, les collisions, les accidents.

II. — LA GYMNASTIQUE AUX DIFFÉRENTS COURS

Cours préparatoire et élémentaire. — Avec les petits enfants, il serait bon de consacrer quelques-unes des courtes récréations qui partagent la matinée et la soirée à des marches ou à quelques mouvements très élémentaires de la tête, des bras et des jambes. Des chants simples et bien choisis peuvent les accompagner, pour y mettre de l'entrain et pour aider à la cadence. Ce serait la leçon de gymnastique.

Cours moyen et supérieur. — Vers l'âge de huit ans, les élèves reçoivent les premières leçons méthodiques. La durée de chacune est ordinairement d'une demi-heure.

Dans les manuels spéciaux, on trouve des séries d'exercices gradués propres à assouplir et à développer les membres de l'enfant. Il n'est pas nécessaire, et parfois il n'est pas à propos, de faire exécuter tous les mouvements indiqués ; après en avoir fait un choix prudent, le maître revient souvent aux plus utiles, et, commé on l'a recommandé précédemment, il les varie de manière à exercer tour à tour, pendant une leçon, les différents muscles du corps.

La leçon. — La leçon de gymnastique a comme préliminaire l'alignement des élèves par rang de taille.

Dans les cours inférieurs, elle commence par des marches et par les exercices qui s'y rattachent. Dans les cours plus avancés, elle débute aussi, surtout quand il fait froid, par des marches et des courses au pas gymnastique.

La deuxième partie de la leçon comprend des mouvements divers sur place, selon la méthode suédoise. Le maître dispose les élèves sur un ou plusieurs rangs, et il leur fait prendre les distances nécessaires à la série d'exercices qu'ils vont exécuter.

Avant de commander un exercice, on doit :
1º En indiquer brièvement le but ; — 2º l'expliquer en le décomposant ; — 3º le faire exécuter par un élève sous les yeux de ses camarades.

Vient ensuite l'exécution d'ensemble qu'on fait recommencer autant qu'il est nécessaire ; or, toutes les fois qu'un exercice n'a pour but que le développement rationnel du corps, il faut le répéter plusieurs fois, alors même qu'il n'aurait pas laissé à désirer sous le rapport de l'ensemble. L'exécution est annoncée et commandée par le maître ; celui-ci, après avoir indiqué le mouvement, tient chacun sur le qui-vive en criant : *Attention !* Puis il ajoute le mot : *Commen...cez !* dont il prolonge un peu l'avant-dernière syllabe, pour frapper subitement sur la dernière et donner ainsi le signal de l'exécution. Pour finir, le maître crie : *Ces...sez !* de manière à prononcer la dernière syllabe au dernier temps d'un mouvement.

On peut aussi remplacer les expressions : *Commencez...* *Cessez...* par un coup de sifflet bref, ou par un coup prolongé d'abord et suivi d'un coup bref.

Quant aux marches, elles sont commandées par un coup de sifflet ou par les mots : *Marche !* et : *Halte !* Pour tous les commandements, il est facile d'adopter ceux des mots qui offrent l'avantage d'être très brefs, et de pouvoir être prononcés avec beaucoup d'énergie.

—Le maître pourrait, de temps en temps, grouper les élèves en différentes sections qu'il confierait à des moniteurs exercés, et qu'il surveillerait lui-même très attentivement; — ou se faire suppléer par un élève pour les commandements qui annoncent les exercices d'ensemble. Ces exercices offrent l'avantage d'intéresser les écoliers à la leçon.

On met beaucoup de variété dans les exercices, et, pour ne pas trop fatiguer les enfants, on fait succéder un mouvement facile à un autre plus pénible. En général, on place vers le milieu de la leçon les exercices qui réclament le plus d'efforts. Les moments d'arrêt sont fréquents, mais non prolongés, car dans certaines conditions de température ou de locaux, ils pourraient amener des refroidissements dangereux.

La *gymnastique athlétique,* avons-nous dit, n'entre pas dans le programme de l'enseignement primaire. Les exercices aux échelles verticales, horizontales ou inclinées, aux barres parallèles, mobiles et graduées, sont utiles, mais ne sont pas un complément indispensable des exercices élémentaires dont il vient d'être question.

CHAPITRE XV

LES TRAVAUX MANUELS
DES JEUNES FILLES

« Les travaux manuels pour les jeunes filles, dit le programme officiel de 1887, comportent, outre les ouvrages de couture et de coupe, un certain nombre de leçons, de conseils, d'exercices au moyen desquels la maîtresse se proposera, non de faire un cours régulier d'économie domestique, mais, par un grand nombre d'exemples pratiques, d'inspirer aux jeunes filles l'amour de l'ordre et de leur faire acquérir les qualités sérieuses de la femme de ménage, de les mettre en garde contre les goûts frivoles et dangereux. »

Il y a donc une double initiation à donner : l'une relative à l'enseignement ménager, l'autre aux ouvrages de couture.

I. — ENSEIGNEMENT MÉNAGER

But. — L'école primaire ne peut, ni donner à l'enseignement ménager les développements théoriques d'un véritable cours d'économie domestique, ni organiser les exercices d'application qui font le succès des *écoles ménagères* proprement dites. Les élèves des classes primaires n'ont pas la maturité que réclame une éducation complète, en vue de leur rôle de futures maîtresses de maison et mères de famille. On cherche surtout à faire réfléchir les jeunes filles sur ce qu'elles voient pratiquer par leurs mères à la maison paternelle; on veut leur communiquer la connaissance élémentaire et plus encore le goût des travaux du ménage.

Programmes. — Selon que l'école est urbaine ou rurale, selon aussi que les enfants sont de condition aisée ou plus modeste, la matière du cours varie en certains points. Sans doute, les leçons sur les qualités de la bonne ménagère, sur l'hygiène générale, l'entretien du linge et des vêtements, par exemple, sont identiques dans l'une et l'autre série d'écoles; mais autres sont les conseils relatifs au choix des aliments, aux travaux de la femme. L'adaptation de l'enseignement aux besoins locaux est de rigueur.

Aux *cours · préparatoire* et *élémentaire*, l'enseignement ménager consiste en leçons de choses sur certaines questions relatives au ménage. On traite des sujets analogues à ceux-ci :

Cours préparatoire et élémentaire. — Bonne tenue et soins de propreté : visage, mains, vêtements. Notions d'ordre : enseigner aux enfants à mettre chaque chose à sa place, à bien ranger les petits objets à leur usage, à tenir très propres leurs livres et leurs cahiers, à brosser leurs vêtements et nettoyer leurs chaussures.

Cours élémentaire. — Enseigner à balayer, à épousseter au chiffon les petits meubles, les chaises; à faire de petits savonnages (mouchoirs, cols, manchettes); à mettre et à retirer le couvert; à essuyer la vaisselle, les verres.

Aux *cours moyen* et *supérieur*, les leçons ont pour objet la bonne tenue et l'hygiène de la maison, l'hygiène personnelle, l'entretien du linge et des vêtements, le choix et la préparation des aliments; l'art de tirer parti de toutes les ressources et d'équilibrer un budget familial, si minime soit-il ; la tenue des comptes du ménage, enfin quelques conseils sur les premiers soins à donner aux malades.

La leçon. — La leçon d'enseignement ménager se donne avec ou sans manuel.

Si la maîtresse a fait choix d'un manuel, — ce qui est de beaucoup préférable, — elle y renvoie les élèves après qu'elle a donné la leçon, comme pour l'histoire, les éléments de sciences ou la géographie. L'exposé terminé, elle fait lire le texte du manuel ; les mots difficiles et les gravures sont expliqués, afin que rien d'obscur ne subsiste dans l'esprit des enfants.

Avec de toutes jeunes élèves, il n'y a guère d'exposé proprement dit. La leçon consiste en une lecture expliquée du manuel qu'elles ont en mains.

Si les enfants n'avaient pas de manuel, la leçon serait réduite à un sommaire, au cours même des explications, puis le sommaire serait transcrit sur un cahier pour être étudié ensuite.

Quel que soit le mode adopté, la maîtresse interrogera beaucoup les élèves, qui, d'ailleurs, ont déjà certaines notions sur ce qu'on leur explique.

II. — OUVRAGES DE COUTURE

But. — Les élèves des classes primaires ont surtout besoin de connaissances pratiques. Futures ménagères, elles doivent être exercées aux travaux de couture et de coupe les plus usuels, pour que, plus tard, elles s'en acquittent avec goût et habileté.

Programme. — Deux sortes de travaux sont enseignés dans chacun des cours : la confection d'objets neufs et le raccommodage.

Au *cours préparatoire*, c'est-à-dire avant l'âge de sept ans, les jeunes enfants sont d'abord appliquées à des pliages, tressages et découpages, qui leur font acquérir une certaine dextérité manuelle ; puis à des exercices sur canevas qui les habituent à la régularité des points (point et demi-point de marque, point de chainette, d'arête, etc.).

Le *cours élémentaire* étudie sur canevas les lettres pour le marquage du linge ; il apprend le point de tricot, les principales sortes de montages et de mailles ; le tricotage d'une jarretière, d'une manchette, d'une partie d'un bas ; les points élémentaires de couture, tels que ourlet, point coulé, point de côté et point arrière, couture rabattue, surjet ; des ouvrages faciles, tels que mouchoirs, serviettes, coutures sur étoffes sans apprêt, autant que possible. Les enfants commencent aussi des raccommodages élémentaires, sur des torchons par exemple.

Au *cours moyen*, on reprend d'abord les exercices précédents. Les élèves sont initiées à faire le bas entier, à marquer le linge ; à faire la piqûre, les boutonnières, les œillets et les brides. Elles appliquent les divers éléments de la couture à la confection d'ouvrages simples, tels que tabliers et chemises, pantalons, jupons unis ; enfin elles étudient les reprises, le rapiécetage et le remmaillage faciles.

Le *cours supérieur* ajoute aux exercices du cours moyen les travaux minutieux de lingerie, l'étude des fronces, des petits plis et points d'épine ; le tricotage d'objets tels que gilets, jupons et gants ; le montage d'un poignet, d'une manche ; les raccommodages de difficulté variable ; enfin la coupe de vêtements dont la confection est simple, d'objets de layette les plus faciles, tels que petit bonnet ou béguin, brassière, chemise, tablier et serviette d'enfant.

Pour les leçons élémentaires de coupe, la maîtresse préférera, aux procédés géométriques de certains manuels, l'étude d'un objet déjà confectionné dont il faut préparer un nouveau spécimen. Elle en fera examiner les parties et leur assemblage. Le dessin des diverses parties étant tracé sur le papier, on passe à la coupe de l'étoffe et au montage des pièces. Le reste est affaire de couture.

Des exercices de tapisserie et de broderie sont faits aux divers cours, comme travaux non essentiels, mais accessoires.

La leçon. — La leçon de couture doit être simultanée, méthodique, et se résoudre en un travail collectif des élèves. C'est toute une classe, ou toute une section, que la maîtresse applique au même travail et guide par les mêmes explications. Il serait antipédagogique de recourir à l'enseignement individuel, c'est-à-dire de laisser les enfants s'occuper chacune à un travail différent.

Les explications étant données, toutes les élèves travaillent. La maîtresse passe près de chacune, approuve, encourage, reprend, montre parfois ce qu'il fallait faire, mais rapidement, sans s'attarder à vouloir avancer tel ouvrage en particulier.

Exposition des travaux. — En certaines classes primaires, l'usage s'est établi de préparer vers la fin de l'année scolaire une exposition des travaux, que visitent les familles des élèves ou les bienfaitrices de l'école. Ce peut être, pour cette éducation spéciale, un stimulant utile ou une cause de déviation, selon qu'on expose, soit des travaux d'usage courant, soit des superfluités vaines. Peut-on initier les élèves à confectionner ce qu'on nomme des « ouvrages d'agrément »? — Oui. Il le faut même, pour développer leur goût et leur donner l'amour du *chez soi*. Mais ces travaux, dans une école primaire, ne seront pas des objets de luxe, inutiles et d'un prix coûteux. Une maîtresse chrétienne se garde bien d'encourager la vanité chez les jeunes filles, qu'elle a pour mission de former à la vie sérieuse : l'ensemble des travaux exposés doit permettre de constater que, si l'agréable se joint à l'utile dans l'enseignement, l'utile n'y est pas sacrifié au frivole.

CHAPITRE XVI

LA STÉNOGRAPHIE

I. — GÉNÉRALITÉS SUR CET ENSEIGNEMENT

Nature et utilité. — La sténographie est une écriture rapide qui représente les mots non plus par des lettres, mais par des signes, ou monogrammes, traduisant les sons; elle ne reproduit pas l'orthographe, mais elle rend exactement la prononciation.

Le temps n'est plus où la sténographie était pratiquée seulement par de rares professionnels; aujourd'hui, elle est d'usage courant dans toutes les administrations et les maisons de commerce. On y dicte la correspondance; un sténographe la transcrit ensuite à la machine à écrire. Il est donc désirable que, dans les Écoles catholiques, au moins les élèves les plus avancés soient initiés à ce mode d'écriture rapide. Ajoutons que les jeunes gens qui poursuivent leurs études après le cours complémentaire trouvent dans la sténographie une grande facilité pour recueillir les leçons orales des professeurs. Le maître lui-même obtiendrait une notable économie de temps par son emploi pour les annotations courantes des devoirs d'élèves.

Systèmes. — Les systèmes de la première catégorie procèdent par abréviation et contraction des mots et des phrases. Cette étude est trop difficile pour les écoles primaires.

Les autres systèmes présentent des signes spéciaux pour chacun des divers sons et articulations. Ils sont pour cette raison appellés systèmes *phonétiques ;* le type le plus ancien et le plus répandu est le système de l'abbé Duployé. Il se compose de caractères d'un tracé facile et s'unissant entre eux avec une remarquable simplicité ; il admet une condensation logique et systématique des monogrammes qui permet d'atteindre une très grande vitesse d'exécution.

II. — LA STÉNOGRAPHIE AU COURS COMPLÉMENTAIRE

But à atteindre. — Le but que se propose l'enseignement de la sténographie au cours complémentaire est de rendre l'élève capable d'écrire, sous la dictée, le texte d'une correspondance. Une vitesse minimum de 90 mots à la minute semble indispensable. Ce résultat est facilement obtenu, à la fin de l'année, par l'ensemble des élèves du cours complémentaire, moyennant trois ou quatre heures de leçon chaque semaine.

La leçon. — Avant tout, l'enseignement doit être méthodique. C'est par des exercices gradués avec soin que l'élève est initié aux difficultés. Bien que toutes les règles de la sténographie puissent être apprises en quelques leçons, le maître les aborde successivement et ne passe à une nouvelle catégorie de tracés que si les élèves se sont familiarisés avec les précédents.

1. C'est au tableau noir que le maître trace les signes nouveaux qu'il se propose d'enseigner, et qu'il indique la manière de les lier aux autres pour obtenir les mots.

2. De nombreux exercices d'application, à l'aide de mots bien choisis d'avance, sont écrits au tableau, soit par le maître, soit par les élèves.

3. Les élèves ont ensuite à copier un texte sténographié, afin d'acquérir un tracé correct par la reproduction d'un bon modèle.

4. Cette copie terminée sert d'exercice de lecture et d'analyse, le maître demandant la raison des tracés les plus suggestifs.

5. Enfin les élèves ont à faire un thème, c'est-à-dire à traduire en sténographie un texte donné en typographie.

Le professeur devra exiger la plus grande correction possible dans les tracés sténographiques. Il rappellera aux élèves l'adage reçu : le bon sténographe est un bon calligraphe.

Les règles pratiques sont déduites des exemples donnés et servent de conclusion à la leçon. Un tracé correct suffit pour montrer à l'élève la manière dont il devra, par analogie, écrire les mots de la même série.

Dans les exercices donnés, le maître s'applique à passer en revue les divers cas qui peuvent se présenter, afin d'éviter aux élèves toute hésitation ultérieure. Les mots d'un usage courant sont fréquemment rappelés, ainsi que les expressions et phrases usuelles qui abondent dans la conversation.

D'ordinaire, vers le milieu de l'année, les élèves possèdent la *sténographie intégrale* et arrivent à l'écrire en quelque sorte automatiquement. On peut alors commencer à leur enseigner quelques-unes des abréviations de la *métagraphie* ou sténographie rapide, en procédant comme il a été dit ci-dessus.

A ce moment, le professeur se trouve conduit à classer ses élèves en deux divisions. Un certain nombre d'entre eux, doués de dispositions spéciales, s'assimilent avec facilité les règles de la métagraphie; il est parfois possible de les exercer, avant la fin de l'année, à des gammes d'entrainement. Le maître, ayant choisi un texte, le divise en fragments, selon le nombre des mots qu'il désire faire écrire dans une minute. Chacun des fragments est divisé en quatre parties, correspondant chacune à un quart de minute; il est dicté dans le temps convenu. Cette dictée est recommencée jusqu'à ce que les élèves l'écrivent sans hésitation. Le même morceau est divisé de nouveau pour une vitesse plus grande.

Dans ces exercices de vitesse, il est préférable de reproduire plusieurs fois un texte bien choisi, plutôt que de travailler sur des textes différents.

III. — LA STÉNOGRAPHIE AUX COURS MOYEN ET SUPÉRIEUR

La sténographie peut être enseignée non seulement au Cours complémentaire, mais à la 2ᵉ année du Cours moyen et au Cours supérieur des classes primaires. On l'y étudie non pour elle-même et comme un but à atteindre, mais pour le concours qu'elle apporte à l'enseignement de la langue maternelle.

Ce n'est donc pas au *Cours complémentaire* qu'il conviendrait de commencer l'étude de la sténographie, mais dès les Cours inférieurs.

Dans les écoles où elle est enseignée, son emploi judicieux remplace en partie la dictée par une traduction qui en a les avantages sans les inconvénients. Il ne s'agit plus pour l'élève d'écrire à la hâte et au hasard les phrases que le maître lui jette par lambeaux; le texte sténographique, parole immobilisée dans une écriture purement phonétique, est là sous ses yeux : à loisir l'élève le traduit, réfléchit sur les difficultés, et consulte au besoin grammaire et dictionnaire. Il a toute facilité pour faire un devoir bien orthographié.

De plus, la lecture d'un texte sténographique dans un livre ou au tableau se prête très bien aux exercices d'analyse grammaticale et logique, à la recherche des étymologies, à l'étude des familles de mots, et à l'application de toutes les règles de la grammaire.

La préparation de la composition française bénéficie aussi de la connaissance de la sténographie. La recherche en commun des idées et leur classement se fait avec rapidité au tableau noir, et pour rédiger leur brouillon les élèves possèdent une écriture rapide qui leur laisse du temps pour une mise au net soignée.

D'autres branches de l'enseignement peuvent encore tirer un notable profit de la sténographie, par la facilité qu'elle donne au professeur de présenter au tableau noir le résumé synoptique de ses leçons : travail important devant lequel on recule à l'école primaire, en raison du temps trop considérable qu'il exige pour être fait par l'écriture ordinaire.

TABLE ANALYTIQUE

Ire PARTIE

L'ÉDUCATION

PRINCIPES ET CONSIDÉRATIONS PRÉLIMINAIRES

Ire SECTION

L'ENFANT

CHAPITRE I

LA NATURE HUMAINE CHEZ L'ENFANT

CHAPITRE II

ÉDUCATION DE L'ACTIVITÉ PHYSIQUE

CHAPITRE III
ÉDUCATION DE L'ACTIVITÉ INTELLECTUELLE

I. — Généralités, perception extérieure, raison.

CHAPITRE IV
ÉDUCATION DE L'ACTIVITÉ INTELLECTUELLE

II. — Mémoire, imagination, langage.

CHAPITRE V
ÉDUCATION DE L'ACTIVITÉ MORALE

I. — Conscience morale.

CHAPITRE VI
ÉDUCATION DE L'ACTIVITÉ MORALE

II. — Sensibilité morale ou cœur.

CHAPITRE VII
ÉDUCATION DE L'ACTIVITÉ MORALE

III. — Volonté.

CHAPITRE II
L'AUTORITÉ DU MAITRE

CHAPITRE III
LA DISCIPLINE SCOLAIRE

CHAPITRE IV
LE DIRECTEUR DE L'ÉCOLE ET SES ADJOINTS

IIᵉ PARTIE
L'ENSEIGNEMENT

Iʳᵉ SECTION
ORGANISATION PÉDAGOGIQUE DE L'ÉCOLE

CHAPITRE I
CLASSES, COURS ET PROGRAMMES

CHAPITRE II
LE RÈGLEMENT JOURNALIER

CHAPITRE III

REGISTRES ET CAHIERS SCOLAIRES

IIᵉ SECTION

MÉTHODOLOGIE GÉNÉRALE

CHAPITRE I

GÉNÉRALITÉS SUR L'ENSEIGNEMENT PRIMAIRE

CHAPITRE II

MODES ET MÉTHODES D'ENSEIGNEMENT

CHAPITRE III
PROCÉDÉS D'ENSEIGNEMENT

CHAPITRE IV
LA LEÇON DU MAITRE

CHAPITRE V
LES EXERCICES DE MÉMOIRE

III• SECTION
MÉTHODOLOGIE SPÉCIALE

CHAPITRE I

ENSEIGNEMENT DE LA RELIGION

CHAPITRE II

ENSEIGNEMENT DE LA LECTURE

CHAPITRE III

ENSEIGNEMENT DE L'ÉCRITURE

CHAPITRE IV

ENSEIGNEMENT DE LA LANGUE MATERNELLE

CHAPITRE V

ENSEIGNEMENT DE LA LANGUE MATERNELLE

CHAPITRE VI

ENSEIGNEMENT DE LA LANGUE MATERNELLE

CHAPITRE VII

LEÇONS DE CHOSES
NOTIONS DE SCIENCES PHYSIQUES ET NATURELLES

CHAPITRE VIII

ENSEIGNEMENT DE L'ARITHMÉTIQUE

CHAPITRE XIII

ENSEIGNEMENT DU CHANT

CHAPITRE XIV

ENSEIGNEMENT DE LA GYMNASTIQUE

CHAPITRE XV

TRAVAUX MANUELS DES JEUNES FILLES

CHAPITRE XVI

LA STÉNOGRAPHIE

39232. — TOURS, IMPRIMERIE MAME